玩的就是信用卡

省钱、赚钱、贷款、提升额度 **268** 招

【第2版】 ////////// 龙飞◎著 //////////

人民邮电出版社
北京

图书在版编目（CIP）数据

玩的就是信用卡：省钱、赚钱、贷款、提升额度268
招 / 龙飞著. -- 2版. -- 北京：人民邮电出版社，
2017.1
ISBN 978-7-115-43952-9

Ⅰ．①玩… Ⅱ．①龙… Ⅲ．①信用卡—基本知识
Ⅳ．①F830.46

中国版本图书馆CIP数据核字(2016)第264941号

内 容 提 要

本书是《玩的就是信用卡》的升级版，作为一本纯技巧类信用卡宝典，由原来的208 个干货技巧升级为268 个，重点增加了网上银行、手机银行、微信银行、51 信用卡管家、APP 管理软件等实用的信用卡操作技巧。

书中从两条线进行讲解：一条是技巧线，重点讲解选卡、办卡、刷卡、用卡、赚取积分、维护信用、提升额度、分期消费、严控还款、确保安全等内容；另一条是实操线，通过步步实战，讲解网上银行、手机银行、51 信用卡管家、微信银行如何具体操作，掌握信用卡的最新内容。

本书适合信用卡相关行业的个人和公司，以及有意办理信用卡的白领阶层、工薪阶层等阅读使用，特别适合想尝试使用网上银行、手机银行、微信银行、APP管理软件等来操作和管理信用卡的用户，还可以作为各类银行、金融机构或大公司培训、指导和与客户沟通时的教材。

◆ 著　　　　龙　飞

　　责任编辑　恭竟平

　　责任印制　周昇亮

◆ 人民邮电出版社出版发行　　北京市丰台区成寿寺路 11 号
　　邮编　100164　　电子邮件　315@ptpress.com.cn
　　网址　http://www.ptpress.com.cn

　　北京虎彩文化传播有限公司印刷

◆ 开本：700×1000　1/16

　　印张：18.5　　　　　　　　　2017 年 1 月第 2 版

　　字数：347 千字　　　　　　　2025 年 6 月北京第 24 次印刷

定价：45.00 元

读者服务热线：(010)81055296　印装质量热线：(010)81055316
反盗版热线：(010)81055315

🎯 写作驱动

随着信用卡便捷的使用与超值的服务越来越受到大众的好评，越来越多的人拥有并开始使用信用卡。每个人在日常的吃、住、行、游、购、娱中，都可以用信用卡，尤其是当用户出现资金危机时，信用卡还可以解决燃眉之急。

在信用卡大趋势下，用户就不仅仅是会用信用卡刷卡即可，而是要成为一个用卡达人，用信用卡为自己提供增值服务。

那么怎样玩信用卡，不仅能够快速申请，而且额度也高，甚至用起来还能为用户省钱与赚钱？

那么怎样用信用卡，不仅能够获得银行的赠品与增值服务，还可以累积个人信用，帮助自己轻松借到大额资金？

那么怎样刷信用卡，不仅能够实现高额贷款、分期支付，也可以提前买到爱车，住进好房，然后每月轻松还款，成为人生赢家？

这本书就是为了解决这些问题而诞生的，自从笔者编写的《玩的就是信用卡》上市以来，深受广大信用卡用户的喜爱，所以这本书在原有基础上增加了许多卡友提出的问题和宝贵的建议，尤其是以实用性、新颖性、技巧性为核心来打造出精品。

互联网的发展带来的是信息快速更替、环境日新月异的市场，用户要想成为用卡高手，就必须时刻关注信用卡的新动态、新政策、新技巧，才能利用信用卡创造出更有价值的服务。

第 2 版的图书不仅在原有内容基础上加深、加广与加精，还比市场上已有的图书在分析用卡技巧、获取增值服务等方面更为突出，笔者潜心收集并整合最新的信用卡技巧，集众家所长于一体，同时做到差异创新，只希望获得读者的认可。

本书深入分析了选卡办卡的 20 个技巧、刷卡用卡的 16 个技巧、网上银行的 24 个实战操作、手机银行的 18 个实战操作、51 信用卡管家的 20 个实战操作、微信银行的 22 个实战操作、赚取积分的 19 个技巧、29 个维护信用的技巧、33 个有关额度攻略的技巧、25 个分期消费的技巧、23 个还款操作的技巧、19 个安全用户的技巧等，对用户使用信用卡的各个细节方面进行了深入且详细的分析。

📍 本书特色

　　本书内容重点针对用户使用信用卡的技巧和实战步骤进行操作，比如用户如何用卡、刷卡、赚积分、护卡、提额等，实战步骤主要集中于网上银行、手机银行、51信用卡管家、微信银行等方面，为用户在信用卡支付时代利用信用卡掘金，提供实用策略。内容从浅到深，从全面到细化，在分析流程时突出专家提醒中的经验技巧，帮助读者少走弯路，极具实战指导意义。

　　本书内容大概框架如下图所示。

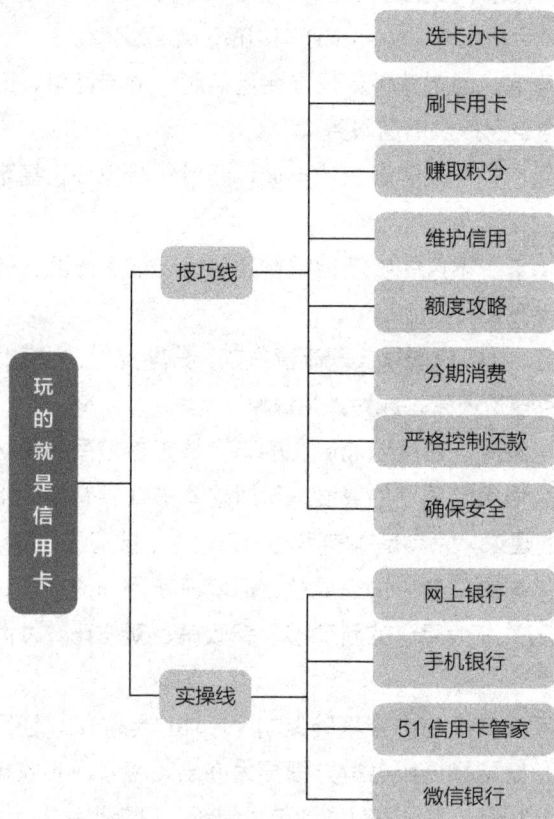

```
                                        ┌─── 选卡办卡
                                        ├─── 刷卡用卡
                                        ├─── 赚取积分
                              技巧线 ───┼─── 维护信用
                                        ├─── 额度攻略
                                        ├─── 分期消费
                                        ├─── 严格控制还款
        玩的就是信用卡 ───┤              └─── 确保安全
                                        ┌─── 网上银行
                              实操线 ───┼─── 手机银行
                                        ├─── 51信用卡管家
                                        └─── 微信银行
```

📍 作者售后

　　本书由龙飞著。由于作者知识水平有限，书中难免有错误和疏漏之处，恳请广大读者批评、指正，联系邮箱：feilongbook@163.com。

目录 | Contents

第2章 刷卡与用卡，万千独享实惠由你做主

第3章 网上银行，高手管卡的好平台

第4章 手机银行，随时随地享用银行服务

第 5 章　51 信用卡管家，APP 一键搞定

第 6 章 微信银行，用卡信息一手掌握

第7章 积分攻略，提升信用卡附加值

第8章　维护信用，无形资产价值千万

第9章　额度攻略，快速提额的技巧说明

第 10 章 分期消费，用卡高手的用卡之道

第11章　严格控制还款，决不成为"卡奴"

第12章 确保安全，防止信用卡资金损失

第 1 章

选卡与办卡，新手玩转信用卡第一步

对于使用信用卡的新手而言，第一步就是选卡与办卡，掌握完善的选卡和办卡技巧，用户能够选择到适合于自己使用的信用卡，从而在未来的信用卡生活中获得更舒适的体验。

学前提示

重点展示

≫ 选卡，万千信用卡只选最适合的

≫ 用卡，轻松从用卡新手成为高手

001　快速成为会用信用卡的高手

信用卡并非只是用户"先消费后还款"的一个可有可无的工具，对于会用信用卡的高手而言，一张信用卡可以帮助其获得更优质的生活体验。

除了"先消费后还款"外，使用信用卡还可以获得更多的服务功能。图 1-1 为信用卡的 5 种特色功能。

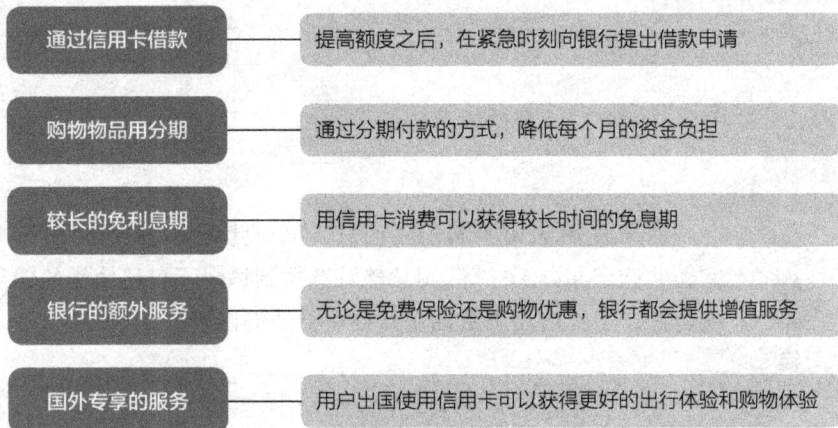

通过信用卡借款	提高额度之后，在紧急时刻向银行提出借款申请
购物物品用分期	通过分期付款的方式，降低每个月的资金负担
较长的免利息期	用信用卡消费可以获得较长时间的免息期
银行的额外服务	无论是免费保险还是购物优惠，银行都会提供增值服务
国外专享的服务	用户出国使用信用卡可以获得更好的出行体验和购物体验

图 1-1　信用卡的 5 种特色功能

不同银行的信用卡在部分功能上是不同的，同一银行的信用卡在不同会员等级上也有不同的用户功能，同一银行的信用卡在同一会员等级上也仍存在不同的用户功能。图 1-2 为中信银行信用卡官网上展示的同属金卡会员的多种信用卡。

图 1-2　中信银行信用卡官网上展示的同属金卡会员的多种信用卡

根据融360金融搜索平台的相关数据显示，在2015年下半年，国有的五个大型股份制商业银行（中国工商银行、中国建设银行、中国银行、中国农业银行、交通银行）和平安银行等商业银行的累积信用卡发卡数量已经超过5亿张，在半年内新增发卡近4 000万张。这说明国内的信用卡需求进一步扩大，尽管相比于2014年的增长数据有所放缓，但是信用卡的发行总量仍然达到了惊人的数量。

信用卡已经逐步成为在一定范围内替代传统现金流通的电子货币，更是用户未来生活中不可缺少的支付工具。作为一种高科技产物，尽管不同信用卡的特色功能有所不同，但是不论何种信用卡，都具备有类似的基础功能。图1-3，为信用卡拥有的8个基础功能。

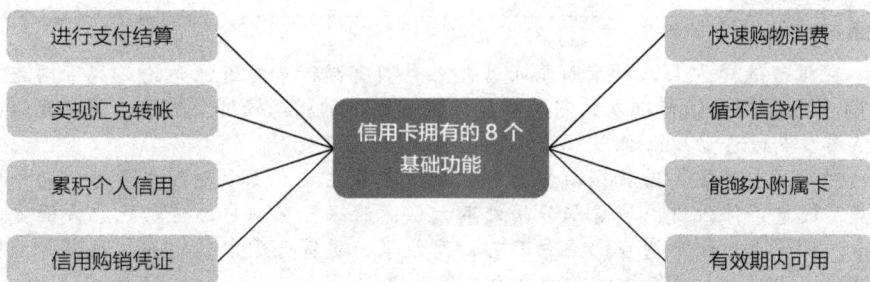

图1-3 信用卡拥有的8个基础功能

对于用户而言，信用卡主要是简化了付款手续，为大众的消费生活提供了便利。虽然用户使用信用卡可用获得更好的生活服务，但是要注意合理用卡，尤其是不要出现盲目透支与过度消费的情况，在还款期限内及时还款。

002 找准适合你的信用卡

用卡高手使用信用卡，并不是追求越多越好，而是越适合越好。因为即使用户拥有满满的一沓卡，也不是每张卡都能够用到的。用户拥有信用卡过多，不仅会使银行对用户的信贷还款承受力产生怀疑，还会因为逾期还款等原因而在无形之中花掉不少冤枉钱。

想要找准一张适合自己的信用卡并不容易，但是选准之后对自己的信用卡生活能够有很大的帮助。下面针对用户如何选准信用卡的3个技巧进行分析。

1. 根据银行对象进行选择

用户在根据银行对象选择时，主要是考虑银行的影响力，比如银行的网点数量、银行的覆盖范围等，用户需要具体考虑的因素包括 6 个方面，如图 1-4 所示。

银行的品牌效应 ─┐ ┌─ 银行特约商户数量

发卡行配备 POS ─┤ 用户需要具体考虑 ├─ 线下的网点数量
　　　　　　　　　 的因素

银行 ATM 数量 ─┘ └─ 服务态度与质量

图 1-4　用户需要具体考虑的因素

💡 **专家提醒**

　　在银行选择方面，对于新手而言，五大国有银行是首选，无论是线下网点、ATM 数量，还是银行机制的完善程度，国有银行都相对较好，其中中国工商银行的信用卡发行总量截止到 2016 年 6 月已经超过 1.15 亿张。

　　对于高手而言，选择国有银行的信用卡并非主流，主要原因在于办理的手续较多，优惠条件较少，消费积分用处不大。商业银行在用户的生活优惠方面更加突出，对于喜欢线下消费的用户而言，商业银行更符合需求，比如招商银行就很受欢迎，其信用卡发行量仅次于中国工商银行。

2. 根据自身实力进行选择

几乎所有发行信用卡的银行都将信用卡分为多个等级，以便不同经济实力的用户进行选择，对于一般人来说，申请普通的信用卡就可以，而金卡、白金卡、钻石卡、无限卡是银行推出的高端信用卡。

如果是申请金卡与白金卡等信用卡，用户可以先考虑自身是否满足需求。图 1-5 为申请高端信用卡的基本条件。

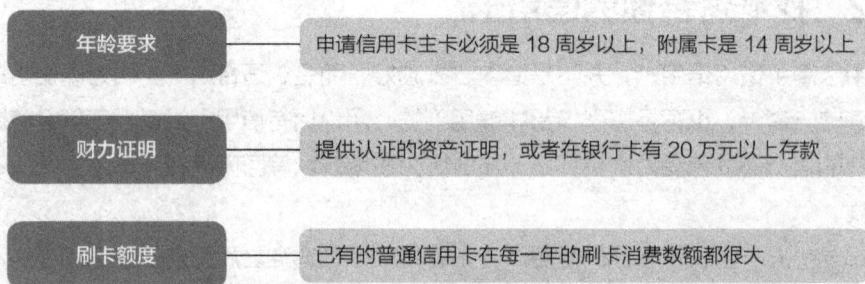

年龄要求 ── 申请信用卡主卡必须是 18 周岁以上，附属卡是 14 周岁以上

财力证明 ── 提供认证的资产证明，或者在银行卡有 20 万元以上存款

刷卡额度 ── 已有的普通信用卡在每一年的刷卡消费数额都很大

图 1-5　申请高端信用卡的基本条件

💡 **专家提醒**

对于普通用户而言，即使申请到了高端信用卡，也是非常不实用的。因为高端信用卡的使用年费都相对较高，而且不能通过刷卡次数来免年费。

以招商银行的信用卡为例，经典版白金信用卡的主卡年费为每年 3 600 元，即使是附属卡的年费也需要 2 000 元。运通百夫长白金卡的主卡年费为每年 3 600 元，附属卡年费为 1 800 元。银联白金卡的主卡年费为每年 800 元，附属卡年费为 300 元。

3. 根据办卡目标进行选择

除了银行对象和自身实力之外，办卡的直接目标也决定了用户可以选择的银行有哪些。尤其是联名式信用卡，更是银行直接根据用户群体的消费目标而推出的，最贴切用户的办卡需求。

下面简单地分析 5 种信用卡的用户群体类型。

（1）有车人士：针对车辆的加油、洗车等服务，银行推出信用卡享折扣等功能，甚至直接赠送车辆保险与人身保险、免费道路救援等功能。图 1-6 为平安车主信用卡的申请界面，用户可以查看该卡的服务功能。

图 1-6　平安车主信用卡的申请界面

除了平安银行之外，其他的很多银行都有推出针对有车人士的信用卡，比如中国工商银行的牡丹中油信用卡、中国建设银行的龙卡信用卡等。

（2）购物人士：以购物为主的联名卡主要有两种，一种是线下的百货商城联名卡，还有一种是网络购物平台的联名卡，这种信用卡是根据持卡人、商家、银行达成的共识而推出的，会给热爱购物的消费者带来更多的实惠。图 1-7 为中信银行推出的淘宝网信用卡和家乐福信用卡。

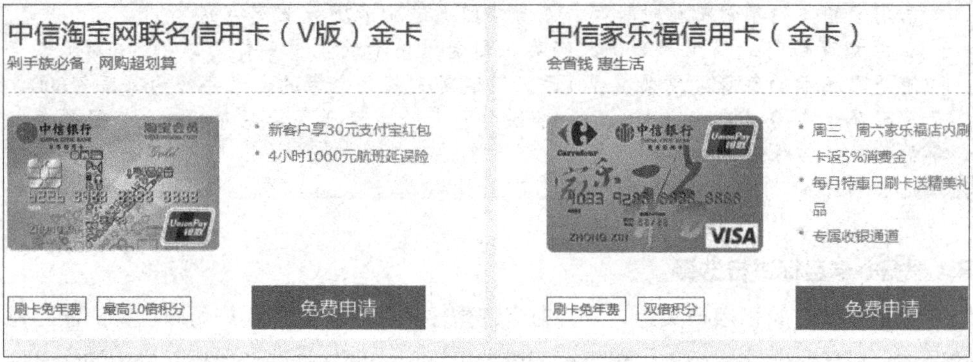

图 1-7 中信银行推出的淘宝网信用卡和家乐福信用卡

💡 专家提醒

中信银行的金卡信用卡和白金卡信用卡的申请条件都相对较低，在同类型卡片中是最容易申请的。对于喜欢线上与线下购物的用户而言，还可以通过刷卡免年费的方式免除高额年费，更可以通过购物获得最高 10 倍的积分。

（3）大学生：无论是国内的大学生，还是国外留学的大学生，都是信用卡的重要用户群体。针对学生群体，银行推出了各具特色的信用卡服务。其中游戏信用卡与双币种信用卡最受学生群体喜欢。图 1-8 为招商银行的梦幻西游信用卡。

图 1-8 招商银行的梦幻西游信用卡

对于学生群体而言，消费、住宿、租车等，很多都要靠信用卡来完成。尤其是国外留学的用户，拥有一张双币信用卡，也就是具备人民币与美元消费功能的信用卡非常有必要，能够减少汇率损失，而多币种信用卡的适用范围更加广阔。

（4）商旅人士：许多银行针对商旅人士的用卡特点，推出了适合商旅人士使用的信用卡，这类信用卡往往具有独特的附加价值，比如广发商旅白金信用卡就是专为商务旅行频繁的客户设计的，在功能类型上主要是机场贵宾礼遇、飞行旅程兑换、国内外消费可享多倍积分等。

图 1-9 为广发银行商旅白金信用卡的卡片外观。

图 1-9 广发银行商旅白金信用卡的卡片外观

不同银行推出的商旅类信用卡在功能上往往不同，而且存在不少的联名卡，比如航空联名信用卡、旅游网站联名信用卡等。

（5）旅游爱好者：以旅游为主题的信用卡能够为热爱旅游的用户提供实实在在的优惠。图 1-10 为中国建设银行芒果旅行龙卡的六大服务功能。

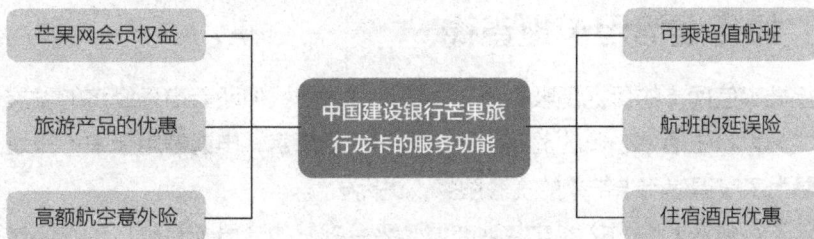

图 1-10 中国建设银行芒果旅行龙卡的六大服务功能

> 💡 **专家提醒**
>
> 中国建设银行针对旅游领域推出了诸多龙卡，比如知音龙卡、世界旅行龙卡、欧洲旅行信用卡、龙卡韩国旅行信用卡等，持卡人可以专享"旅游类期刊优惠""旅游特惠计划""旅游优惠产品"和"免税店优惠"等配套增值权益。

003　寻找适合你的办卡银行

选择信用卡时根据银行对象进行分析是很重要的一个方面，但寻找适合个人的办卡银行，并不仅仅根据银行的相关要素来分析。

寻找方式有很多种，图 1-11 为寻找适合办卡银行的 3 种方式。

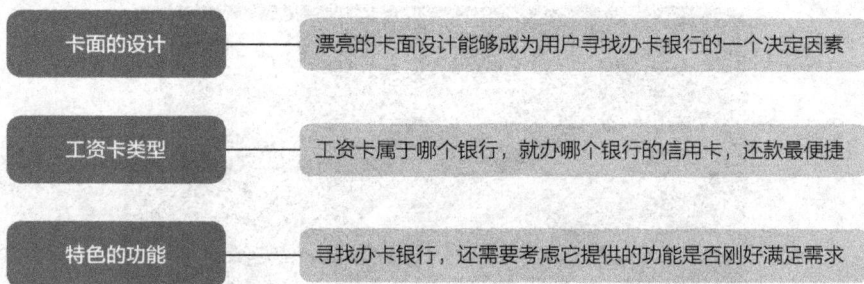

卡面的设计	漂亮的卡面设计能够成为用户寻找办卡银行的一个决定因素
工资卡类型	工资卡属于哪个银行，就办哪个银行的信用卡，还款最便捷
特色的功能	寻找办卡银行，还需要考虑它提供的功能是否刚好满足需求

图 1-11　寻找适合办卡银行的 3 种方式

> 💡 **专家提醒**
>
> 用信用卡的种类越多，就越会发现信用卡的功能基本一致，只是不同的信用卡在特色上有所不同。所以最好的办法是用户在各家银行的信用卡官网上了解该银行主推的信用卡类型，认识各家银行的信用卡优势与缺点，然后结合个人需求，确定最适合自己的银行。

004　如何选信用卡更省钱

银行推出信用卡的目标是吸引高收入的用户人群，但随着市场经济的发展，信用卡已经成为大众生活中必备的消费工具。对于用户而言，申请信用卡并不只是为了提额，而是为了获得信用卡带来的优惠服务，进而省钱。

信用卡在省钱方面的功能与各种商城、平台推出的会员卡是类似的，通过刷卡积分的累积，获得回报或者购物折扣，从而实现省钱的终极目标。

下面以笔者的经历为例，为如何选信用卡更省钱提供实例借鉴。笔者在四个月前通过官网活动申请了招商银行的英雄联盟信用卡。该活动为长期活动，图 1-12 为活动的相关界面。

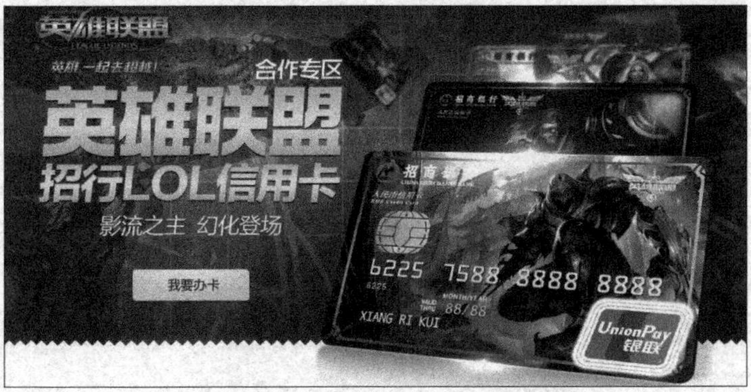

图 1-12　活动的相关界面

英雄联盟信用卡的申请条件非常低，卡到手之后笔者开始刷积分，其中参加活动申请信用卡，平台一次性赠送 99 积分。开卡之后使用该卡刷满三笔交易，领取银行赠送的 1 000 积分，同时获得 100 个刷卡积分。

需要注意的是，玩游戏同样可以获得积分，用户在英雄联盟游戏中赢 1 盘可以获得 5 积分，最高为一个月 500 积分。图 1-13 为笔者的游戏胜场数查询界面，4 个月有 100 胜场，共获得了 500 积分。

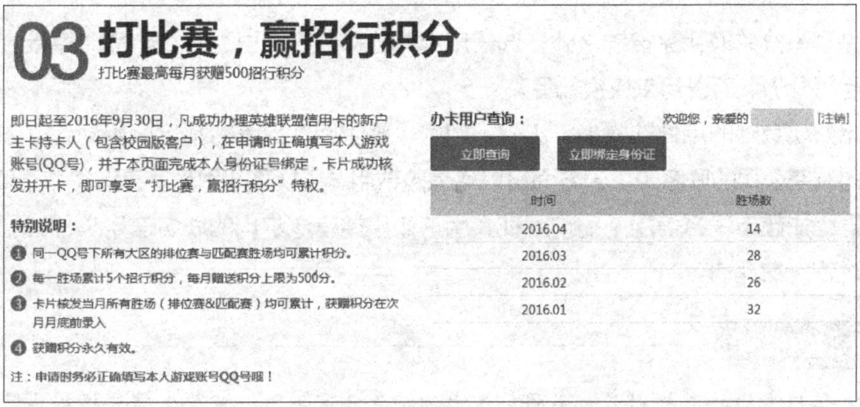

图 1-13　笔者的游戏胜场数查询界面

加上笔者在四个月的时间里通过网络购物、线下购物获得的积分，累积起来已有 3 000 积分，同时笔者的招商银行信用卡获得了一笔提额，从一万元额度提升到一万五千额度。笔者通过招商银行的积分兑换平台免费换取了《译林》杂志的一年订阅权，而且快递包邮。图 1-14 为招商银行积分兑换的订单详情界面。

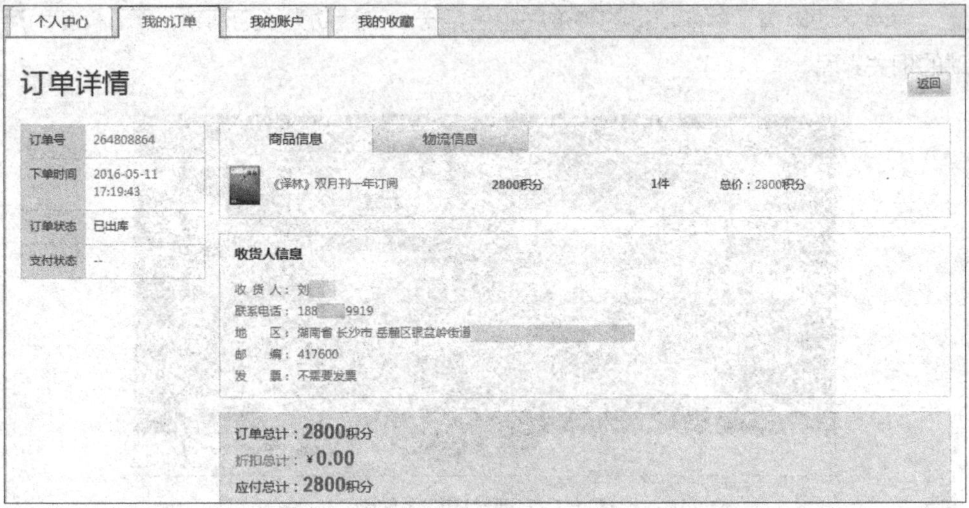

图 1-14　招商银行积分兑换的订单详情界面

💡 **专家提醒**

　　如果按照正常的购物渠道，《译林》杂志的一年订阅权需要 120 元人民币，而笔者免费获得一年的杂志订阅权并没有付出太多劳动，只是关注一下银行的活动，然后休闲时玩玩游戏，在购物时刷下信用卡而已。招商银行提供的积分兑换类型非常多，用户可以根据个人需求自由选择，大部分都是完全免费并且包邮的。

　　除了积分兑换礼品省钱之外，选信用卡时选择联名卡更能够在购物时直接享受折扣，而积分仍然可以用来兑换礼品。

　　比如航空卡的用处非常多，出门、回家、旅游或者出差时都可以用到，办张经常搭乘的航空公司的联名卡，一方面可以省保险费用，还换飞行里程，直接省购票费用。

　　再比如超市联名信用卡刷卡返现，用户如果拥有沃尔玛的联名信用卡，就能够获得高达 1% 的返现。

💡 **专家提醒**

　　信用卡的种类特别多，不同信用卡的特色各有不同，申请者需要根据实际需求来选择。

　　选信用卡不仅是为了获得先付款后还款的权限，更主要地是最大限度地开发信用卡潜在的经济价值，让信用卡成为帮助自身获得更好生活服务质量的有力工具，而不是成为"卡奴"。

005　节省信用卡年费只需一步

年费是信用卡用户特别需要注意的，如果未及时缴纳年费，那么利息相加，会让用户为一张信用卡付出很多不必要的支出。

信用卡每年从账户扣除规定数额的费用，这就是信用卡年费。信用卡等级越高年费越高，具体费用额度需要查询相关银行的规定或协议条款。对于用户而言，如何满足银行的相关条件，进而免除信用卡年费非常重要。

了解各大银行信用卡的年费收费标准是新手用户成长的第一步，首先是认识银行信息网整理的五大国有银行的信用卡相关数据。图 1-15 为五大国有银行信用卡年费收费数据。

银行	主卡年费	附属卡年费	免年费政策
中国工商银行	牡丹双币贷记卡个人普卡 100 元，金卡 200 元，白金卡 2000 元；牡丹双币贷记卡商务卡普卡 200 元，金卡 400 元；牡丹人民币贷记卡个人卡普卡 50 元，主卡 100 元	牡丹双币贷记卡牡丹普卡 50 元，金卡 100 元，白金卡 1000 元；牡丹人民币贷记卡普卡 25 元，金卡 50 元。牡丹准贷记卡普卡 12.5 元，金卡 25 元	普卡、金卡刷卡 5 次免次年年费
中国建设银行	普卡 80 元，金卡 160 元；车主卡 200 元	普卡 50 元；单币金卡 100 元，双币金卡 150 元；尊贵卡 1000 元，精英卡 240 元	普卡、金卡刷卡 5 次免次年年费
中国农业银行	单币普卡 80 元，金卡 160 元；双币普卡 100 元，金卡 200 元；尊然白金卡（典藏版）3000 元，尊然白金卡（精粹版）880 元	单币普卡 40 元，金卡 80 元；双币普卡 50 元，金卡 100 元；尊然白金卡（典藏版）2000 元，尊然白金卡（精粹版）500 元	普卡、金卡刷卡 5 次免次年年费
中国银行	普卡 100 元，金卡 200 元；久光金卡 288 元，钛金卡 300 元	普卡 50 元，金卡 100 元	普卡、金卡刷卡 5 次免次年年费
交通银行	单币普卡 80 元，金卡 120 元，白金卡 1000 元；双币普卡 140 元，金卡 200 元；交行员工卡、公务卡无年费	普卡 50 元，金卡 100 元	普卡、金卡刷卡 6 次免次年年费

图 1-15　五大国有银行信用卡年费收费数据

> 💡 专家提醒
>
> 如果用户需要获得五大国有银行之外的信用卡年费收费数据，可以直接在网上搜索，或者进入相应银行的官网平台查询。
>
> 除了五大国有银行，大部分用户选择申请信用卡的银行主要有招商银行、民生银行、中信银行、浦发银行、广发银行、深发银行、华夏银行、光大银行、兴业银行等，不同银行的信用卡在收取年费方面所有不同。

需要注意的是，多数银行的信用卡普卡年费在 100 元以下，其中工商银行最低，其主卡仅为每年 50 元，其他银行都较高，比如浦发银行的普卡主卡年费达到了 180 元，但浦发银行在 2015 年推出了活动内免年费策略。如果用户觉得达到银行推出的免年费条件较难，那么可以选择年费较低的信用卡进行申请，节省信用卡年费额度。

国内银行向信用卡用户推出了多种免年费条件，只要用户达到要求，就可以免除年费，无需缴纳。表 1-1 为部分银行的刷卡免年费条件。

表 1-1　部分银行的刷卡免年费条件

发卡银行	相关方式	推出的免年费条件
中国工商银行	刷卡次数	刷卡消费 5 笔（学生卡 3 次）或累计 5 000 元，免当年年费
中国建设银行	刷卡次数	首年免，普卡金卡刷 3 次免次年年费
中国农业银行	刷卡次数	首年免年费，刷卡 5 次，免次年年费
中国银行	刷卡次数	首年免，普卡金卡刷 5 次免次年年费
交通银行	刷卡次数	首年免年费，刷卡 6 次免次年年费
招商银行	刷卡次数	首年免，普卡金卡刷卡 6 次免次年年费
广发银行	刷卡次数	普卡金卡刷卡 6 次免次年年费
民生银行	刷卡次数	普卡金卡刷卡 8 次免次年年费
中信银行	刷卡次数	卡激活后一月内刷卡 1 次，免年费，普卡金卡刷卡 5 次免次年年费
浦发银行	刷卡金额	首年免，普卡用户一年内刷卡 2000 元人民币，免次年年费

💡 专家提醒

　　信用卡普卡一般都有较为宽松的信用卡免年费政策，但是高端信用卡的免年费要求条件相对较高，有些特殊卡片甚至不容许免年费。持卡人在申请信用卡时需量力而行，选择适合自身资金实力的卡种为好，信用卡年费能免则免。

　　除了刷卡可以免年费之外，还有一种免年费方式也较为常见，这就是积分兑换，用户使用一定的信用卡积分可以兑换免年费的权限。新手用户还需要注意，新卡收到后未开卡消费，一般都是不收取年费的，但是如果旧卡处于账单还款状态，银行会收取年费。

006　办卡的实惠莫错过

　　用户办卡的重要原因往往就是银行推出了办卡优惠活动，大部分办理过信用卡的人都有过"开卡送礼"的经历。在招商银行信用卡的官网平台上，甚至每时每刻都有办卡或新户刷卡送礼的活动。

　　图 1-16 为招商银行信用卡的官网主页。

图 1-16　招商银行信用卡的官网主页

> **专家提醒**
>
> 　　不同银行都有开卡送礼的活动，送出的礼品各有不同，比如信用卡积分、实物礼品、虚拟服务功能、免除年费、购物折扣等，甚至还有银行推出了实质性的刷卡金返还制度，用户办卡就能够获得现金补贴，或者额度提升，非常有诱惑力。

　　除了自己办卡之外，还可以推荐朋友办卡，推荐者也可以得到不同的回馈，比如招商银行对推荐人采用赠送 1000 招行永久积分作为奖励。交通银行信用卡用户推荐其他用户办卡，可以根据办卡数量来获得不同的刷卡金补贴奖励，最低50 元。

007　用联名信用卡获得优质购物服务

　　在银行卡类型中，联名信用卡是最常见的形式之一。联名双方会在各自的平台上推出宣传活动，实现共赢的目标。图 1-17 为优步 APP 与中信银行联合推出的申请联名信用卡的界面，从 2016 年 7 月开始使用该信用卡乘坐优步车辆的用户能够在完成出行订单之后，获得每单 20% 的乘车金返还。

　　相比于出行类的联名信用卡，更常见的是百货联名卡、航空联名卡和旅游联名卡。这些信用卡都是由银行和社会机构联合发行，常使用两方服务的用户能够获得较高的优惠。

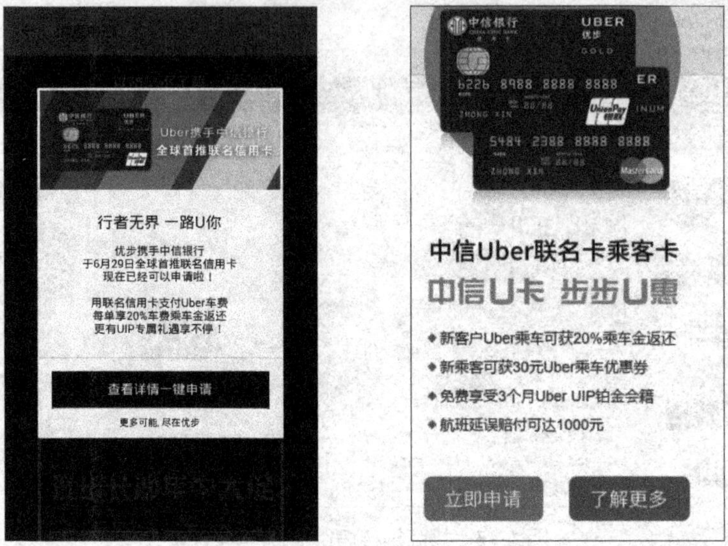

图 1-17 优步 APP 与中信银行联合推出的申请联名信用卡的界面

图 1-18 为 3 种常见联名信用卡的说明。

百货联名卡	这类卡适合经常喜好购物的用户，而且对品牌的忠诚度高
航空联名卡	根据最常乘坐的航班选定航空公司，获得更多搭乘优惠
旅游联名卡	某些旅游平台的忠实用户，便于用户的国内外旅游出行

图 1-18 3 种常见联名信用卡的说明

💡 专家提醒

　　联名卡的出现，主要是因为市场竞争进一步加剧，导致众多的发卡银行希望能够增加信用卡的附加值，从而为用户提供创新型的产品，获得用户的认可，也增加用户使用卡片的次数。

　　对于用户而言，联名信用卡带来的双方回馈待遇非常实用，有些影响力较大的联名卡甚至能够让持卡人享受衣、食、住、行等各个领域的优惠。

008　好的信用卡打造出网购达人

　　如果想通过信用卡将自己打造成网购达人，那么首先需要注意 3 个方面：网购商品有高倍的积分、可以免除年费和网购可用的优惠活动多。

　　截至 2016 年 7 月，大部分网购达人选择的有积分的网购信用卡大多为淘宝联名卡，比如中信银行淘宝联名信用卡、中国银行淘宝联名卡、兴业银行淘宝联名卡等。图 1-19 为淘宝官网上推出的中信淘宝信用卡申请界面。

图 1-19　淘宝官网上推出的中信淘宝信用卡申请界面

　　需要注意的是，淘宝的联名卡并不是只让用户享受淘宝购物带来的实惠。用户除了享受联名方的权益之外，还可以享受银行的基本权益。图 1-20 为中信淘宝信用卡的用户权益内容。

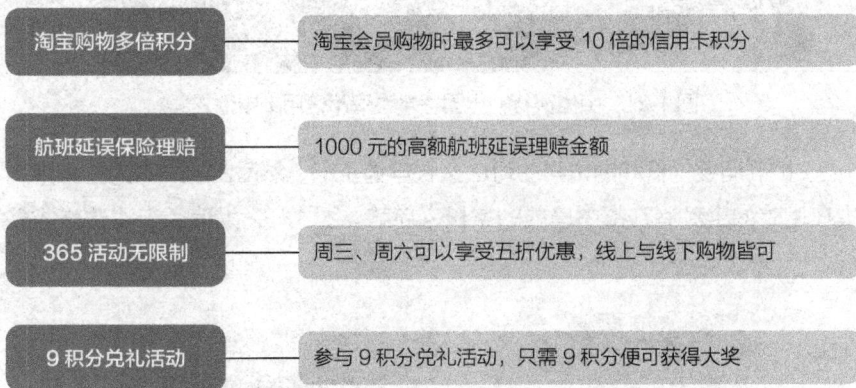

图 1-20　中信淘宝信用卡的用户权益内容

　　不同银行推出的网购信用卡的功能和用途也是有区别的，购物爱好者根据其功能的不同，选择最适合自己的信用卡，才是做一个成功的"网购达人"的第一步。

009　出国留学一卡在手

随着出国留学在便利性上进一步提高，国内出国留学热潮依旧在持续加剧中，多家国内银行紧盯留学生金融服务这一市场，向留学生推出信用卡海外消费服务。从留学生的角度而言，信用卡非用不可，主要有以下 3 个方面的原因。

（1）使用便捷。留学生拥有的信用卡，至少都是双币信用卡，部分甚至是多币信用卡，不仅能够在国外刷卡、取现，还可以便捷地完成国外假期旅游。在国外，信用卡的使用范围要更加广泛，大部分消费都能够通过信用卡完成，甚至可以用信用卡来给服务者小费。

图 1-21 为中信银行的出国留学生双币信用卡申请界面。

图 1-21　中信银行的出国留学生双币信用卡申请界面

（2）控制消费。低龄的留学生可由家长申请主卡，然后留学生本人持有附属卡，留学生在境外的全额消费都由境内的家长来还款。图 1-22 为信用卡消费与还款的流程分析。

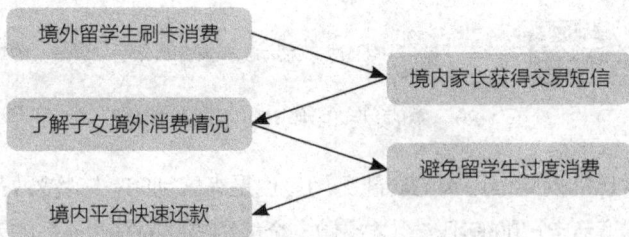

图 1-22　信用卡消费与还款的流程分析

让低龄的留学生使用信用卡，同时家长有限度地对其进行消费控制，这也有利于帮助其建立良好的消费习惯，尽早培养理财意识。

大部分家长都会为孩子办理海外信用卡的附属卡，但是留学生在国外也可以凭借留学生的身份申请所在国的信用卡。

（3）积累信用。在消费时代，每个人的信用记录都非常重要，因为信用记录直接影响到用户买房、买车时申请贷款能否通过。但凡与银行打交道的事情，提供一份良好的个人信用记录都能够事半功倍。

除了国内的信用卡消费记录能够积累信用之外，留学生在国外申请的信用卡同样能够帮助用户积累信用。由于信用卡在全球普遍具有适用性，所以留学生在国外申请信用卡并非难事。图 1-23 为留学生在美国和英国的申请策略。

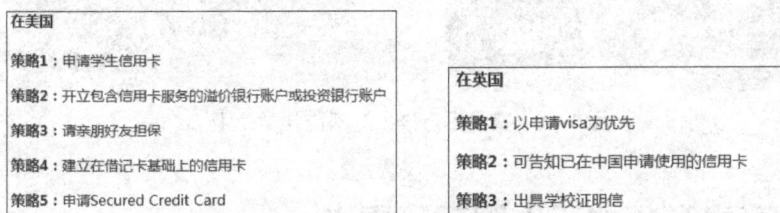

在美国

策略1：申请学生信用卡

策略2：开立包含信用卡服务的溢价银行账户或投资银行账户

策略3：请亲朋好友担保

策略4：建立在借记卡基础上的信用卡

策略5：申请Secured Credit Card

在英国

策略1：以申请visa为优先

策略2：可告知已在中国申请使用的信用卡

策略3：出具学校证明信

图 1-23　留学生在美国和英国的申请策略

010　时尚潮流的儿童信用卡

儿童信用卡是专属类型的信用卡，其他用户不可申请。五大国有银行中的中国工商银行、中国银行、交通银行都有推出儿童信用卡。图 1-24 为三大银行儿童信用卡的服务功能。

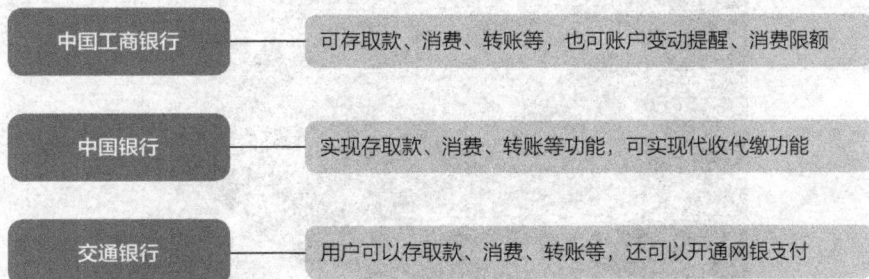

中国工商银行	可存取款、消费、转账等，也可账户变动提醒、消费限额
中国银行	实现存取款、消费、转账等功能，可实现代收代缴功能
交通银行	用户可以存取款、消费、转账等，还可以开通网银支付

图 1-24　三大银行儿童信用卡的服务功能

儿童卡的办理只需凭本人的户口簿及监护人有效证件即可，与其他信用卡相比，儿童信用卡的功能较少，但具备存取款、消费、转账等基本服务功能。图 1-25 为交通银行推出的两种儿童信用卡，分为男生与女生。

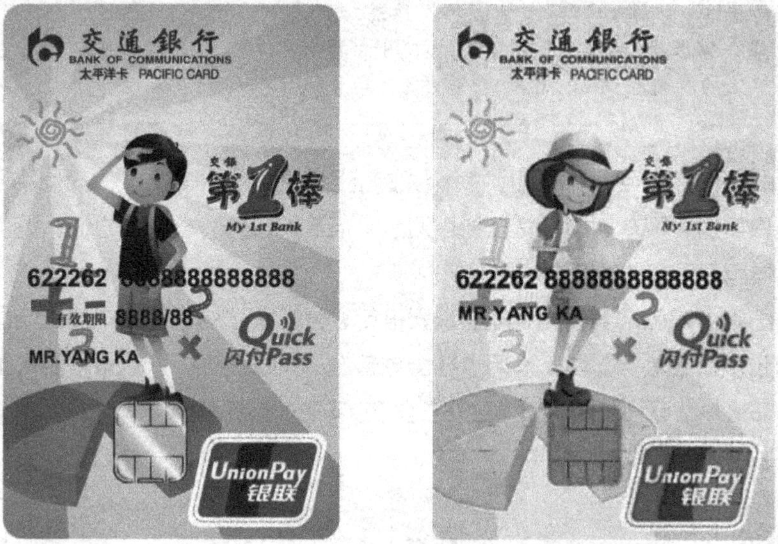

图 1-25　交通银行推出的两种儿童信用卡

011　高贵奢华的无上限额度黑卡

信用卡是根据用户等级进行区分的，而在信用卡中最顶级的产品就是无上限额度的黑卡，在中国国内拥有发行运通黑卡资格的银行仅仅只有中国工商银行、招商银行与民生银行，其基本门槛为年消费境内 200 万元人民币或境外 100 万元人民币。

即使满足基本门槛，其中 99% 数量的用户都不会被银行邀请，因为国内黑卡的发行量仅为数千张，银行也不接受任何人的主动申请。图 1-26 为运通黑卡。

图 1-26　运通黑卡

黑卡的基本特点就是可以透支，至少可以透支 50 万元人民币，甚至部分黑卡的持有者直接用黑卡购买一架直升机都没有问题。银行甄选出的黑卡客户是整个银行用户中最为优质的，而且年费高昂，所以银行对黑卡卡主的服务非常周到，比如"全能私人助理"服务，对于用户的要求，只要是银行能够办到的，都能完成。

拥有这种黑卡的用户可以轻松进入上层社交圈，出入各种高档的俱乐部，因为黑卡在本质上就属于一种身份的象征，比一辆超豪华轿车要显著得多。

💡 **专家提醒**

除了运通黑卡之外，世界上常见的黑卡还有花旗黑卡，发行量同样非常低，也有与黑卡同档次的白卡，更为少见。

黑卡呈现出的形式为黑色，但是其材质是钛合金，属于特制的金属卡。国内的黑卡有采用钛合金材质制作的，也有采用 PVC（聚氯乙烯）材质来完成的，根据银行的设计不同而不同。

012　选择你的最佳办卡渠道

用户在申请信用卡时，并非只有去营业厅办理这一种渠道，为了方便用户申请信用卡，银行往往开通了多种申请方式。用户可以根据个人的情况进行选择，一般网上申请较为便捷、快速，但信用卡的发卡额度受限较多。

图 1-27 为 3 种常见的信用卡申请方式。

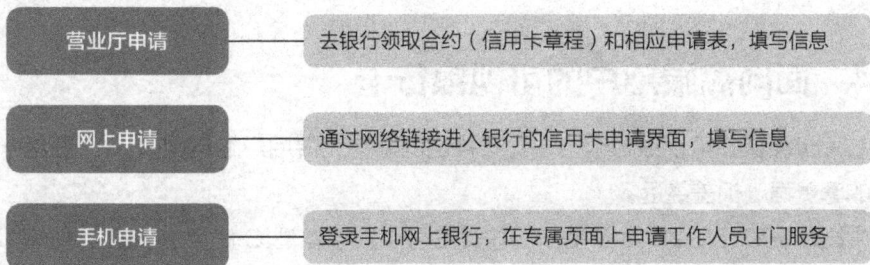

营业厅申请	去银行领取合约（信用卡章程）和相应申请表，填写信息
网上申请	通过网络链接进入银行的信用卡申请界面，填写信息
手机申请	登录手机网上银行，在专属页面上申请工作人员上门服务

图 1-27　3 种常见的信用卡申请方式

💡 **专家提醒**

手机已经成为大众生活中必不可少的一部分，银行推出的一些创新申请形式都需要手机，比如中信银行推出的刷二维码申请。

除了这些常见的信用卡申请方式之外，随着微信、支付宝等超级 APP 的兴起，在这些平台上也可以直接申请不同银行的信用卡，比如微信银行平台可以申请大部分银行的信用卡，而支付宝平台可以申请浦发银行和光大银行的信用卡。

013　自由职业者的办卡之路

无论是淘宝店铺的兴起，还是其他网络店铺的出现，或者自媒体的发展，随着自由经济成为普遍现象，国内的自由职业者越来越多。自由职业者同样可以申请信用卡，下面提供一些申请信用卡的攻略，供读者参考。

（1）资产证明。申请者的资产证明可以有多个方面，其中房产证明、车辆证明等最为常见，即使没有这些证明，用户如果能够调取在银行的流水账单，证明其资金始终稳定，并且额度较高，同样可以作为资产证明。

申请者携带房产证、行驶证复印件及个人身份证等证件，前往银行营业厅办理申请手续，如果信息填写无误，并且资产证明真实有效，那么通过率会很高。

（2）存款证明。如果用户需要通过存款证明来申请信用卡，那么在拥有存款的银行卡所在银行申请，通过率更高，尤其是在国有银行申请信用卡时，有一定的存款证明直接影响申请信用卡的成功率。

> **专家提醒**
>
> 申请者利用存款证明申请时需要注意两个方面，分别是存款的持久性和存款的额度。
> 用户的存款需要在银行卡中已经存储一定时间，如果用户在招商银行卡中的存款有2 000万元，并且超过3个月，甚至有可能被银行邀请开通最高级别的黑卡信用卡。

014　面向高端用户的可视银行卡

与黑卡类似，可视银行卡也是银行推出的面向高端用户的信用卡，但是这种卡与黑卡的尊贵程度相差甚远。

中国建设银行在2013年推出的这类信用卡，与普通IC信用卡不同，中国建设很行的龙卡数字显示信用卡的右上角多了LCD显示器。用户可以直接通过显示屏查看可用额度，以及查询最近的交易记录。除了中国建设银行，交通银行也推出了该款信用卡。

在卡片的左下方，有12个圆形触摸式按钮，不同的数字和按钮具备不同的功能，包括"返回""电源""余额""交易明细"等。图1-28为中国建设银行可视信用卡的虚拟界面。

图 1-28　中国建设银行可视信用卡的虚拟界面

> **专家提醒**
>
> 　　这类信用卡有内置电池，一般电池的有效期为 5 年左右，电池用完就需要更换新的信用卡。
> 　　虽然这种卡在功能上更加全面，但是可视信用卡的厚度、大小都与普通银行卡一样，形象上并没有太过臃肿。
> 　　作为高科技信用卡，这种信用卡的年费相对较高，而且不能享受刷卡免费的优惠策略，同时在办新卡、到期换卡、挂失换卡等情况下，银行都会收取工本费。

　　这种信用卡对申请人有一定的要求，但是相比于其他高端卡，条件并不是太高。一般用户持有该银行的白金信用卡，就可以申请到可视信用卡。

015　预留时间，完善办卡细节

　　用户不能到要用卡时才去办卡，要知道从申请信用卡到卡片下发并不是一段较短的时间，而且用户申请信用卡并不是每一次都绝对会通过的。如果用户申请信用卡被拒，那么再次申请会花费更多的时间。

　　不同银行办理信用卡所需的时间各有不同，表 1-2 为部分银行办理信用卡所需的大致时间。

表 1-2　部分银行办理信用卡所需的大致时间

发卡银行	信息录入	寄送信用卡方式及时间
中国工商银行	15 个工作日接到银行发卡通知	用挂号信方式邮寄到账单地址，时间不定
中国农业银行	10 个工作日内完成	由上海总部统一审核下发的，15 个工作日内
中国银行	20 个工作日内完成	用邮政挂号信方式，15 天内寄到用户手上
交通银行	一周或者 10 个工作日内	用邮政挂号信方式，10 天左右送达
招商银行	5 到 8 天的时间	批卡之日后的 7 到 10 天左右卡片送达
广发银行	15 个工作日左右，可以加急	加急情况，半个月内能收到信用卡
中信银行	两周左右审核完成	以挂号信或快递形式寄发

💡 专家提醒

　　普通用户办理一张信用卡的时间根据银行的不同而不同，但是一般情况下都需要 15 天到 25 天，对于急于办理信用卡的用户而言，可以通过加急的方式来提升速度，即使如此，用户还是需要提前行动，留出适当的办卡时间！

　　如果用户对于申请信用卡较为急切，那么还可以在申请时注意不同申请渠道的区别，一般情况下，通过线下的银行营业厅申请，时间相对较长，通过银行的网络平台申请，时间相对较短。某些银行会推出新卡即日享活动，活动期间的办卡速度会非常快，但这种活动相对较少，需要用户留意。

016　直接提升信用卡的申请成功率

　　大部分用户都有过申请信用卡结果被拒的情况，根据笔者了解的信息，即使有一份工作及公司证明，也是有可能被拒的。

　　笔者在半年内申请了 6 张不同银行的信用卡，但是没有一张被拒，主要原因在于如下 3 个方面。

　　（1）恰当的资产证明。对于大部分用户而言，第一次申请信用卡时的额度都比较低，成功率也相对较低，主要是因为银行没有用户的任何消费信用记录，银行为了降低产生坏账的情况，主要依靠查询用户的收入资产状况来决定。

　　图 1-29 为资产证明的 6 个方面。

```
收入证明                              汽车产权证明

房屋产权证明        资产证明的6个        银行存款证明
                     方面

按揭购房证明                          有价证券凭证
```

图 1-29　资产证明的 6 个方面

即使申请者完全没有这些证明，但是申请者拥有学历证书、技术等级证书以及其他资格证书，那么申请成功的可能性仍然很高。有些工作无法直接提供收入证明，但是申请者确实有工作，而且是在大公司，那么成功几乎没问题。

专家提醒

> 如果工作无法直接提供收入证明，那么普通用户其实是可以适当提高个人年收入金额，并将数据上报的，比如年收入 5 万元可以上报为年收入 10 万元。
> 申请者的年收入金额直接影响申请者信用卡的初始额度，如果申请者所在公司还属于影响力较大的公司，那么信用卡的下发会很迅速。

（2）填写的表格信息。表格信息中的各个方面内容都会影响银行对申请者的信用评估得分，而评估得分直接影响信用卡的申请成功率。

图 1-30 为影响评估得分的 6 个方面。

```
工作单位的稳定情况                    用户教育程度的高低

是否拥有独自的住房    影响评估得分的6个    拥有本地的电话号码
                     方面

用户职务等级的高低                    结婚人士的评分较高
```

图 1-30　影响评估得分的 6 个方面

银行会根据申请人所提交的内容进行综合评估，表格信息是评估的重要方面，但并非唯一方面，只是如果用户偏离这个标准过多，银行就不会通过申请。

（3）良好的刷卡习惯。新手用户经常会听到"以卡办卡"的申请方式，这是因为银行在查询个人信息时，会查看用户已有信用卡的额度和等级问题，而信用卡等级很难修改，但是额度却是可以靠刷卡的习惯来保持的，尤其是银行上调用户某张信用卡的永久额度时，会对用户申请其他银行的信用卡带来长远效果。

图 1-31 为笔者的招商银行信用卡的账单提醒，笔者在每个月都保持了良好的刷卡记录。

招商银行信用卡	信用管家消费提醒 - 尊敬的 先生，您好，感谢您选择招商银行信用卡！截止邮件中最后一笔交易，您的信用额度如下：	6月15日
招商银行信用卡	信用管家消费提醒 - 尊敬的 先生，您好，感谢您选择招商银行信用卡！截止邮件中最后一笔交易，您的信用额度如下：	6月14日
招商银行信用卡	信用管家消费提醒 - 尊敬的 先生，您好，感谢您选择招商银行信用卡！截止邮件中最后一笔交易，您的信用额度如下：	6月13日
招商银行信用卡	信用管家消费提醒 - 尊敬的 先生，您好，感谢您选择招商银行信用卡！截止邮件中最后一笔交易，您的信用额度如下：	6月11日
招商银行信用卡	【招商银行信用卡2016年6月电子账单】 - 尊敬的 先生: 您 2016 年 06 月信用卡个人卡账单已出。06 月 21 日 ¥22,5...	6月5日
招商银行信用卡	信用管家消费提醒 - 尊敬的 先生，您好，感谢您选择招商银行信用卡！截止邮件中最后一笔交易，您的信用额度如下：	6月1日
招商银行信用卡	信用管家消费提醒 - 尊敬的 先生，您好，感谢您选择招商银行信用卡！截止邮件中最后一笔交易，您的信用额度如下：	5月29日
招商银行信用卡	信用管家消费提醒 - 尊敬的 先生，您好，感谢您选择招商银行信用卡！截止邮件中最后一笔交易，您的信用额度如下：	5月28日
招商银行信用卡	信用管家消费提醒 - 尊敬的 先生，您好，感谢您选择招商银行信用卡！截止邮件中最后一笔交易，您的信用额度如下：	5月27日
招商银行信用卡	信用管家消费提醒 - 尊敬的 先生，您好，感谢您选择招商银行信用卡！截止邮件中最后一笔交易，您的信用额度如下：	5月26日
招商银行信用卡	信用管家消费提醒 - 尊敬的 先生，您好，感谢您选择招商银行信用卡！截止邮件中最后一笔交易，您的信用额度如下：	5月25日
招商银行信用卡	信用管家消费提醒 - 尊敬的 先生，您好，感谢您选择招商银行信用卡！截止邮件中最后一笔交易，您的信用额度如下：	5月24日
招商银行信用卡	信用管家消费提醒 - 尊敬的 先生，您好，感谢您选择招商银行信用卡！截止邮件中最后一笔交易，您的信用额度如下：	5月22日
招商银行信用卡	信用管家消费提醒 - 尊敬的 先生，您好，感谢您选择招商银行信用卡！截止邮件中最后一笔交易，您的信用额度如下：	5月18日
招商银行信用卡	信用管家消费提醒 - 尊敬的 先生，您好，感谢您选择招商银行信用卡！截止邮件中最后一笔交易，您的信用额度如下：	5月16日
招商银行信用卡	信用管家消费提醒 - 尊敬的 先生，您好，感谢您选择招商银行信用卡！截止邮件中最后一笔交易，您的信用额度如下：	5月10日
招商银行信用卡	信用管家消费提醒 - 尊敬的 先生，您好，感谢您选择招商银行信用卡！截止邮件中最后一笔交易，您的信用额度如下：	5月9日
招商银行信用卡	信用管家消费提醒 - 尊敬的 先生，您好，感谢您选择招商银行信用卡！截止邮件中最后一笔交易，您的信用额度如下：	5月8日
招商银行信用卡	信用管家消费提醒 - 尊敬的 先生，您好，感谢您选择招商银行信用卡！截止邮件中最后一笔交易，您的信用额度如下：	5月7日

图 1-31　笔者的招商银行信用卡的账单提醒

专家提醒

用户申请到某个银行的信用卡之后，要持续地保持良好的使用习惯，每个月的刷卡消费记录最好不要低于 10 次，同时刷卡额度较可能地高一些。

除此之外，用户还可以根据实际情况合理地进行理财规划，时常消费，按时还款，不要产生还款延期记录。

017　4 种激活信用卡的技巧

银行为用户提供了便捷的激活服务，一般情况下都具备 4 种激活方式，用户选择适合的激活方式需要注意一定的技巧。

图 1-32 为用户可用的 4 种激活方式，用户选择适合的方式能够减少时间的浪费，效率也更高。

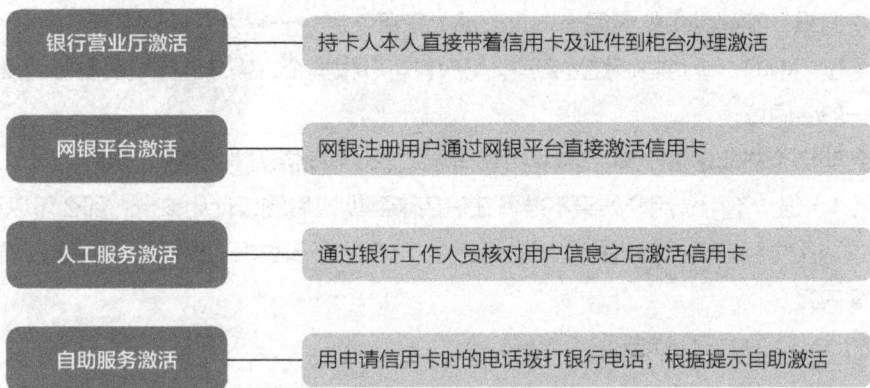

银行营业厅激活	持卡人本人直接带着信用卡及证件到柜台办理激活
网银平台激活	网银注册用户通过网银平台直接激活信用卡
人工服务激活	通过银行工作人员核对用户信息之后激活信用卡
自助服务激活	用申请信用卡时的电话拨打银行电话，根据提示自助激活

图 1-32　用户可用的 4 种激活方式

💡 专家提醒

对于绝大部分用户而言，通过电话服务中的自助服务来激活信用卡是最适合的，既节省时间，又提升效率。

针对网络平台申请信用卡的用户，银行要求用户必须带着信用卡及证件到柜台办理激活，不能通过其他激活方式来激活信用卡，主要是为了保障用户的信用卡安全问题，防止不法分子通过网络的虚假信息申请信用卡。

018　到期换卡，一步不差

任何信用卡的正面都会标明该卡的有效期限，在有效期限内，用户可以正常使用信用卡，一旦过期，信用卡就无法进行消费或者取款。图 1-33 为中信银行的金卡信用卡正面，界面中下方的 08/18 即为信用卡的有效期，表示为 2018 年 8 月。

图 1-33　中信银行的金卡信用卡正面

不同银行不同等级的信用卡在有效期上有所不用，一般为3年到5年，银行会在信用卡过期前的一个月电话提醒客户。用户也可以根据个人需求选择是否要提前换卡，银行一般会同意。

到期换卡并非是件小事，信用卡用户需要根据不同情况进行区别对待。

（1）退卡不用：用户如果不准备在信用卡到期之后继续使用该卡，那么可以在银行通过信用卡到期前，跟银行说明。银行会根据相关流程办理退卡手续，用户需要注意手续内容。

图1-34为用户方面的退卡流程。

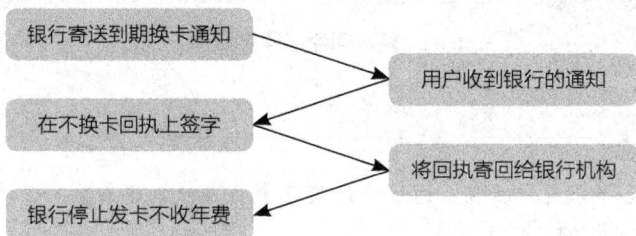

银行寄送到期换卡通知 → 用户收到银行的通知

在不换卡回执上签字 →

→ 将回执寄回给银行机构

银行停止发卡不收年费 →

图1-34　用户方面的退卡流程

💡 专家提醒

　　如果用户没有主动和银行联系，或者没有在银行的回执通知单上签字，那么视为自愿到期换领新卡，发卡机构将为持卡人寄送新卡。

　　虽然用户已经退卡，但是如果信用卡上仍然存在未结清的债务，那么持卡人必须结清信用卡的全部债务，不然会产生不良记录。

（2）地址变更：为了保障用户的用卡安全，大多数银行换卡都必须本人前往发卡行的营业厅办理。

如果用户的地址已经和申请信用卡时的地址不同，用户可以在银行的营业厅向工作人员说明，并且登记新的地址。

如果用户已经收到银行发出的到期换卡通知书，可以填写换卡通知书右上角的"领卡网点新地址"并寄回银行。除此之外，部分银行也可以通过电话人工客服的方式来修改地址。

（3）销毁原卡：用户申办新卡的手续并不复杂，只需要在信用卡标注的月份期间带身份证前往发卡行换卡即可。

新的信用卡同样需要激活后才能够使用，一般用户会在信用卡背面签上名字，同时销毁原卡，原卡不需要寄回银行，新卡会继承原卡的积分、债务与额度。销毁原卡的方式一般为剪碎卡片或者焚毁，不能将完整卡片放入垃圾箱。

019 使用虚拟柜员机快速办理业务

虚拟柜员机，也就是 VTM，是一种通过远程视频的方式来办理用户业务的一体化设备。与传统的柜台功能基本一致，只是工作人员并非位于营业厅内，这种柜员机在许多发达城市中都有。

用户通过虚拟柜员机能够快速申请信用卡，还可以查询、存钱、取钱和转账。国内的中国银行、中国工商银行、中国建设银行、中国光大银行等都推出了虚拟柜员机，用户可以在这些银行的营业厅内看到这种柜员机。图 1-35 为中国银行的虚拟柜员机。

图 1-35　中国银行的虚拟柜员机

020 理财时代不能没有信用卡

信用卡在理财方面的功能也是非常突出的，尤其是对于刚走进职场的新人用户来说，通过合理的理财手段，用信用卡来实现适度的消费，可以帮助用户获得更好的理财体验。图 1-36 为信用卡为用户理财带来的 3 个方面的便利。

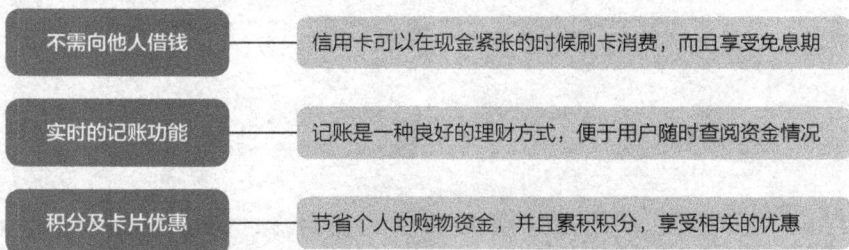

不需向他人借钱	信用卡可以在现金紧张的时候刷卡消费，而且享受免息期
实时的记账功能	记账是一种良好的理财方式，便于用户随时查阅资金情况
积分及卡片优惠	节省个人的购物资金，并且累积积分，享受相关的优惠

图 1-36　信用卡为用户理财带来的 3 个方面的便利

第 2 章

刷卡与用卡，万千独享实惠由你做主

学前提示

　　刷卡与用卡是用户获得信用卡之后需要注意的，如果能够抓住机会，学好刷卡与用卡的相关技巧，不仅能够让信用卡为用户省钱，还能够赚钱。利用信用卡刷分，同时享受优惠，再利用积分兑换礼品，节省购物资金，一张信用卡能带来多种实惠方式。

要点展示

>> 刷卡，无论出行还是购物，一卡无忧
>> 用卡，积累积分独享实惠，一卡即可

021 高手必备的 5 种刷卡技巧

信用卡与储蓄卡在支付方式上存在一定的相似处，但是比储蓄卡支付更加方便、快捷而且安全。下面介绍用卡高手必备的 5 种刷卡技巧。

1. 电话支付刷卡

电话支付属于电子支付形式中的一种特殊情况，在操作方式上非常简单，而且支付的成本非常低。信用卡用户只需要使用电话或类似设备，连接银行系统进行相关操作就可以完成支付行为，也有部分银行推出了专门的支付电话终端。

图 2-1 为中国建设银行推出的针对个体经营群体的电话支付服务。

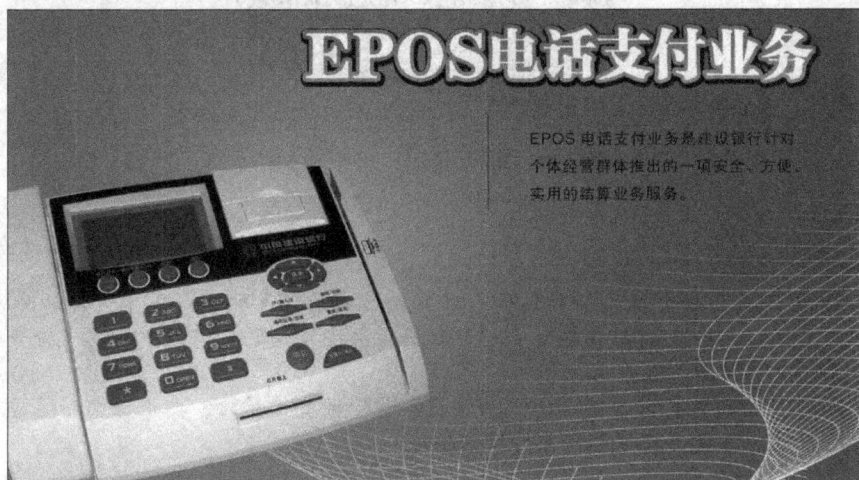

图 2-1　中国建设银行推出的针对个体经营群体的电话支付服务

💡 专家提醒

除了可以连接进入银行的系统进行支付之外，用户还可以拨打某些交易平台的电话，直接根据语音提示自助进行相关交易，并且通过电话进行支付，一般用于基金购买等服务。

这种支付方式与信用卡的网络支付方式类似，主要就是通过输入卡号、有效期、安全码、支付密码等信息来进行支付，完成交易。

2. 多功能 POS 机刷卡

笔者非常喜欢通过多功能 POS 机刷卡，主要原因就是非常方便，无论需要支付的金额是多少，信用卡都可以一笔支付，不需要额外找零，更不需要携带现金。更主要的是，如果用户想要快速提额，那么通过 POS 机刷卡是必须的。

　　所有的大型商城及大部分的商铺都有多功能 POS 机，POS 机能够实现信用卡资金的消费、预授权、余额查询等基本功能，同时在使用时较为安全可靠。图 2-2 为超市内的多功能 POS 机，主要用于客户刷卡消费。

图 2-2　超市内的多功能 POS 机

专家提醒

　　通过 POS 机消费，与常见的输入密码支付有着很大区别，首先就是 POS 机刷卡成功之后，会打出用户刷卡支付的收据，至少是两联，信用卡持有者检查收据上的信息无误后，在收据上签字。
　　操作员收到收据的签名后，要和信用卡背后的签名对比，要求姓名和笔迹基本相符，然后将信用卡及刷卡支付收据给持卡人。

3. 移动 POS 机刷卡

　　用户在淘宝或其他购物平台购物时，往往会选择信用卡支付，其中一部分用户会选择货到付款，当快递送达时，用户就需要在快递员携带的移动 POS 机上刷卡消费，支付购物费用。移动 POS 机刷卡非常常见，主要原因是其优点突出。图 2-3 为移动 POS 机刷卡的 3 个优势。

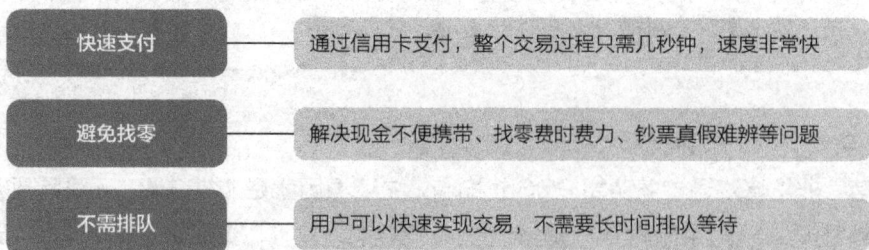

快速支付	通过信用卡支付，整个交易过程只需几秒钟，速度非常快
避免找零	解决现金不便携带、找零费时费力、钞票真假难辨等问题
不需排队	用户可以快速实现交易，不需要长时间排队等待

图 2-3　移动 POS 机刷卡的 3 个优势

4. 网络支付

网络支付就是用户通过第三方提供的支付接口，来完成的实时支付，相比于其他的支付方式，这种网络支付的好处在于到账迅速，不需要人工确认。

用户可选的网络支付形式有很多种，包括绑定信用卡、电子钱包、特殊终端设备支付等。图 2-4 为中国建设银行支持的 Apple Pay 网络支付。

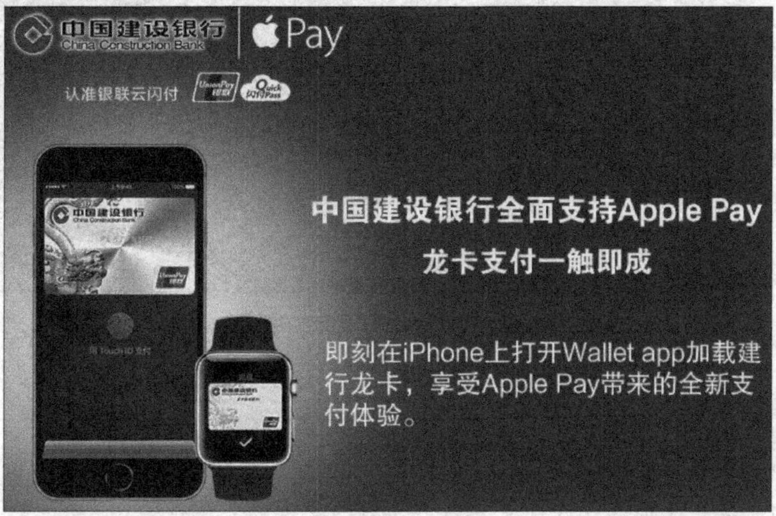

图 2-4 中国建设银行支持的 Apple Pay 网络支付

💡 专家提醒

网络支付的风险相对于其他支付方式而言要更大，重点在于不法分子通过网络钓鱼、窃听网络信息、假冒支付网关等手段就可以窃取到用户的刷卡资料。

网络支付时需要的资料仅仅是卡号、有效期、验证码和交易密码即可，而这些数据容易丢失，从而产生信用卡被盗刷的情况。所以用户在进行网络支付时，要注意网址、平台和设备的安全性。

5. 支付宝、微信支付

无论是支付宝支付还是微信支付，用户都可以通过二维码支付、转账支付等方式来支付，由于支付宝和微信的用户数量极多，所以这些支付方式也成为了现阶段主流的支付模式。

支付宝、微信已经成为大众生活中不可缺少的生活工具，人们在平台上绑定信用卡，就可以通过支付宝、微信获得更便捷的生活服务。图 2-5 为现实生活中用户使用支付宝购物的情景，在付款时选择信用卡即可。

图 2-5　现实生活中用户使用支付宝购物的情景

💡 **专家提醒**

　　尽管支付宝和微信都支持信用卡支付，但是两者在影响力和用户数量上存在差异性，其中中国人民银行在 2011 年 5 月向支付宝平台颁发了《支付业务许可证》，这是国内首次出现第三方支付牌照。

　　相比于微信支付的相关功能，支付宝支付要更加专业一些，支付方式更多，而微信平台主要还是以用户社交功能为主。

022　高手必知的 10 种用卡禁忌

　　由于信用卡的额度高低直接涉及资金的可用度，所以银行针对信用卡使用有很多要求，一旦触及了刷卡的禁忌，就有可能出现银行封卡的情况。下面分析高手必知的 10 种刷卡禁忌。

1. 中介提交资料申请通过率低

　　由于信用卡具备提现功能，所以有不法分子会通过信用卡进行非法集资，为了打击这种非法中介，银行会对大规模申请信用卡的机构进行严格审查，往往这类机构提交的资料在通过率上会相对较低。

　　用户如果想申请到一张适合自己的信用卡，最好还是自己通过营业厅或者网上平台进行申请，避免出现申请资料无法通过的情况。如果资料申请失败，用户就需要等待数月的时间才能重新申请。

2. 长期在同一台 POS 机上刷卡

这是最容易出现封卡的情况之一，用户长期在同一台 POS 机上刷卡会直接触及信用卡非法套现的禁区，而信用卡非法套现是银行一直打击的非法行为，所以用户如果需要用卡，就尽可能地在多家 POS 机上刷卡。

如果用户使用的是大型连锁超市的 POS 机，则银行的要求相对降低，尤其是在用户刷卡额度占据可用额度的比例并不高的情况下。如果用户在大型连锁超市的 POS 机上每次都刷卡上千元，而且次数频繁，很快就会引起银行的怀疑。

3. 通过 POS 机直接刷完可用额度

如果用户信用卡的可用额度为一万元，而信用卡下发不到一个星期的时候，银行收到的信息就显示用户已经将全部可用额度刷完，这种情况有一定概率会引起银行的怀疑，并由客服人员打电话进行咨询。

信用卡虽然具备先消费后还款的功能，但是为了防止用户产生透支的情况，银行会针对异常情况进行追踪查处。

4. 在特殊时间阶段内有大额刷卡

信用卡消费有一定的免息期，在免息期内用户无需缴纳利息，而部分用户就利用这个功能，在账单日还款期限的前一天还款，后一天又通过 POS 机将资产全部消费，这种情况如果长期发生，就会引起银行的警觉。

5. 不在常见营业时间内使用信用卡

在非正常的营业时间内出现多笔交易，比如批发市场的下班时间突然有刷卡记录，并且次数较多，这种非正常情况会引起银行的调查，比如电话咨询、查询该 POS 机的其他消费记录。

正常消费的用户是不会在营业时间之外进行刷卡的，即使有这种情况，次数也不会太多，所以用户需要注意避免。

6. 接近额度限制进行刷卡代付

大众使用支付宝、微信支付非常常见，但是如果用户每次通过支付宝进行信用卡消费，额度都接近平台限制，那么就会引起银行的怀疑。

比如用户的招商银行信用卡通过支付宝支付最多一笔只能支付 1 000 元人民币，而用户多次以 1 000 元人民币接近的额度进行支付，并且次数较多，那么这种异常数据会直接导致银行进行调查。

7. 套空信用卡额度的情况严重

用户的信用卡长期处于套空的情况，比如用户只在还款日时进行相关交易，而且还款的金额很快就被消费，在其他的时间阶段内用户的消费记录较少，甚至完全没有，那么银行的后台系统会直接检测到，并且有可能封号。

8. 自己办台 POS 机直接套现

POS 机的办理条件并不高，绝大部分商家都可以自己办台 POS 机用于业务处理，在这种情况下，就会有部分人通过自己的 POS 机直接套现。

与其他的用卡禁忌相比，这种情况就属于低智商的刷卡操作，银行打击信用卡套现的措施非常严厉，而这种直接能够查询到的套现行为属于证据确凿的类型，银行可以直接对用户进行罚款。

9. 多次进行整数的刷卡消费

在正常的交易中，信用卡刷卡很少会出现刚好整数的情况，尤其是在超市等零散商品的场所，用户进行整数刷卡消费同样会触发银行针对信用卡套现的警报，在次数较少的情况下，银行会进行电话认证，次数较多则会封号。

用户刷卡消费要尽可能地避免 10 000、20 000、15 000 等整数消费情况的出现，单笔交易最好有一位小数点的数据。

10. 同卡在多终端上进行操作

短时间内同一张信用卡在多个终端机器上进行操作，包括查询额度、取现、消费或者转账等，无论是否成功，都会让银行产生怀疑，认为用户是否将信用卡送给他人使用，或者是否出现盗刷的情况。

同卡在多终端上操作之后，如果涉及的额度较大，银行一般都会通过电话确认，了解是否为本人操作，并且需要知道该操作的原因。

023　巧用信用卡记账查账

任何信用卡都具有记账和查账的基本功能，用户可以随时查询，也可以等到账单日时在纸质或电子邮件上查询。图 2-6 为信用卡账单上的功能内容，用户可以查看自己感兴趣的方面。

图 2-6　信用卡账单上的内容类型

用户可以在手机银行、官网或其他第三方平台查询信用卡的账单，笔者一般通过邮箱账单邮件的方式来了解信用卡的使用情况，银行会在固定的时间里将账单发送至邮箱，非常便捷。

图 2-7 为笔者的平安银行信用卡的 6 月账单情况。

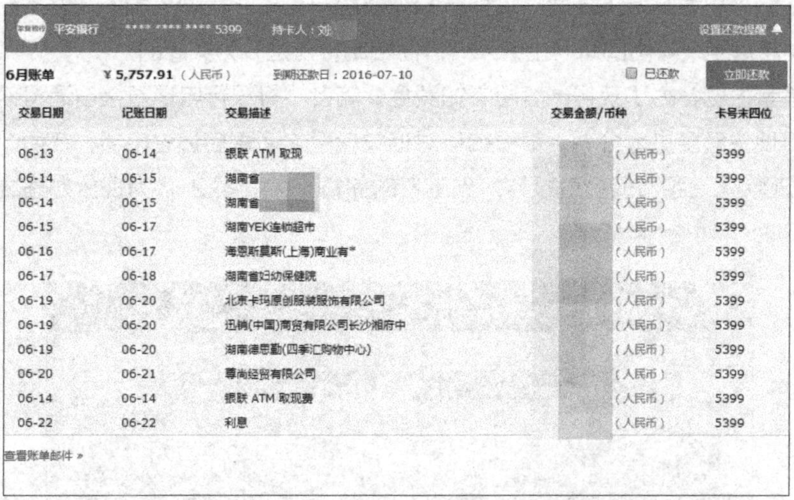

平安银行 **** **** **** 5399 持卡人：刘 设置还款提醒

6月账单 ¥ 5,757.91（人民币） 到期还款日：2016-07-10 已还款 立即还款

交易日期	记账日期	交易描述	交易金额/币种	卡号末四位
06-13	06-14	银联 ATM 取现	（人民币）	5399
06-14	06-15	湖南省	（人民币）	5399
06-14	06-15	湖南省	（人民币）	5399
06-15	06-17	湖南YEK连锁超市	（人民币）	5399
06-16	06-17	海恩斯莫斯(上海)商业有*	（人民币）	5399
06-17	06-18	湖南省妇幼保健院	（人民币）	5399
06-19	06-20	北京卡玛原创服装服饰有限公司	（人民币）	5399
06-19	06-20	迅销(中国)商贸有限公司长沙湘府中	（人民币）	5399
06-19	06-20	湖南德思勤(四季汇购物中心)	（人民币）	5399
06-20	06-21	尊尚经贸有限公司	（人民币）	5399
06-14	06-14	银联 ATM 取现费	（人民币）	5399
06-22	06-22	利息	（人民币）	5399

查看账单邮件 »

图 2-7 笔者的平安银行信用卡的 6 月账单情况

专家提醒

通过信用卡，用户能够直接了解自己在上月的消费情况和支出情况，非常适合于用户理财。

账单不仅能够记录每个月的消费金额，而且记录商品的购买时间、地点等信息，让用户清晰地认识到个人的消费情况，进而避免无节制的消费信用卡，针对性地减少不必要的消费。

信用卡记账是一种较好的理财方式，也是提升个人信用额度的一个方法，良好的消费记录有利于提升信用卡的额度。不同用户使用信用卡记账方法各有不同，但无论采取的措施是什么，最终目标还是通过信用卡记账来实现真正的理财效果。

在理财领域，有一句话广为流传，这就是"你不理财，财不理你"，对于信用卡更是如此。笔者认为，信用卡的持有者一定要学会利用信用卡记账功能，通过合理的规划来实现理财，增加资产价值。

024 资金运转困难一卡解决

通过信用卡购买车辆或者按揭贷款、分期付款等是部分用户申请信用卡的主要原因，更常见的是，信用卡的持卡人用信用卡来购买计算机、家电等大型商品。比如购买一台笔记本，如果通过存钱的方式来购买，需要长久的时间，而通过信用卡分期付款则可以提前使用。

无论用户是通过信用卡分期付款，还是用信用卡提现，都能够在用户流动资金不足时，帮助用户缓解经济压力。这种方式需要用户支付一定的手续费，但是与可以提前享用半年甚至一年商品所产生的无形价值相比，还是较为实惠的。

以笔者为例，为了获得一笔急需的资金，笔者拨打银行电话直接申请将信用卡的元人民币现金额度进行分期，银行在核对相关信息之后直接通过申请，在两个小时内就将 19200 元人民币现金直接转入到笔者的储蓄卡中。图 2-8 为现金办理成功的通知邮件。

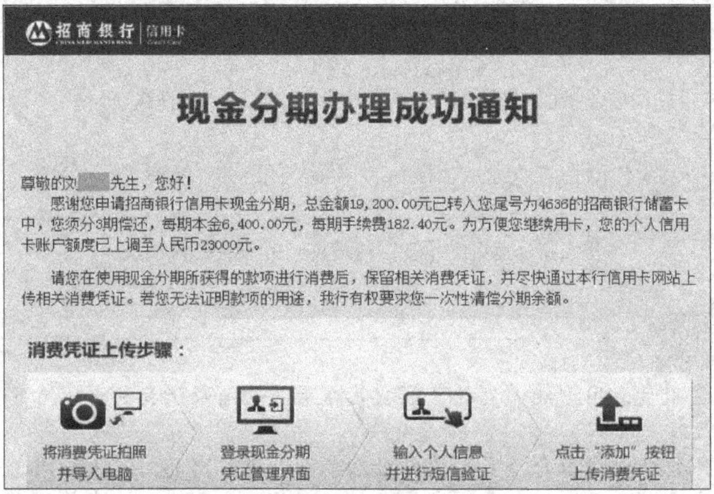

图 2-8　现金办理成功的通知邮件

💡 专家提醒

无论是现金分期，还是还款分期，用户都要选择适合的分期期数，合理规划还款金额，期数越多，还款的利息金额越高。

需要注意的是，如果用户通过笔者的方式采取现金分期，那么原有的信用卡 23 000 元人民币临时额度就会转为永久额度，同时用户又可以再次申请临时额度，所以这也是一种快速提升信用卡额度的方式。

025　会员等级直接决定服务质量

在刷卡与用卡的过程中，不同会员等级的用户能够获得的信用卡服务是不同的，越高级的会员越会得到银行相应的重视。下面以平安银行的白金信用卡与钻石信用卡为例进行分析说明。

用户拥有平安银行的白金信用卡，可以直接享受到平安银行信用卡的所有基本服务，同时可以获得的特色服务包括延误险 2 000 元、境内同城机场 6 次接送、综合交通意外险等。

如果用户持有的是平安银行的钻石信用卡，那么能够获得的服务类型更多，服务档次更高，比如延误险高达 6 000 元、境外 6 次和境内 3 次的免费机场接送、附属卡可免年费等。

图 2-9 为平安银行官网上白金信用卡与钻石信用卡的对比，包括卡片设计和功能内容。

图 2-9　平安银行官网上白金信用卡与钻石信用卡的对比

专家提醒

大部分银行的高端信用卡客户都享有致电客服热线优先接听、业务优先受理、优惠礼遇等基本服务，除此之外可享受的特殊服务还有紧急挂失、紧急取现、紧急补换卡等。

不同银行推出的会员服务是不同的，如果用户达到了申请条件，那么可根据自己的需要选择成为适宜银行的高端信用卡客户。

026　信用卡出行，不一样的出行体验

在出行时选择使用信用卡，用户可用的出行功能类型就多了一些，这些信用卡功能能够为用户带来不一样的出行体验。

尤其是在每年的旅游旺季，不少银行会与其他第三方平台合作，推出一些境内外旅游优惠活动和费用减免，而旅游达人的联名旅游信用卡更是能够为持卡人获得较大的优惠条件。

笔者整理了部分银行信用卡在 2016 年暑假期间的出行优惠，如表 2-1 所示。

表 2-1　部分银行信用卡在 2016 年暑假期间的出行优惠

发卡银行	优惠类型	具体方式
中国工商银行	免费租车	绑定工银环球旅行信用卡至易到用车账户，最多可获赠 218 元代金券 1 张
中国银行	消费返现	长城环球通自由行持卡人在日韩、东南亚地区以及中国的港澳台地区进行消费，可享 5% 现金返还
中国农业银行	八折优惠	农行 VISA 白金信用卡在希尔顿集团旗下酒店最高 8 折，最低享 15% 优惠
中国建设银行	境外享首刷礼	龙卡 EMV 信用卡在境外产生的当日消费中，可享 12% 返现奖励，但最多为 72 元人民币
交通银行	免税店折扣	持卡人在全球 22 个国家和地区、60 个国际机场的免税店刷卡购物时可获得 5% 左右折扣
招商银行	海购返现	全球酒店入住 5 折起，同时海外电商平台购物返现 5% 的购物金
中信银行	旅游券与套餐	途牛银联金卡的持卡人首刷任意金额可以获得 300 元途牛旅游券一张，同时可以有 999 元抢购迪士尼门票的旅游套餐资格

💡 专家提醒

　　银行在旅游季推出的旅游优惠往往非常适合用户出行，但是这种旅游优惠是有时间限制的，而且不同银行的优惠条件不同，用户如果确定出行，一定要选择好适合自己的信用卡，以及适合的优惠条件，最大化地利用信用卡带来的优惠。

027　有车族的信用卡生活

　　有车族不能缺少一张信用卡，尤其是专门针对车主的联名信用卡更加实用。车主卡持卡人能够通过信用卡享受到车辆的加油优惠、维护保养优惠、车险购买优惠及免费道路救援等服务。

　　图 2-10 为招商银行推出的车主信用卡申请界面，其信用卡的主要功能就是最高 5% 的加油返现。

图 2-10　招商银行推出的车主信用卡申请界面

　　从有车族的角度而言，选择车主信用卡时最好从洗车、加油与道路救援 3 个方面考虑，因为这些功能是能够为车主直接带来优惠效果的，而不是一些用不上的功能。

　　不同银行推出的车主卡功能有所不同，比如普通卡与金卡、白金卡等，而且在实用性上也存在较大区别，其中招商银行车主卡、广发银行车主卡、中国建设银行龙卡汽车卡、中国工商银行牡丹中油信用卡等属于大部分车主较为喜欢的信用卡。

028　独属于学生群体的信用卡服务

　　学生群体作为潜力无限的用户群体，一直都是银行发行信用卡时针对的对象，而独属于学生群体的信用卡服务往往也能为学生带来真切的实惠。不仅能够提升用户的信用度，还能省下一笔消费的费用。

　　下面分析学生群体的信用卡常见的消费类型。

　　（1）娱乐消费：作为学生群体用户主要的支出方式，娱乐消费的额度占据了信用卡消费的绝大部分额度。如果信用卡恰好可以帮助用户在娱乐消费时打折，那么节省的费用将不是少数。以招商银行推出的 YOUNG 卡校园版为例，信用卡能够帮助用户在吃喝玩乐方面获得大量优惠。图 2-11 为招商银行 YOUNG 卡校园版的功能介绍。

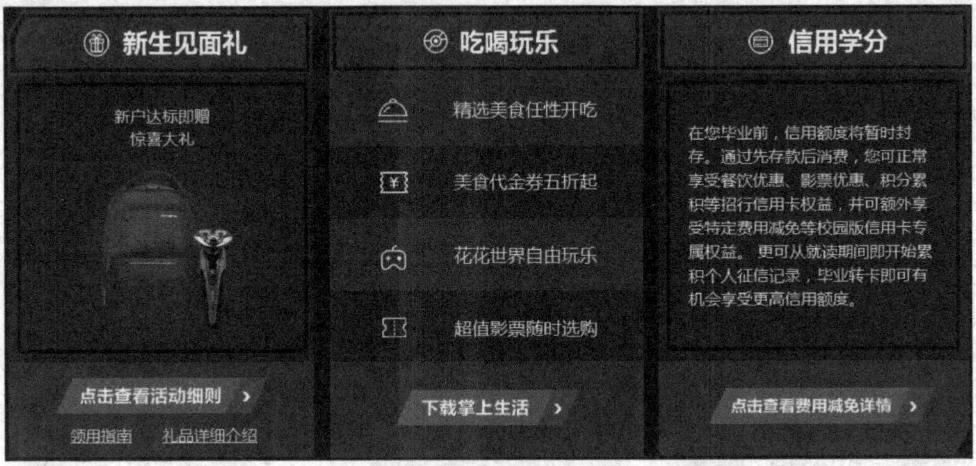

图 2-11　招商银行 YOUNG 卡校园版的功能介绍

（2）电影特价：大部分针对学生用户的银行信用卡如果没有推出娱乐消费方面的折扣，也一定会有电影特价。

寒暑假一直是大片云集的战场，而银行推出的电影特价直接迎合了学生用户的需求，比如中信信用卡持卡人可在官网购买"9 元购票优惠券"，图 2-12 为中信银行信用卡的电影特价活动界面。

图 2-12　中信银行信用卡的电影特价活动界面

（3）旅游出行：信用卡还有一个功能就是便于旅游出行。尤其是对于大学生用户群体而言，在寒暑假旅游已经成为一种新的休闲方式。

以中国工商银行的牡丹学生卡为例，这种针对学生群体的信用卡能够帮助用户在旅游出行时获得更好的服务体验。图 2-13 为牡丹学生卡的 5 个功能。

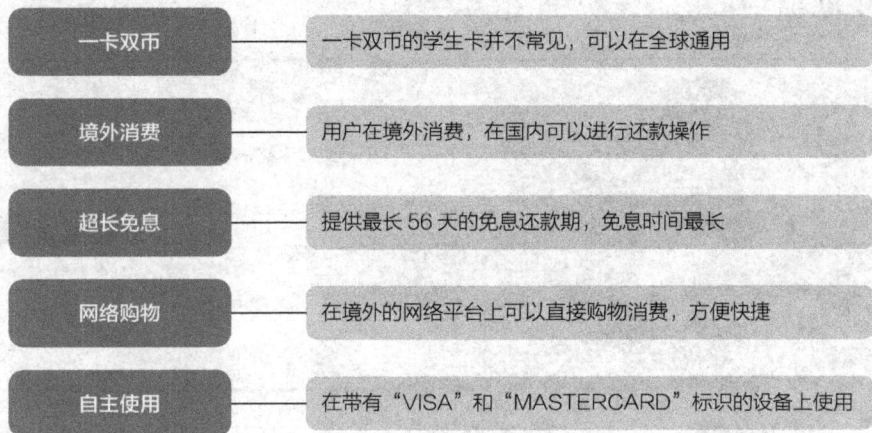

一卡双币	一卡双币的学生卡并不常见，可以在全球通用
境外消费	用户在境外消费，在国内可以进行还款操作
超长免息	提供最长 56 天的免息还款期，免息时间最长
网络购物	在境外的网络平台上可以直接购物消费，方便快捷
自主使用	在带有"VISA"和"MASTERCARD"标识的设备上使用

图 2-13　牡丹学生卡的 5 个功能

> **专家提醒**
>
> 中国银行也时常推出针对不同国家的旅游，用户不仅能体会到不同国家独特的文化，还能从中得到不少的旅游实惠。
>
> 据笔者了解，如果持卡人持有中国银行推出的全球型信用卡，那么除了能享受各类旅游产品优惠外，还能享受到特色美食优惠。

029　身份认证中不可缺少的资信凭证

资信凭证是银行对客户的资金运动记录及相关信息的收集整理，进而出具的具有证明作用的函件，可以用来说明客户的信誉状况。用户也可以在中国人民银行的征信中心自主查询个人信用信息。图 2-14 为用户自主查询的流程分析。

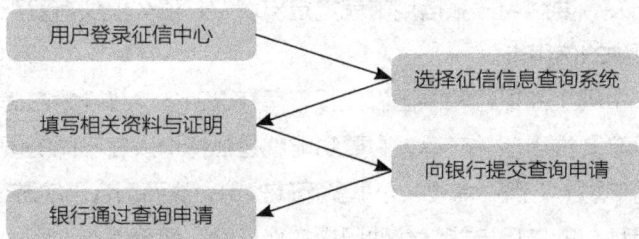

用户登录征信中心	
填写相关资料与证明	选择征信信息查询系统
银行通过查询申请	向银行提交查询申请

图 2-14　用户自主查询的流程分析

在中国人民银行的征信中心平台上，用户可以查询与个人相关的多方面征信记录。图 2-15 为征信中心的用户操作界面。

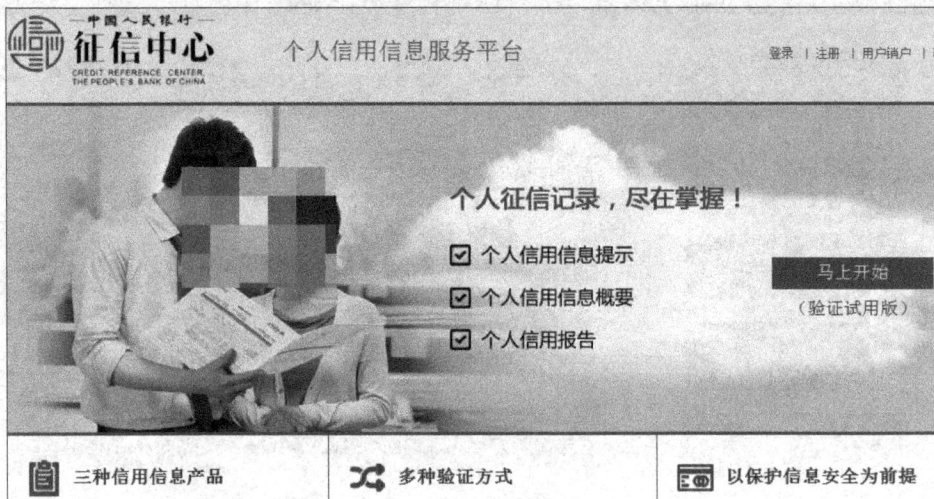

图 2-15　征信中心的用户操作界面

专家提醒

信用卡用户之所以不能出现有延期还款的记录，就是因为这种记录会直接保留在征信报告中，影响用户的个人信用形象，进而影响后期申请信用卡和提升信用卡额度方面的成功率。

拥有良好的信用卡使用记录是用户在刷卡与用卡时需要格外留意的，如果产生不良记录，会在个人征信报告中保留至少 5 年的时间。所以，信用卡还款记录是一个人建立良好信用的最简单有效的平台。

030　用一张信用卡搞定出境游

学生群体使用的信用卡即使是高级的，也只是双币卡，除非用户情况较为特殊。从用户的角度出发，要想用一张信用卡就搞定出境游，那么仅仅有双币信用卡是不够的，还需要全币种的信用卡。

中国银行、中国工商银行和中国农业银行早在 2012 年就开始在信用卡业务上主打"全币种"概念并推出相关产品，主要功能就是让持卡人在不同的国家旅游时，可以直接使用信用卡刷卡，而不需要被收取货币转换费，从而切合出境游客的需求。

这种"全币种"的信用卡能够帮助用户实现无论在何地消费，回国后均可直接用人民币还款的功能，进而免除购汇手续。图 2-16 为中国银行联合 VISA 公司共同发布的长城"全币种"国际芯片卡。

图 2-16　中国银行联合 VISA 公司共同发布的长城"全币种"国际芯片卡

> **专家提醒**
>
> 　　长城"全币种"国际芯片卡，采用国际通行的 EMV 芯片标准，同时信用卡具有存款有息、循环信用以及全球交易人民币自动购汇等特色功能，能够确保持卡人用卡的安全性和受理范围的广泛度，并且可显著降低信用卡被伪仿盗用的风险。
>
> 　　特别需要注意的是，根据笔者查询的资料显示，用户在 2016 年 12 月 31 日前办理这张信用卡，可以享受无限期豁免年费的优惠，也就是该卡永久免年费。

031　信用卡用户专享的特殊理赔

　　以下是笔者的一个朋友遇到的真实理赔案例，读者可以从案例中了解信用卡用户专享的特殊理赔情况。

　　2016 年十一期间，肖女士用某银行的航空联名卡进行网上购票，将平时积累的消费积分兑换了部分飞行里程，但是由于机场遇到暴雨天气，航班出现了大面积的延误，肖女士被迫停留在机场内接受漫长的等待。

　　由于肖女士本人被迫等待的时间较长超过了两个小时，已经符合了航空联名卡的理赔条件，所以肖女士在事发 12 小时内直接拨打银行理赔电话申请理赔，最终通过银行的调解，肖女士得到了 500 元的理赔现金。

　　航空联名卡所带的延误险就属于信用卡用户专享的特殊理赔，在同样的事件中，没有信用卡购票的用户可能就无法获得银行的理赔。图 2-17 为中信银行的东航联名信用卡申请界面，在功能中有明确说明用户可享航班延误险。

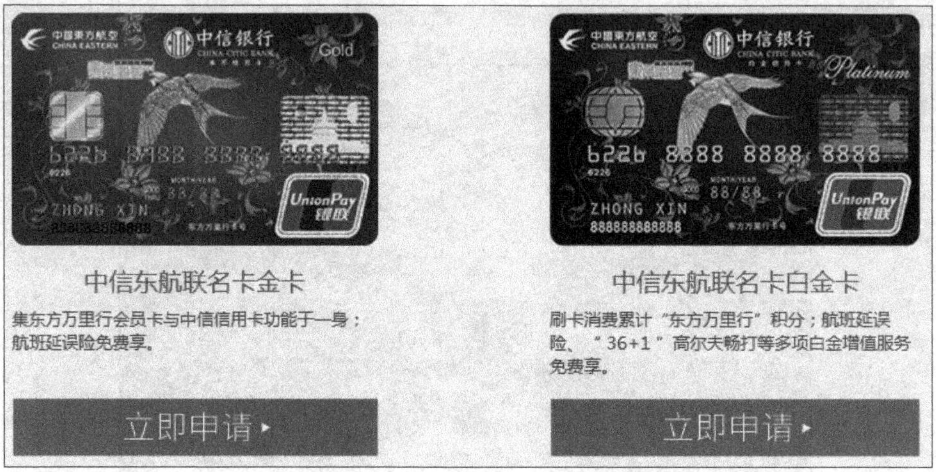

图 2-17　中信银行的东航联名信用卡申请界面

> **专家提醒**
>
> 　　由于特殊保险属于银行方面主动赠送给用户的，所以此类保险与保险公司销售的产品相比区别较大。
> 　　首先是保险的形式、期限、范围、额度方面都很固定，其次是信用卡的持卡人只能选择被动接受，不能选择。但是好处在于，无论是白金卡，还是金卡或者普卡，持卡人都可以拥有一定额度的保险保障。

032　节省用卡费用的 4 个窍门

　　信用卡用户在刷卡还款时节省费用是最初级的玩卡技巧，下面笔者针对节省费用的 4 个窍门进行深入分析。

1. 节省年费

　　节省年费是最常见的一种用户节省信用卡使用费用的方式，在之前的章节中也已经有所说明。

　　一般情况下，信用卡的年费在第一年是免除的，之后只有每年用信用卡刷满银行要求的次数，才能免次年年费。因此，能够使用信用卡时，尽可能地使用信用卡，免除年费也是节省了一笔支出。

2. 节省利息

　　理财高手使用信用卡最为关注的就是信用卡的账单日，在账单日之后的几天刷卡消费，用户就可以享受到较长时间的免息期，但是一定要在还款日之前还款，不然超出了免息期，用户产生的消费利率会按照一定的比例不断相加，短时间内就可以成为一个大数目。

图 2-18 为笔者的交通银行信用卡账单，其中明确显示了该信用卡的到期还款日，用户可以设置短信提醒。

尊敬的 刘███先生您好！

感谢您使用交通银行信用卡，以下是您2016年06月份的信用卡电子账单。

交通银行信用卡 卡号:622252****3243**

账单周期：2016/05/26-2016/06/25

本期账务说明

到期还款日	2016/07/20		设置短信提醒 >
本期应还款额	¥ ███	$ ---	立即还款 >
最低还款额	¥ ███	$ ---	立即分期 >
信用额度	¥ 15000	$ ---	立即调额 >
取现额度	¥ 5000	$ ---	

图 2-18　笔者的交通银行信用卡账单

专家提醒

> 如果用户自身申请的信用卡较多，可能有数十张信用卡，那么在使用信用卡时要平衡好使用次数，既要让每张卡都达到免年费的次数条件，还要记住还款日，以免逾期，同时也可以争取更长的免息期，进而节省利息费用。

3. 提高积分

信用卡消费都是可以积累积分的，但是信用卡积分的积累条件根据银行的不同而所有不同，有效期也存在一定的区别。比如招商银行规定用户消费 20 元人民币或 2 美元，可以直接累计 1 分，而其他的银行在累积积分计算方式上采取的都是 1 元人民币积 1 分。

同时不同银行会推出不同时间阶段的活动，比如在黄金周，刷信用卡购物的优惠会多一些，而且信用卡的积分也会翻倍，甚至部分银行会推出积分兑现金等平时不会出现的热门活动。

> ### 💡 专家提醒
>
> 在部分银行还存在 10 倍积分、25 倍积分等特惠活动，但是时间周期较短，参与的人数有限。
>
> 以中国民生银行为例，在 2016 年 7 月 1 日至 2016 年 9 月 30 日期间，用户使用中国民生银行的信用卡积分消费累计满 11 笔，同时每一笔交易额度满 111 元，已报名的客户就可以享受 11 倍的超高积分，活动期间客户最多可以获得 11 万积分。在现金兑换方面，招商银行曾推出"25 分兑换 1 块钱"的特色活动，直接返利给用户，所以多刷卡赢积分也是信用卡用户省钱的主要方式。

4. 全额还款

银行在计算信用卡还款的利息时，有一个细节是新手用户容易忽视的，这就是如果用户账单没有全额还款，那么即使只有 0.01 元未还，银行也会计收利息和手续费，而且这个利息是按照欠款的全部金额来算的，如果用户欠款为一万元，那么利息将是一笔不小的款项。

用户在还款时，一定要注意全额还款，由于这个方式有些不符合人性化需求，所以已有部分银行进行了调整，但是仍旧有些银行采用这个方式，所以从节省的方面考虑，用户每次还款时都要全额还款。

> ### 💡 专家提醒
>
> 全额还款分为分期的全额还款和不分期的全额还款，根据使用者的需求而定。
>
> 用户采用分期付款要偿付一定的利息或者分期手续费，但是能够最快地满足消费者的购买欲望，节省不少时间成本。

033　说省就省，刷卡打折

对于用卡达人而言，通过信用卡获得消费折扣是办理信用卡的重要原因。随着大众生活水平的提高，在衣食住行方面的需求扩大，主打折扣方面的信用卡越来越受到用户的欢迎。

各大银行为了争取用户，扩大客户数量和增加客户粘性，推出的信用卡刷卡优惠条件也在不断升级，甚至推出了折上折的活动。比如白金卡用户本身就享受一定的折扣，再加上活动赠送的折扣，用户只需较低费用就可以获得服务。

以招商银行为例，其针对用户的消费折扣就推出了特色信用卡，使用该信用卡的用户在每周的星期三都可以获得 5 折的超高折扣。图 2-19 为招商银行的信用卡办理界面。

图 2-19　招商银行的信用卡办理界面

　　招商银行之所以能够成为大众最喜欢的银行之一，在于其一直致力于为信用卡用户提供给力、贴心的优质服务，同时在衣食住行等方面迎合用户的需求，为用户提供最实惠的消费折扣。

　　从甜品、火锅、咖啡到自助餐，招商银行的信用卡几乎无所不能，总有一款商品的折扣会打动持卡人。

　　比如刘小姐喜欢一款面包，每个星期都会在某一家面包屋购买，恰好与信用卡合作的商家包括这家面包屋，那么她使用信用卡就可以节省一半的钱，如果没有信用卡她就需要多付出一倍的资金，这种划算对她而言尤为重要。

　　对于真正的用卡达人来说，持卡者会根据优惠的不同而选择办多张卡，比如这个银行的信用卡只在周一优惠，那个银行的信用卡只在周三优惠，还有的银行信用卡在周末优惠，那么合理地使用信用卡，就能够为用户节省很多钱。善用这些优惠，省钱只是一件很简单的事。

034　信用卡打造的异地存取款渠道

　　随着支付宝、微信等平台的免费转账等功能受到额度限制，大众又担忧异地存取款的手续费，一般情况下，银行对跨省的异地同一家银行的取款行为按取款金额的 1% 收取手续费，而且上不封顶。

　　从用户的角度而言，这个费用其实相当昂贵，尤其是在取款费用较多的情况下，用户需要为此付出的手续费高到惊人，但是利用信用卡的取款功能就可以很好地解决手续费问题。

办理一张信用卡之后，将大笔款项存入信用卡中，这部分存入款称为"溢缴款"，不产生利息，但是用户使用或者取现也不需要费用，或者费用较低，当然这种情况只限于部分银行的信用卡，大部分银行会按照信用卡取现的规则来计算，并且会收取每日利息费。

图 2-20 为笔者通过平安银行的信用卡取现部分资金的扣费记录。

主卡 Main Card	2016-06-16	2016-06-17		
	2016-06-17	2016-06-18		
	2015-06-19	2016-06-20		
	2016-06-19	2016-06-20		
	2016-06-19	2016-06-20		
	2016-06-20	2016-06-21		
其他 Other	2016-06-14	2016-06-14	银联 ATM 取现费	¥ 25.00
	2016-06-22	2016-06-22	利息	¥ 0.61

图 2-20　笔者通过平安银行的信用卡取现部分资金的扣费记录

035　有卡族的境外消费策略

境外消费至少需要双币卡，如果拥有多币种的信用卡更好，但是针对不同的国家或地区，可以有更好的消费方式。

对于走出国门的游客来说，在国外刷卡消费在所难免。下面分析用户在境外消费需要携带的 3 种卡片。

首先以"4"开头的银联 VISA 双币卡是首选，招商银行就有这类具有储蓄功能的国际借记卡，名为一卡通金卡，只需要招商银行的用户在招商银行存储了 5 万元人民币或等值外币就能申请。

其次就是以"6"开头的银联单币卡，在部分国家和地区，银联卡也是可以用的。以笔者为例，在 2016 年初去越南旅游，结果发生资金意外，同时携带的双币信用卡丢失，但是在越南的部分地区有 ATM 显示有银联标志，说明银联卡可用，笔者通过"6"字头的银联单币卡直接取现一千万越南币，解决了资金问题。

最后是带有 VISA 标志的多币卡，VISA 卡的加盟商户在全球范围内都有，而且在部分区域是只有 VISA 卡才能用，从便捷使用的角度考虑，带有 VISA 标志的多币卡是要有的。

036　越发便捷的个性化用卡服务

个性化服务在各个行业里都在迅速出现，其中就包括了银行业。随着信用卡市场的扩展，银行不断推出形式内容不同的卡种。图 2-21 为招商银行推出的校园卡系列，学生用户群体可以选择数种功能完全不同的信用卡。

图 2-21　招商银行推出的校园卡系列

> **专家提醒**
>
> 　　个性化用卡服务更主要地是体现在用卡、取款、还款、失卡保障等方面，比如"临时提额""容时容差""代扣代缴"等服务都是过去没有的。
>
> 　　比如信用卡用户通过电话申请延期还款，银行会给 3 天的时间，用户在第 3 天把欠款还上，就不会被收取额外的利息。银行推出更加差异化、个性化的卡功能来方便持卡人使用，是银行吸引用户的重要方式。

第3章

网上银行，高手管卡的好平台

学前提示

在使用信用卡方面，网上银行是用户不可忽视的重要平台。

随着网络的发展，网上银行几乎可以帮助用户完成大部分涉及信用卡的操作。用户利用网上银行管理信用卡，会让使用信用卡变得更加快捷方便。

要点展示

>>> 网上银行，快速处理各种业务
>>> 掌握技巧，省时省事找准策略
>>> 服务本人，操作以自身为中心

037 注册属于用户的网上银行

网上银行是指银行向客户提供开户、查询、对账、转账、证券、投资理财等服务项目的网络银行，属于银行在互联网上开设的虚拟柜台。

需要注意的是，网上银行并不是银行的互联网官网，两者在功能的全面性和专业性上有所不同，官网平台属于任何用户都可以进入的平台，而网上银行属于用户私有的银行卡管理平台。

下面以信用卡发行量相对较大的招商银行为例，了解招商银行的用户注册网上银行的相关流程。

1. 进入网上银行并下载控件

步骤 ❶ 用户进入招商银行的官网（http://www.cmbchina.com/），选择个人业务之后单击网上个人银行中的"个人银行大众版"按钮，进入网上银行的用户界面，如图 3-1 所示。

图 3-1 选择个人业务之后单击"个人银行大众版"按钮

💡 **专家提醒**

在招商银行的网上个人银行业务范围中，主要有 4 个平台，分别是个人银行大众版、个人银行专业版、i 理财大众版和电子商务专业版，不同平台的功能有所不同。

对于绝大多数的用户而言，选择个人银行大众版即可满足需求，其他平台在功能的复杂性和专一性上会比较突出，不适合大众用户。

步骤 ❷ 在网上银行的用户界面中单击"下载安全控件"按钮，按照界面的步骤要求完成下载过程并安装在电脑中，如图3-2所示。

图3-2　单击"下载安全控件"按钮

💡 专家提醒

　　在所有银行的网上银行网站平台，用户如果要登录网上银行的个人中心，就必须下载该银行的安全控件，只有在安装完成之后才可以输入密码。

　　不同银行的安全控件内容有所不同，但都是为了防止用户的个人信息被盗取而设置的，用户下载安装之后就相当于为个人电脑增加了一种保护，所以这类控件属于加强本地安全性的一种控件。

2. 注册网上银行账户并登录

步骤 ❶ 用户单击"一网通用户"，然后单击界面中的"注册"按钮，进入平台的账户注册界面，如图3-3所示。

💡 专家提醒

　　在招商银行的网上银行平台上，用户登录的方式有很多种，比如一卡通登录、信用卡登录、存折登录等，其中信用卡登录界面中还可以用身份证号登录，但是都需要在银行柜台上开通相关服务。

　　一网通账户则是用户在平台上自主注册获得的账户，通过该账户及密码可以直接登录网上银行，进而完成绑定信用卡等功能操作。

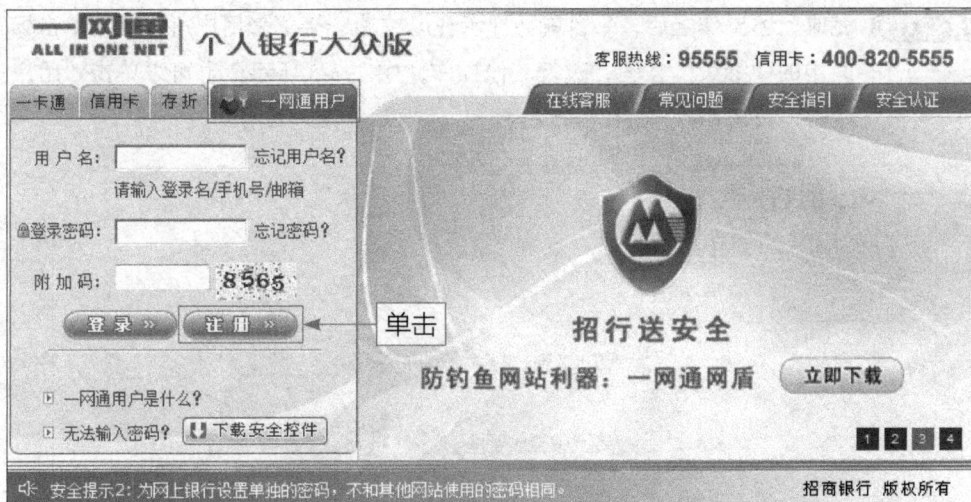

图 3-3　单击界面中的"注册"按钮

步骤 ② 用户进入注册界面，按照步骤要求填写相关信息，单击"同意以下条款并注册"按钮，如图 3-4 所示。

图 3-4　单击"同意以下服务条款并注册"按钮

专家提醒

　　注册一网通账户主要是通过使用者的手机号码注册，过程十分方便快捷。

　　用户只需要输入手机号码，并且将手机收到的验证码输入其中，完成密码设置之后就可以完成注册。

步骤 ③ 完成上述操作之后，平台就会提示注册成功，接下来用户可以直接单击界面中的"继续"按钮，进行其他操作，如图3-5所示。也可以单击"用户中心"按钮或者"退出"按钮。

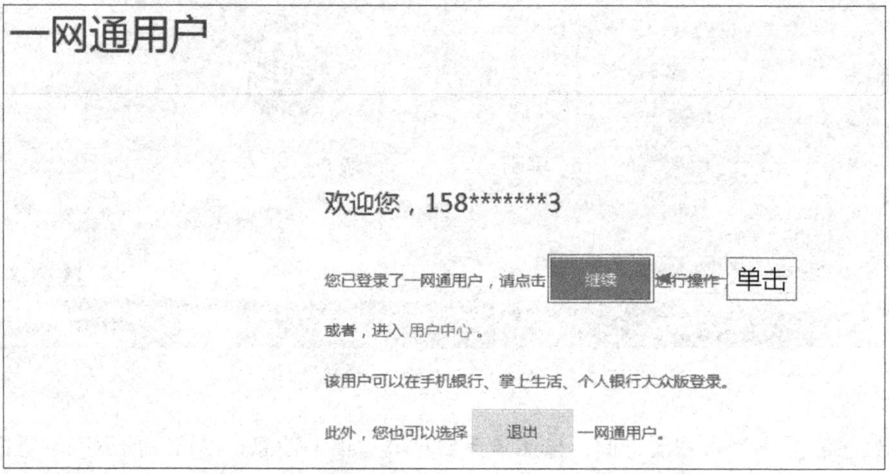

一网通用户

欢迎您，158*******3

您已登录了一网通用户，请点击 继续 进行操作 单击

或者，进入 用户中心 。

该用户可以在手机银行、掌上生活、个人银行大众版登录。

此外，您也可以选择 退出 一网通用户。

图3-5 单击界面中的"继续"按钮

💡 专家提醒

用户如果单击"继续"按钮，就会进入个人的用户中心。在用户中心的界面，可以设置个人的基本资料，如登录名、登录邮箱等，还可以进行密码管理、手机号变更、邮箱变更、用户销户等基本操作。

038 登录网上银行的个人中心

在招商银行平台上，登录网上银行的个人中心有4种方式，分别是一卡通登录、信用卡登录、存折登录和一网通登录，其中用户注册完一网通账户后就会自动登录到用户中心。

由于信用卡的相关操作才是本书的重点，所以下面主要介绍平台提供的信用卡登录方式。

需要注意的是，用户通过信用卡登录需要查询密码，而查询密码需要用户在银行柜台设置，或者通过电话自主设置，在网上银行的登录平台上是无法注册并登录的。

步骤 ① 在网上银行的主界面中单击"信用卡"按钮，输入信用卡卡号及查询密码，再输入附加码，单击"登录"按钮进入个人中心，如图3-6所示。

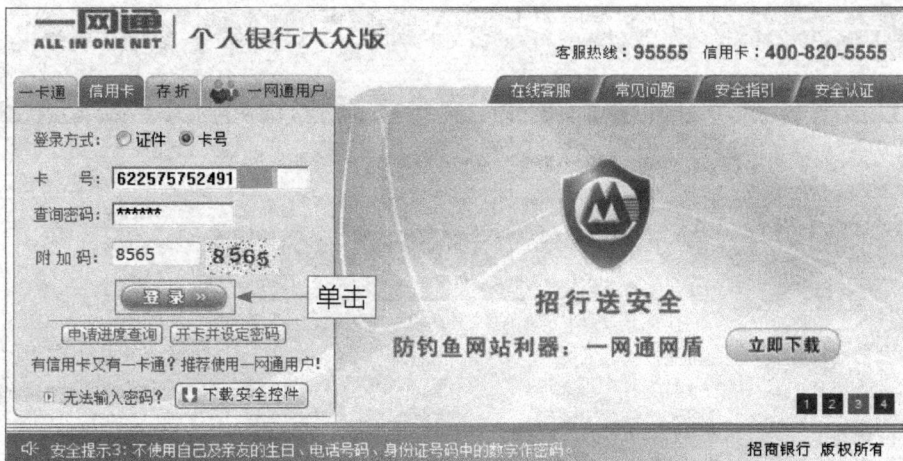

图 3-6　单击"登录"按钮进入个人中心

步骤 ② 在出现的界面中获取验证码并输入验证码，如图 3-7 所示。

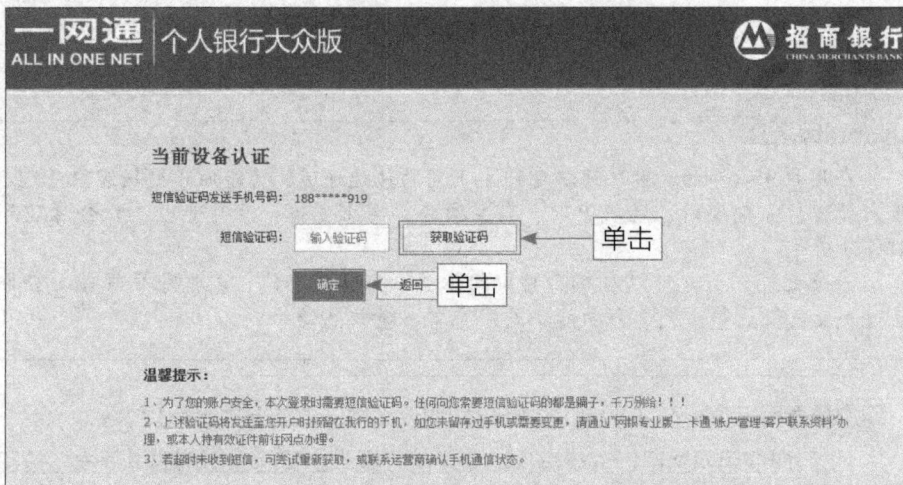

图 3-7　获取验证码并输入验证码

💡 **专家提醒**

为了保障用户个人信息的安全性，用户通过信用卡卡号登录个人中心时，系统会向该信用卡绑定的手机号码发送验证码，该手机号码在大众版平台上是不可更改的，除非用户登录到专业版平台或者到银行的营业厅修改。

步骤 ③ 手机验证码核对无误之后，用户就可以进入个人银行大众版的用户中心，如图 3-8 所示。

图 3-8　个人银行大众版的用户中心界面

💡 专家提醒

　　在用户中心界面，用户可以看到左下角的快速通道，功能内容包括客户管理、账户管理、分期理财、还款管理、自主缴费、网上支付、卡片管理、积分管理和财务分析等。

　　除此之外，用户可以在界面的中间位置看到常用功能，包括账户管理、分期理财和变更设置等，大部分功能都是用户单击量较高的。

　　用户登录网上银行及在平台上进行操作的过程中，要注意以下事项。

　　（1）用户使用网上银行进行操作结束之后，要单击页面右上角的"退出"按钮结束使用，以免别人登录账户。

　　（2）由于 QQ 及其他第三方网站容易出现隐藏病毒，用户不容易察觉到，所以通过网上银行进行网上支付时，不要开启这类工具的远程协助功能，同时要仔细核对支付的金额和订单。

　　（3）在网络上假冒的银行网站很多，用户一定要核对网址的正确性，如果是新手用户，可以通过百度搜索引擎搜索出的银行官网进行登录操作。

　　（4）信用卡的卡面信息非常重要，用户不要将信用卡交给别人管理，不然通过信用卡的卡面信息及部分个人资料，别人是可以修改预留在银行的手机号码的，一旦修改成功，用户在信用卡中的所有资金都将被别人使用。

039　客户综合信息查询功能

用户在网上银行的主界面上单击左下角的"客户管理首页"，即可直接进入管理平台，其中直接显示的界面就是客户的综合信息查询界面。图 3-9 为客户综合查询界面，主要显示客户的额度信息。

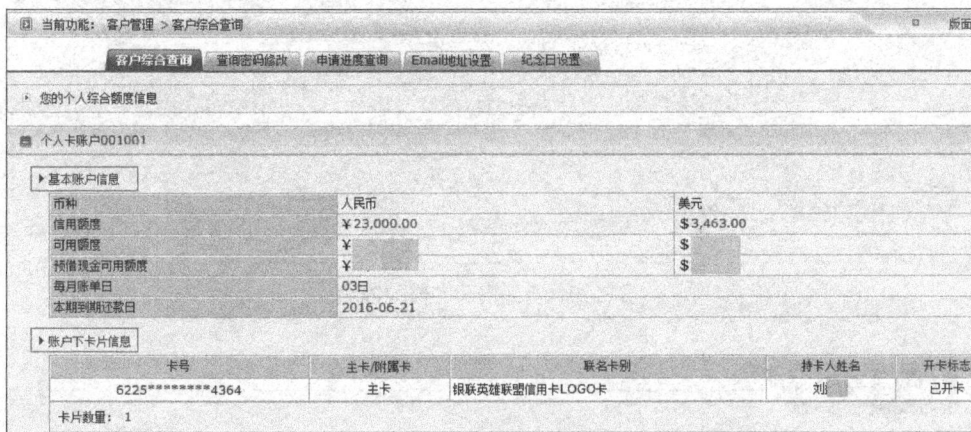

当前功能: 客户管理 > 客户综合查询			版面

客户综合查询　查询密码修改　申请进度查询　Email地址设置　纪念日设置

› 您的个人综合额度信息

个人卡账户001001

▶ 基本账户信息

币种	人民币	美元
信用额度	¥ 23,000.00	$ 3,463.00
可用额度	¥	$
预借现金可用额度	¥	$
每月账单日	03日	
本期到期还款日	2016-06-21	

▶ 账户下卡片信息

卡号	主卡/附属卡	联名卡别	持卡人姓名	开卡标志
6225********4364	主卡	银联英雄联盟信用卡LOGO卡	刘█	已开卡

卡片数量: 1

图 3-9　客户综合查询界面

> **专家提醒**
>
> 　　用户在该界面中可以看到信用卡的基本账户信息，包括币种、信用额度、可用额度、预借现金可用额度、每月账单日和本期到期还款日等。除此之外，还可以了解账户下的卡片信息，主要是关于主卡与附属卡的信息。

040　相关密码修改与邮箱地址设置

在客户管理首页功能中，还有修改查询密码与设置邮箱地址两个功能，其中查询密码修改就是修改用户登录时所需的查询密码，该密码能够用来登录信用卡的网上银行、手机银行、微信银行等。

修改查询密码非常简单，图 3-10 为查询密码的修改界面，用户只需要输入旧查询密码、新查询密码及确认新查询密码即可。

需要用户格外注意的是，用户单击"查询密码修改"功能之后，界面中会出现"交易密码管理"的隐藏功能，该功能在主界面上是不显示的，只有用户单击"查询密码修改"，功能才会出现。

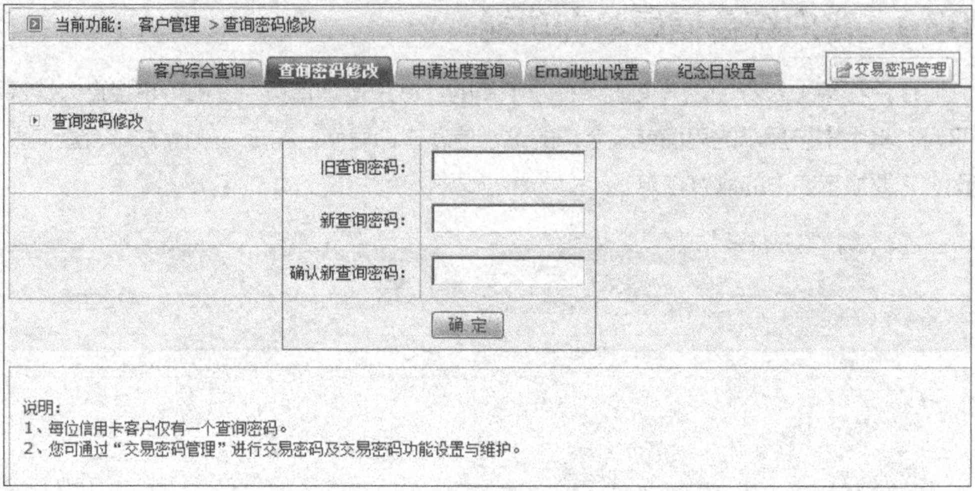

图 3-10　查询密码的修改界面

专家提醒

　　交易密码在一定程度上比查询密码更加重要，查询密码主要用于查询与信用卡相关的信息并且进行修改，而交易密码是用户在网络上进行消费时需要输入的密码，没有交易密码就无法交易成功，交易密码的重要性不言而喻。

　　单击"交易密码管理"按钮，会进入管理界面，而且该界面属于特殊界面，不直接在网上银行平台上打开。单击"修改密码"或者"重置密码"按钮，就可以设置交易密码。

　　图3-11为交易密码的管理界面。

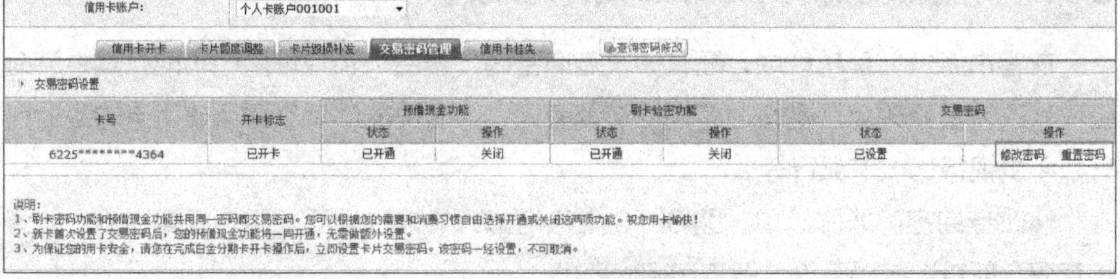

图 3-11　交易密码的管理界面

　　在交易密码管理界面中，用户除了可以直接设置信用卡交易密码之外，还可以进行其他的相关操作，如信用卡开卡、卡片额度调整、卡片毁损补发与信用卡挂失等。

如果用户需要修改信用卡账单的接收邮箱地址，可以在客户管理首页功能中选择
"E-mail 地址设置"功能进入。单击界面中的"修改"按钮，进入动态验证码界面，
如图 3-12 所示。

图 3-12　动态验证码界面

完成验证码确认之后，用户就可以在出现的界面中直接输入邮箱地址，并且单击
"确定"按钮。图 3-13 为设置邮箱地址成功后的界面提示。

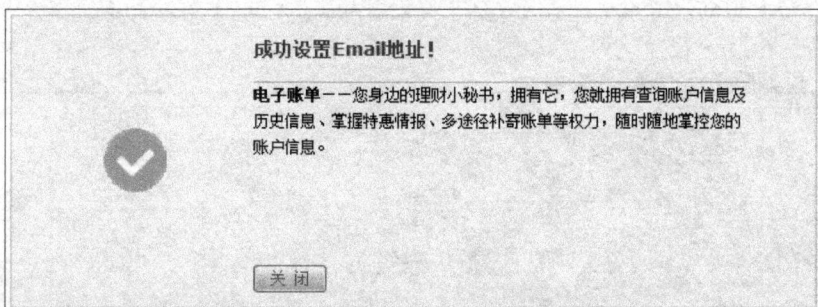

图 3-13　设置邮箱地址成功后的界面提示

041　信用卡的申请进度查询

在客户管理首页功能中，还有一个功能就是信用卡的申请进度查询，主要是针对
用户拥有信用卡之后申请的其他本银行的信用卡主卡或者附属卡的情况，便于获得申
请进度的信息。

图 3-14 为输入证件号码之后出现的申请进度信息界面，如果用户已经提交了申
请表并被银行录入系统中，那么该界面上会出现具体的进度信息。

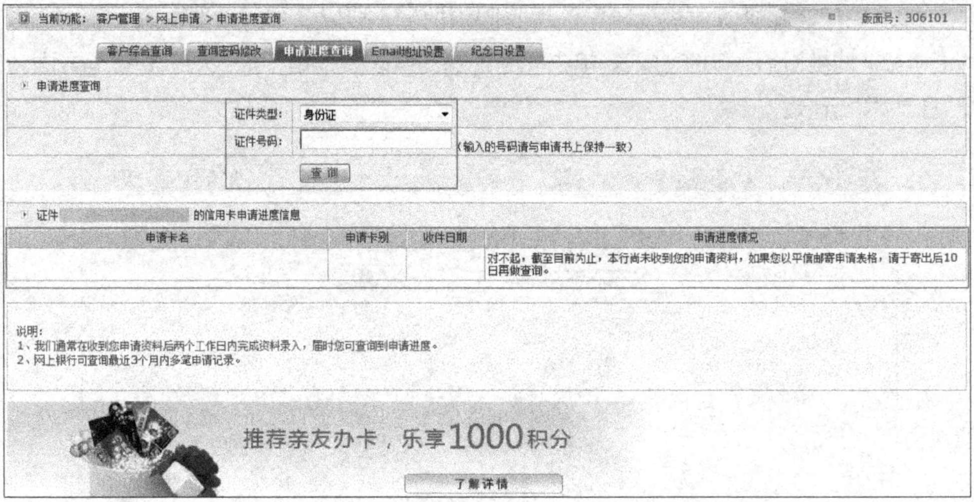

图 3-14　输入证件号码之后出现的申请进度信息界面

042　持卡人信用卡账户查询

单击左下角的账户管理首页功能，进入账户查询界面，图 3-15 为信用卡账户查询的主功能界面。

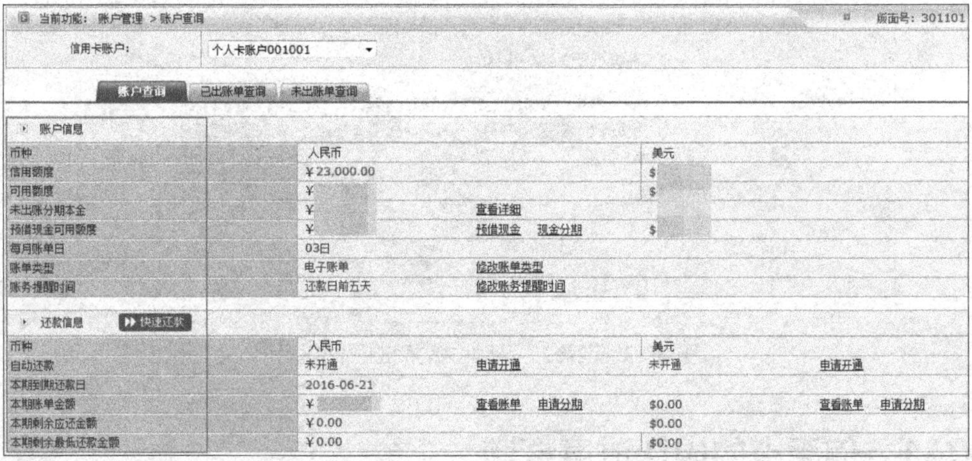

图 3-15　信用卡账户查询的主功能界面

在信用卡账户查询的信息内容中，用户可以看到账户信息与还款信息，包括币种、信用额度、可用额度、未出账分期本金、预借现金可用额度、每月账单日、账单类型、账务提醒时间、本期剩余应还金额、本期剩余最低还款金额等。

💡 专家提醒

　　用户在该界面中可针对其中部分功能进行管理，比如查看详细账单、修改账单类型、修改账务提醒时间、开启自动还款、申请分期还款等。用户可将部分功能修改得更加人性化，符合个人的需求，比如拥有信用卡较多时，可设置某一天为所有信用卡的账务提醒日。

043　信用卡预借现金与现金分期

　　在用户使用信用卡的过程中，了解预借现金与现金分期是非常有必要的，紧急时刻可以帮助用户渡过难关，缓解资金危机。

　　在信用卡账户查询的主功能界面中，预借现金可用额度一栏后有两个功能入口，分别是预借现金与现金分期，用户单击功能即可进入相应界面。图 3-16 为预借现金的用户操作界面。

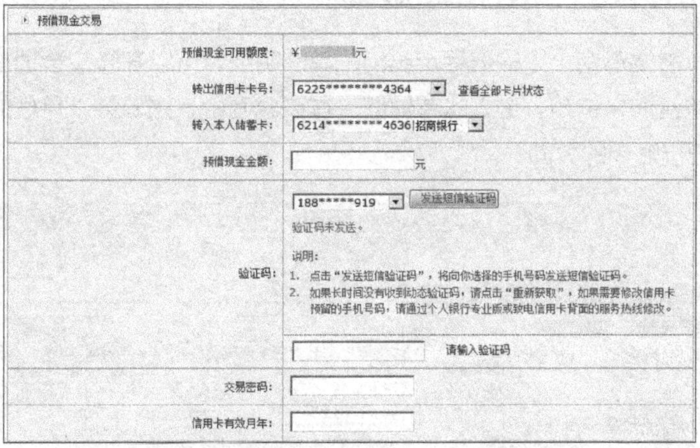

图 3-16　预借现金的用户操作界面

💡 专家提醒

　　通过网上银行办理信用卡预借现金是非常容易的，而且比通过信用卡取现所需的手续费要实惠得多，但是绝大部分用户并不知道信用卡拥有该功能。

　　用户在该界面中输入预借现金金额、验证码、交易密码、信用卡有效月年、卡片背面签名栏末三位数字（安全码），即可快速借款。

　　用户单击现金分期功能可以进入分期申请界面，但是该界面的功能只在用户已经完成预借现金之后才会开启，主要是让用户选择还款的期数和金额，其中期数越多，时间越长，利息费用越高。

图 3-17 为现金分期的用户操作界面及平台提示信息。

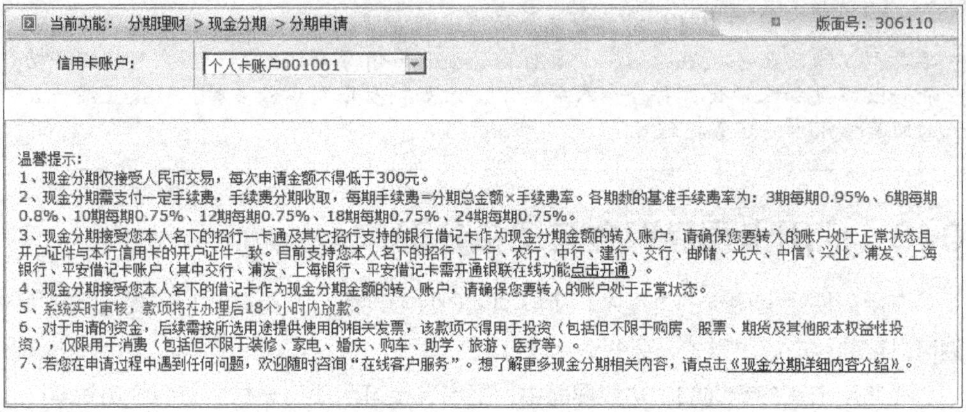

图 3-17 现金分期的用户操作界面及平台提示信息

044 信用卡的已出账单查询

如果用户需要查询个人的信用卡已出账单的明细，可以在账户管理首页功能中单击“已出账单查询”按钮，进入账单界面。在该界面中，账单会以月份的形式展示，图 3-18 为已出账单的界面。

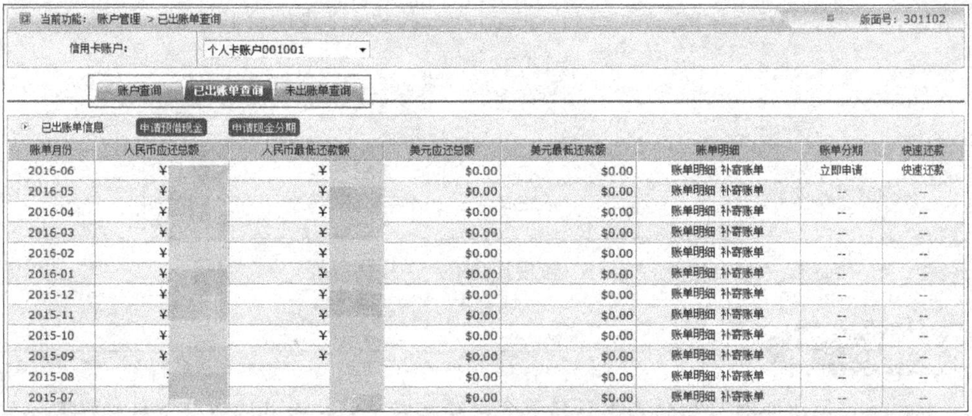

账单月份	人民币应还总额	人民币最低还款额	美元应还总额	美元最低还款额	账单明细	账单分期	快速还款
2016-06	¥	¥	$0.00	$0.00	账单明细 补寄账单	立即申请	快速还款
2016-05	¥	¥	$0.00	$0.00	账单明细 补寄账单	--	--
2016-04	¥	¥	$0.00	$0.00	账单明细 补寄账单	--	--
2016-03	¥	¥	$0.00	$0.00	账单明细 补寄账单	--	--
2016-02	¥	¥	$0.00	$0.00	账单明细 补寄账单	--	--
2016-01	¥	¥	$0.00	$0.00	账单明细 补寄账单	--	--
2015-12	¥	¥	$0.00	$0.00	账单明细 补寄账单	--	--
2015-11	¥	¥	$0.00	$0.00	账单明细 补寄账单	--	--
2015-10	¥	¥	$0.00	$0.00	账单明细 补寄账单	--	--
2015-09	¥	¥	$0.00	$0.00	账单明细 补寄账单	--	--
2015-08			$0.00	$0.00	账单明细 补寄账单	--	--
2015-07			$0.00	$0.00	账单明细 补寄账单	--	--

图 3-18 已出账单的界面

专家提醒

在每个月份的账单中有一个账单明细功能，其中有“账单明细”和“补寄账单”两个入口，用户可以单击“账单明细”按钮查看具体的支出情况，也可以通过补寄账单的形式来将账单发送到邮箱，然后通过邮箱查询账单的明细情况。

在已出账单界面上，还可以进行账单分期和快速还款等操作。

045 信用卡的未出账单查询

在信用卡的账单中，已出账单是指已经需要持卡人进行还款操作的账单，除此之外还有未出账单，这是持卡人在本月进行消费的账单，需要持卡人在下个月的还款日时还款。

如果用户在上个月的还款日到下个月的还款日时间阶段内没有进行消费，那么该信用卡的未出账单信息为空白。图3-19为未出账单查询中的人民币账单明细界面。

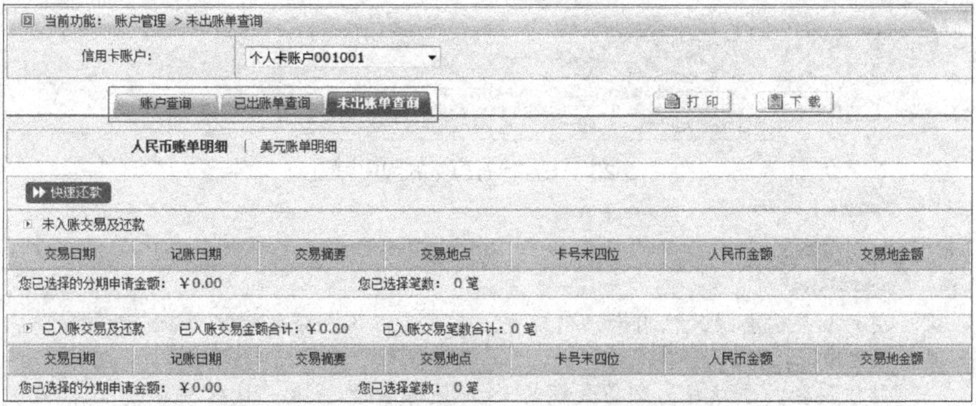

图3-19 未出账单查询中的人民币账单明细界面

专家提醒

由于笔者的招商银行卡属于双币卡，所以在账单中除了人民币账单明细之外，还有美元账单明细，用户以美元的方式进行支付的账单都会出现在该界面中。

用户如果需要纸质的账单明细，可以在界面中直接单击"打印"按钮，连接打印机进行打印，也可以单击"下载"按钮，下载该账单。

046 用网上银行进行分期理财

在招商银行的个人网上银行平台上，分期理财并不是让用户购买相关理财产品，而是指信用卡预借现金的功能。

在分期理财功能的首页，用户可以完成4个方面的操作，分别是预借现金首页、历史交易查询、卡片状态总览以及申请现金分期。图3-20为卡片状态总览的用户界面。

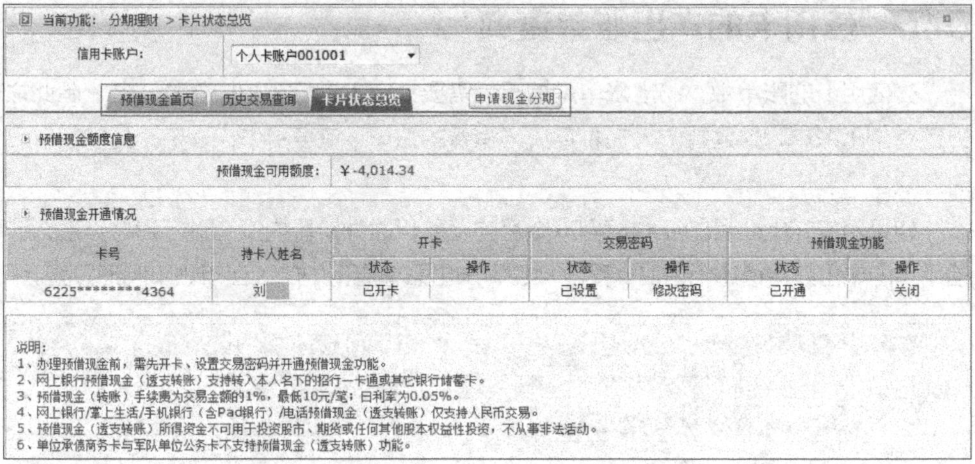

图 3-20 卡片状态总览的用户界面

专家提醒

用户如果需要通过信用卡预借现金，那么可以单击分期理财功能，进入预借现金首页进行操作。

预借现金的手续费为交易金额的1%，最低10元每笔，日利率为0.05%，目前只支持人民币交易。尤其需要注意的，用户预借现金需要给出理由，一般情况是以买车、买房等理由为好，借款后一段时间需要出示凭证。

047 用网上银行进行还款管理

还款管理是信用卡用户需要额外注意的，因为一旦产生还款逾期，那么后果是比较严重的，无论是利息的翻倍增长还是不良信用记录。在网上银行平台上，有专门用于用户进行还款管理的界面，用户在个人网上银行的主界面上单击左下角的"还款管理首页"，即可进入还款管理界面。在还款管理界面中，用户能够进行操作的功能包括自动还款设置、人民币自动购汇、跨行自动还款、还款明细查询和还款方式查询。

图 3-21 为信用卡用户的还款管理主界面，在该界面中可以开通人民币账户或者美元账户的自动还款功能。

用户可以通过网上银行查询已还款的账单明细情况，单击界面中的"还款明细查询"按钮，界面中会出现时间选择，用户选择一定的时间阶段即可单击"查询"按钮，界面会自动出现该时间阶段的账单信息。

图 3-22 为还款明细的界面内容。

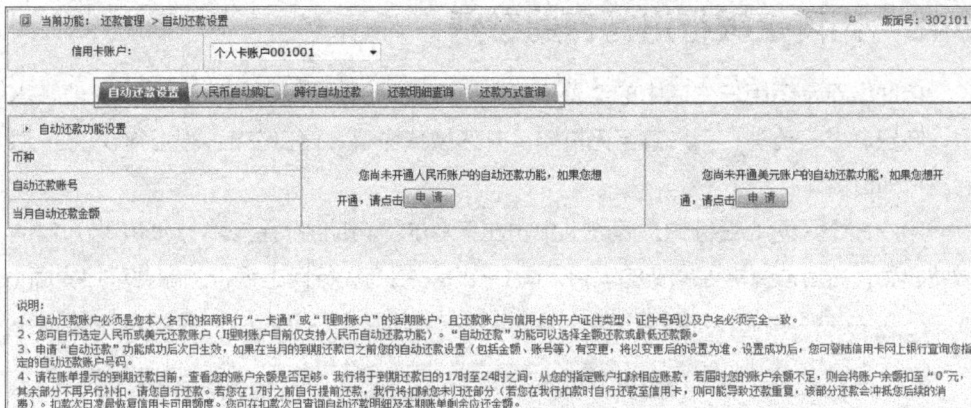

图 3-21 信用卡用户的还款管理主界面

图 3-22 还款明细的界面内容

专家提醒

在众多功能中，有一个功能是需要用户格外注意的，这就是人民币自动购汇功能，开通该功能后，用户使用信用卡进行的每一笔外币交易，都将由系统自动转为人民币入账到信用卡账单中，其中汇率为交易入账日的汇率，也就是用户在全球范围内使用其他货币进行交易，只需要用人民币进行还款即可。

用户在进行交易的 2 个工作日后可以登录网上银行，查询人民币的未出账单，了解到人民币的汇购账单情况。由于美元在全球的影响力较大，所以非美元的交易会由境外的发卡组织将资金转换为等值的美元，再由招商银行将其转换为人民币入账。

048 用网上银行进行自助缴费

自助缴费是指用户生活中的缴费事项可以通过网上银行来完成，如话费充值、水费、电费、燃气费等，用户甚至无需申请开通缴费协议，直接在相关界面输入账户然后支付即可。

用户在个人网上银行的主界面上单击左下角的"自助缴费首页"，即可进入自助缴费界面，然后选择需要缴费的项目。图 3-23 为招商银行网上银行的缴费项目界面。

图 3-23 招商银行网上银行的缴费项目界面

> 💡 **专家提醒**
>
> 通过网上银行，信用卡用户可以快捷缴费，而且在缴费中心，用户可以管理缴费的号码、进行交易查询、设置自动代缴或者缴费提醒等。作为便民平台，网上银行的生活缴费功能类型非常多，能够满足大部分用户的缴费需求。

049 设置网上支付的可用额度

当信用卡用户进行购物时，一旦遇到心仪的产品，往往就会出现不理智的消费，针对这种情况，银行特别推出了网上支付的可用额度限制，用户提前设置信用卡的可用额度，就能避免信用卡被透支过多的情况。

用户在个人网上银行的主界面上单击左下角的"网上支付首页"，再单击界面中出现的"支付额度设置"，即可对可用额度进行管理。图 3-24 为网上支付额度设置的用户操作界面。

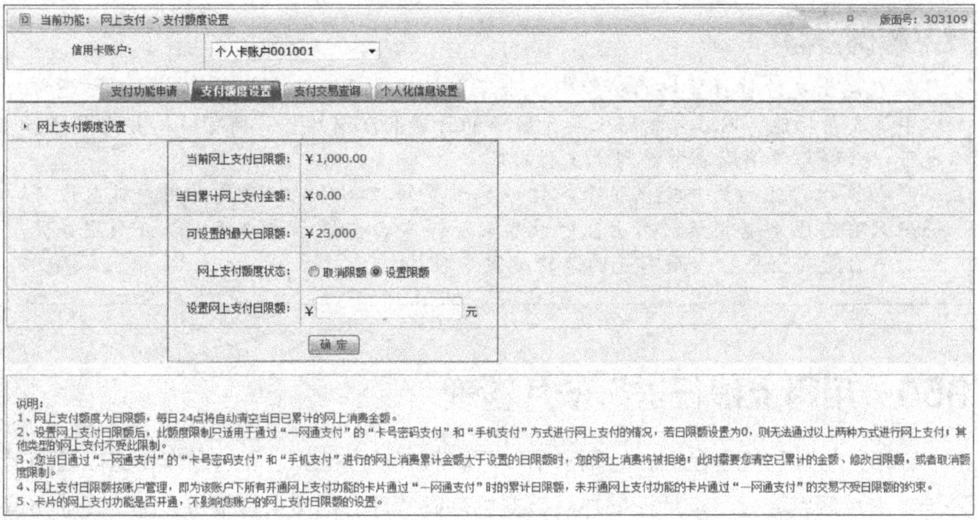

图 3-24　网上支付额度设置的用户操作界面

💡 **专家提醒**

　　信用卡用户可设置的最大日限额为信用卡的本身额度，以笔者为例，因为这张招商银行信用卡的额度为 23 000 元人民币，所以界面中显示可设置的最大日限额为 23 000 元人民币。

　　用户设置网上支付的日限额后，每天能够使用信用卡刷卡消费的额度即为设置的额度，同时每天的 24 点会自动清空当日累计的网上消费金额。

　　不同银行对网上支付概念的理解有所不同，比如笔者通过网上支付首页的支付交易查询功能进行查询时发现，招商银行的网上支付交易查询显示的账单只包括用户在大型网上平台的交易记录，如果是通过支付宝、微信等进行的购物支付是不属于网上支付范畴的。

　　图 3-25 为支付交易查询界面，笔者的网上支付交易仅显示了 3 笔。

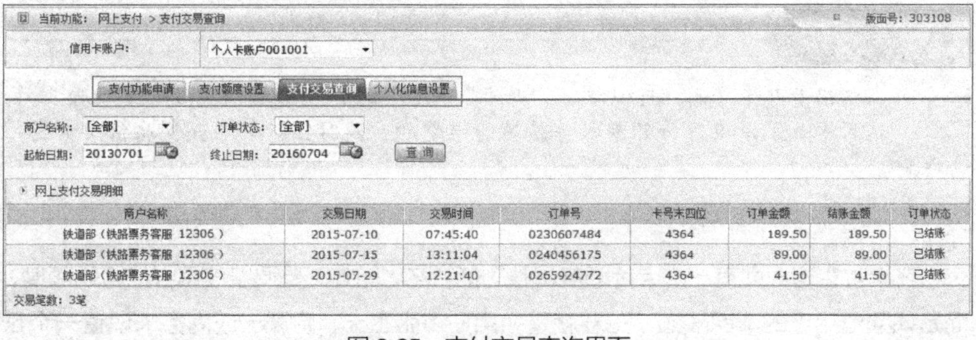

图 3-25　支付交易查询界面

> **专家提醒**
>
> 　　在网上支付首页提供的功能中，除了支付额度设置与交易查询外，用户还可以申请支付功能，内容包括网上支付服务的开通和取消操作。拥有附属卡的用户，也可以开通与取消附属卡的网上支付功能。
>
> 　　招商银行还为用户提供了个人化信息设置的特色功能，主要是用户提前设置一句只有自己知道的话，然后在登录平台时，平台会显示这句话，以证明用户登录的平台是安全平台，而不是伪造的虚假平台。

050　用网上银行进行卡片管理

　　在卡片管理功能平台上，信用卡用户可以对卡片进行多方面的操作，比如信用卡开卡、卡片额度调整、卡片毁损补发、交易密码管理、信用卡挂失等。图3-26为信用卡开卡的用户操作界面。

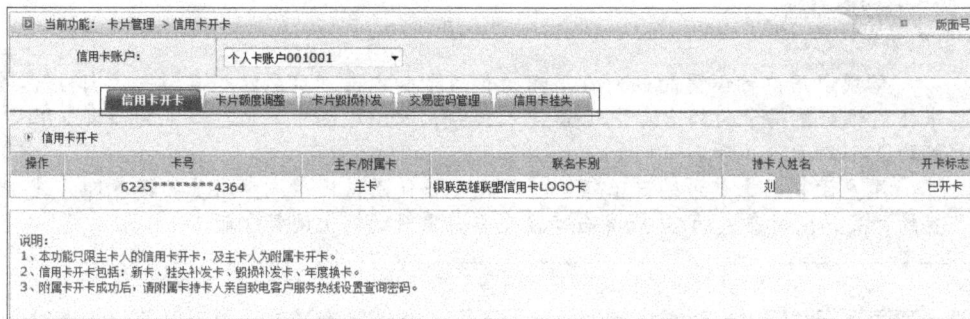

图 3-26　信用卡开卡的用户操作界面

　　用户在个人网上银行的主界面上单击左下角的"卡片管理首页"，即可进入卡片管理的用户操作界面。需要注意的是，对于新手用户而言，卡片管理功能是用户获得信用卡之后在网上开通的必要步骤。

> **专家提醒**
>
> 　　在信用卡开卡界面，可以单击"开卡"按钮，按照平台提示完成开卡步骤。
> 　　信用卡如果没有进行开卡操作是不能消费的，同时银行也不会收取信用卡的年费。

　　在卡片管理界面有一个卡片额度调整功能，该功能并不是调整信用卡的可用额度，而是调整信用卡的本期限额，主要就是为用户每张主卡、附属卡或商务卡设置一个账单周期内消费、取现等交易的累计额度。

051 信用卡卡片毁损补发申请

在卡片管理功能平台上，有一个功能是需要格外注意的，这就是信用卡的卡片毁损补发申请，当用户的信用卡出现这些情况时，就可以通过该功能自主进行补发申请，补发的卡片费用为 15 元。用户的信用卡到期时需要更换，也可通过这个功能修改卡片的寄送地址。

部分信用卡用户在申请信用卡时的寄送地址，与信用卡到期更换时的信用卡地址不同，所以要及时更改地址，以免银行将新的信用卡寄错了地方。图 3-27 为信用卡卡片毁损补发的用户操作界面。

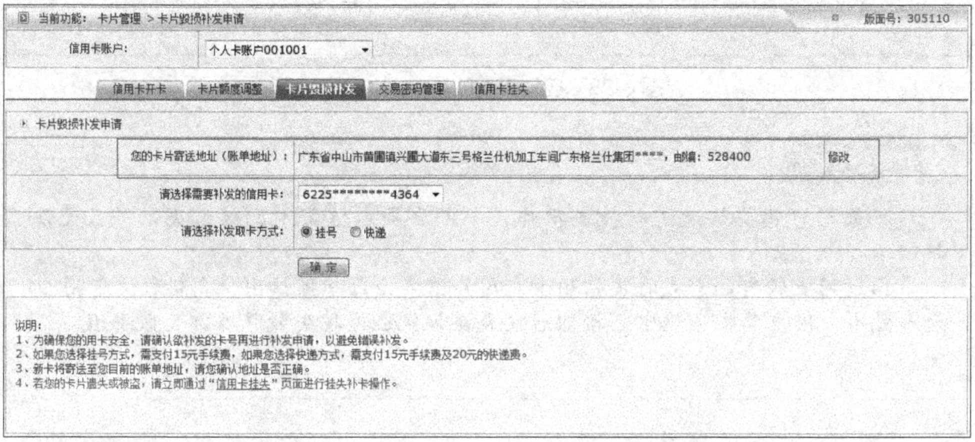

图 3-27 信用卡卡片毁损补发的用户操作界面

> 专家提醒
>
> 招商银行的信用卡卡片补发费用为 15 元，其他银行在收费上有所不同。
> 如果用户需要银行以快递的方式寄送卡片，那么还需要增加 20 元的快递费，如果让银行以挂号信的方式寄送卡片，则免费。

052 信用卡快速挂失操作步骤

在卡片管理功能平台上，有一个信用卡快速挂失的入口，这也是部分容易粗心的信用卡用户尤其需要注意的功能。

用户直接单击"信用卡挂失"按钮，就会出现挂失申请界面，如图 3-28 所示。

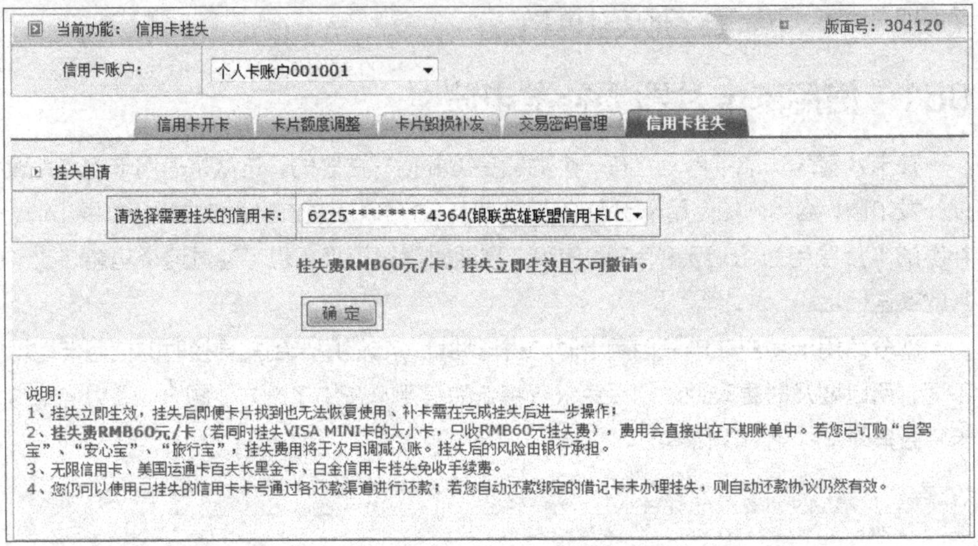

| 当前功能： 信用卡挂失 | | | | 版面号：304120 |
| 信用卡账户： | 个人卡账户001001 | ▼ | | |

信用卡开卡　卡片额度调整　卡片毁损补发　交易密码管理　**信用卡挂失**

挂失申请

请选择需要挂失的信用卡： 6225********4364(银联英雄联盟信用卡LC ▼)

挂失费RMB60元/卡，挂失立即生效且不可撤销。

确 定

说明：
1、挂失立即生效，挂失后即便卡片找到也无法恢复使用、补卡需在完成挂失后进一步操作；
2、挂失费RMB60元/卡（若同时挂失VISA MINI卡的大小卡，只收RMB60元挂失费），费用会直接出在下期账单中。若您已订购"自驾宝"、"安心宝"、"旅行宝"，挂失费用将于次月调减入账。挂失后的风险由银行承担。
3、无限信用卡、美国运通白金卡金卡黑金卡、白金信用卡挂失免收手续费。
4、您仍可以使用已挂失的信用卡卡号通过各还款渠道进行还款；若您自动还款绑定的借记卡未办理挂失，则自动还款协议仍然有效。

图 3-28　挂失申请的用户操作界面

💡 专家提醒

如果用户想要快速进行挂失操作，一定要确定信用卡已经遗失，并且无法找回。

通过网上银行的形式挂失信用卡，用户需要为每一张信用卡支付挂失费用 60 元人民币。用户单击"确定"按钮后挂失操作完成，挂失效果立即生效并且不可撤销。

053　信用卡的可用积分查询

用户在个人网上银行的主界面上单击左下角的"积分管理首页"，进入用户管理界面，在该界面中显示信用卡的可用积分情况。招商银行的积分计算形式为用户消费 20 元人民币积 1 分。

图 3-29 为笔者的招商银行信用卡积分查询界面，其信用卡消费积分是永久有效的。

💡 专家提醒

积分内容涉及的方面包括当期刷卡积分、当期调整积分、当期奖励积分、当期新增积分、当期兑换积分与当前可用积分。

如果想将招商银行的信用卡积分兑换成想要的物品，需要登录招商银行向用户推出的积分兑换平台（http://jf.cmbchina.com/），直接在网上银行是无法兑换的。

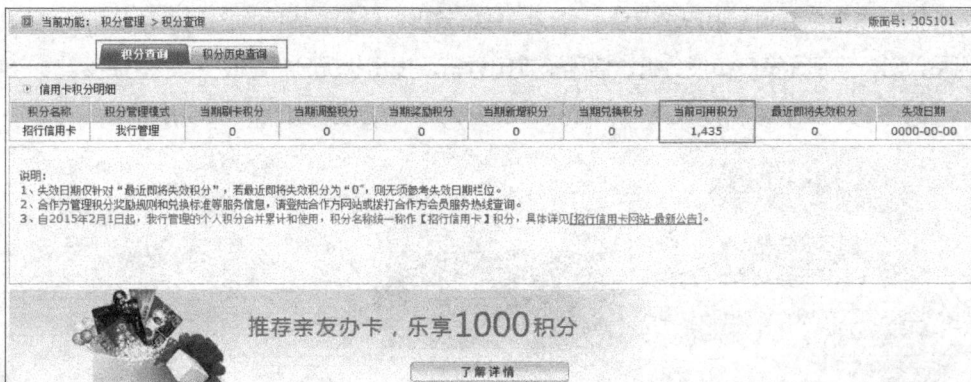

图 3-29　笔者的招商银行信用卡积分查询界面

054　信用卡的积分历史查询

在"积分管理首页"中，可以看到"积分历史查询"按钮，单击该按钮，就可以进入相关界面，然后再按照月份的形式选择某个月份查询信用卡积分的历史情况。

图 3-30 为信用卡的积分历史查询界面，笔者查询的是 2016 年 4 月份的信用卡积分情况。在该界面中，用户可以查询一年内任一月份的积分情况，但是并不包括一年以外的信用卡积分信息。

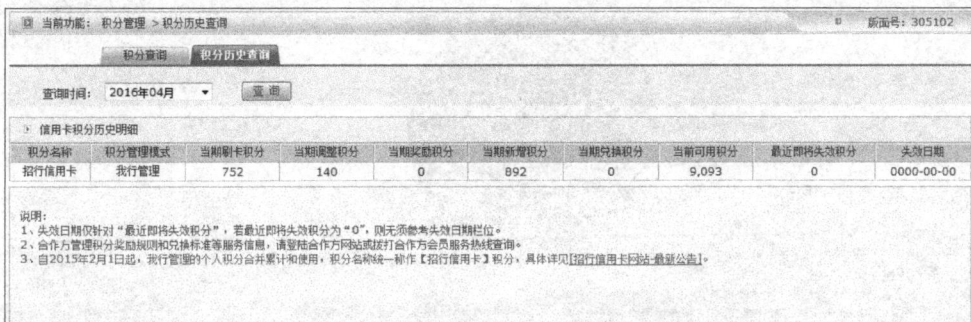

图 3-30　信用卡的积分历史查询界面

查询积分历史的主要作用，是便于了解不同月份的积分增长情况，或者不同月份的积分兑换情况。

055　通过平台了解资产负债分析

资产负债分析涉及用户所有招商银行的一卡通、存折以及信用卡信息，主要是直接展示用户的资产与负债状况。

用户单击个人网上银行左下角的"财务分析首页"之后，界面中出现 4 种分析功能的相关入口，分别为资产负债分析、信用卡支出分析、投资状况分析与收支对比分析。

其中资产负债分析涉及的业务品种主要分为 8 个方面，如图 3-31 所示。

图 3-31　资产负债分析中的业务品种类型

在财务分析首页功能中单击"资产负债分析"按钮，进入分析界面，资产负债分析提供 5 个方面的内容分析，分别是资产负债对比图、资产构成图、负债构成图、资产明细以及负债明细。

图 3-32 为笔者在招商银行的负债构成图。

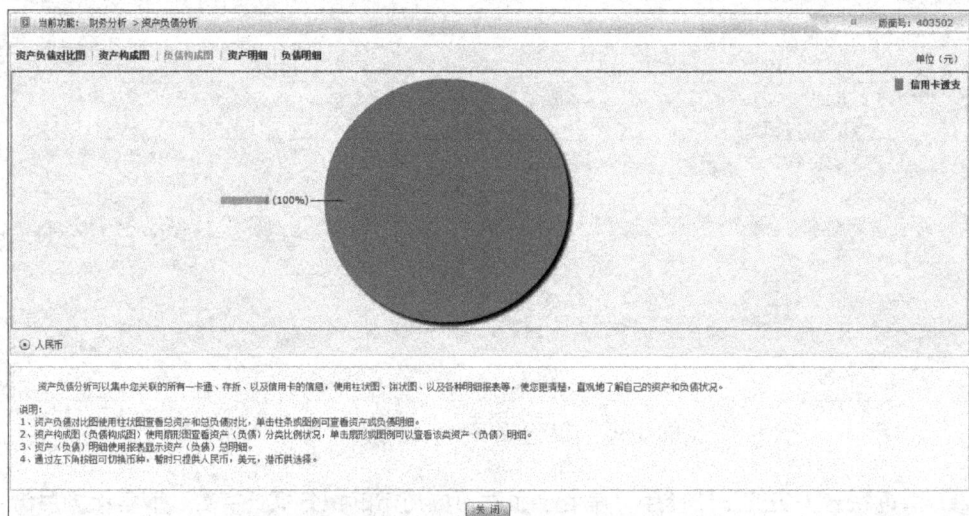

图 3-32　笔者在招商银行的负债构成图

056　通过平台了解信用卡支出分析

在财务分析功能的首页中，可以单击"信用卡支出分析"按钮，进入分析界面。信用卡支出分析从时间、类别、金额、比例 4 个维度出发，让用户能够直观地了解信用卡的支出状况。

图 3-33 为信用卡支出分类对比图的柱状图模式。

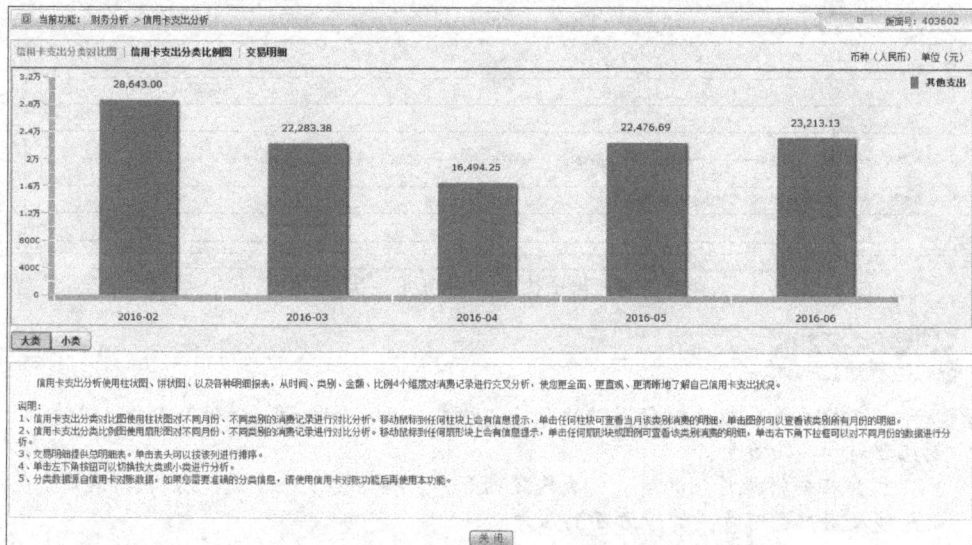

图 3-33　信用卡支出分类对比图的柱状图模式

💡 **专家提醒**

当用户在网上银行进行操作时，移动鼠标到任何柱块上都会出现提示信息，然后单击任何柱块都会直接出现当月该类别消费的明细账单。

根据平台规则的限制，用户可查询的信用卡支出信息在选择的时间区间上不能超过 6 个月，比如从 2016 年 2 月到 7 月，但是用户可以通过多次选择来查看其他月份的数据，所有数据分析只针对最近一年的数据。

057　通过平台了解投资状况分析

在财务分析功能的首页中，可以单击"投资状况分析"按钮，直接进入分析的启动界面。

作为专门分析投资状况的功能，用户需要通过一网通账户进行登录，并且关联用户的所有信用卡、存折账户，才能够启动该功能，仅仅通过信用卡信息登录只可以进入启动界面，但是无法进入功能分析界面。

图 3-34 为投资状况分析的功能启动界面，只有用户是通过一网通账户登录，并且绑定了相关账户，才能够单击"分析"按钮，进入分析界面。

图 3-34　投资状况分析的功能启动界面

> **专家提醒**
>
> 　　在投资方面，招商银行提供的业务品种主要有 4 个方面，分别是基金、国债、受托理财和实物黄金。
>
> 　　用户在分析投资状况时，需要绑定的账户类型主要有一卡通、存折、i 理财，都是涉及用户已有资产管理方面的账户。

058　通过平台了解收支对比分析

　　在财务分析功能的首页中，可以单击"收支对比分析"按钮，进入相关界面，收支对比分析同样是从时间、类别、金额、比例 4 个维度出发的，用户可查询的信息时间段不超过 6 个月。

　　图 3-35 为笔者的招商银行信用卡的收支对比图。

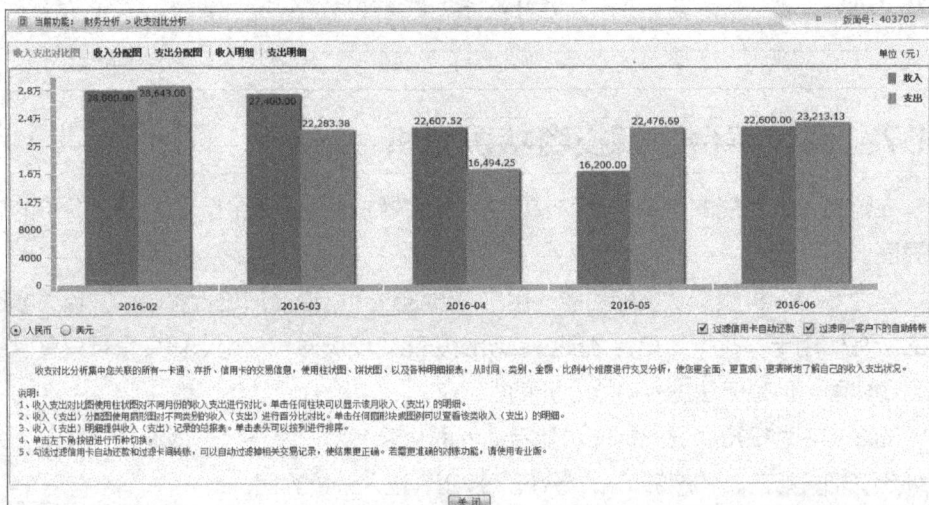

图 3-35　笔者的招商银行信用卡的收支对比图

在类型方面，平台主要提供了 5 个功能，分别是收入支出对比图、收入分配图、支出分配图、收入明细和支出明细。

用户可以根据个人需求，选择不同的功能查看该分析的信息情况，双币卡信用卡用户除了可以查询人民币的收支对比分析之外，还可以查看美元的收支对比分析。

059 用网上银行办理账单分期

用户利用信用卡进行消费，需要在规定的时间内还款。通过网上银行，可以办理账单分期，每个月的还款日只需要还款一部分即可。

在个人网上银行的主功能界面上，可以找到账单分期的功能入口，图 3-36 为已出账单分期入口与未出账单分期入口。

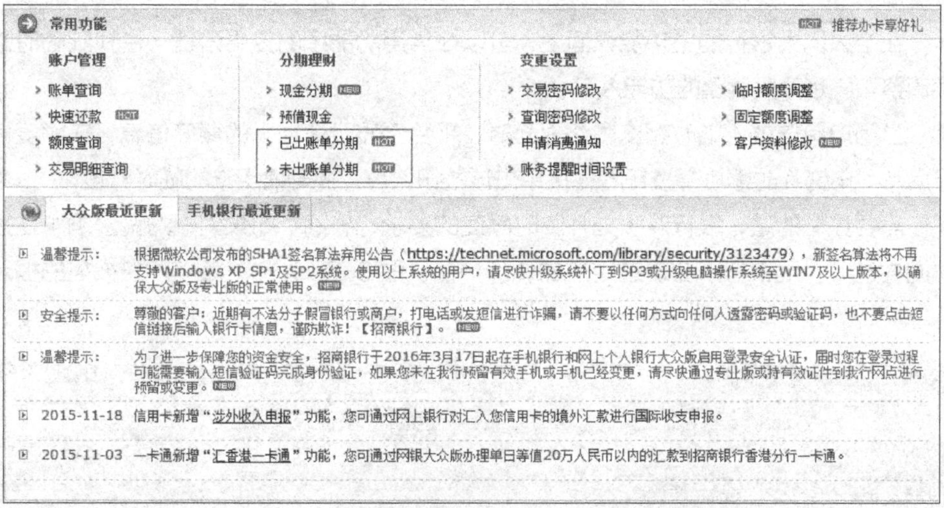

图 3-36 已出账单分期入口与未出账单分期入口

用户选择需要分期的账单单击进入，按照界面提示完成相关操作即可对账单成功分期。图 3-37 为账单分期申请的用户操作界面。

在账单分期时，用户需要选择不同的分期期数，期数不同，利息和时间也不同，单击"开始试算"按钮，可以直接了解不同期数的各期还款资金和利息。

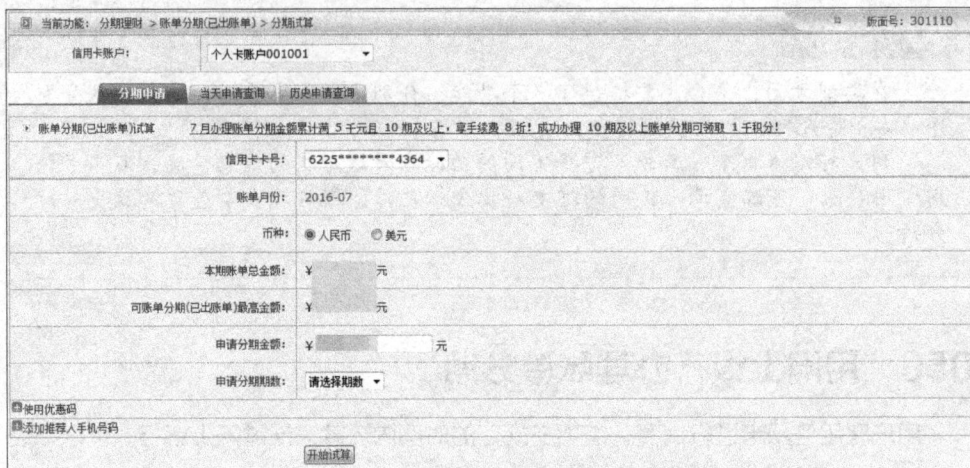

图 3-37　账单分期申请的用户操作界面

060　申请临时额度与提升固定额度

在个人网上银行的主功能界面上，可以在常用功能中的变更设置一栏找到临时额度调整和固定额度调整的功能入口。

当用户单击进入临时额度调整界面时，平台会显示信用卡的额度信息，在额度信息后有"申请临时额度"按钮，直接单击该按钮，可以提升信用卡的临时额度。

需要注意的是，银行对于提升临时额度的要求比较高，如果用户的资金需求在短时间内过高，则银行不会通过用户的调额申请。图 3-38 为临时额度调整被拒的提示信息。

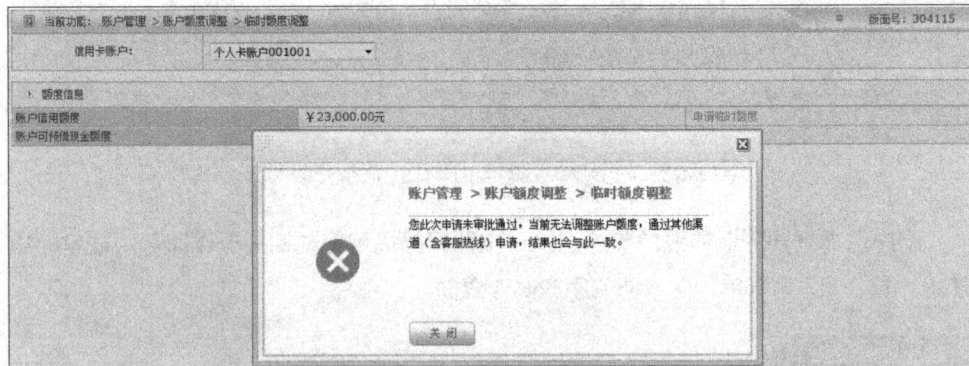

图 3-38　临时额度调整被拒的提示信息

提升固定额度的用户操作界面与临时额度调整的操作界面一致，图 3-39 为提升固定额度的用户操作界面。

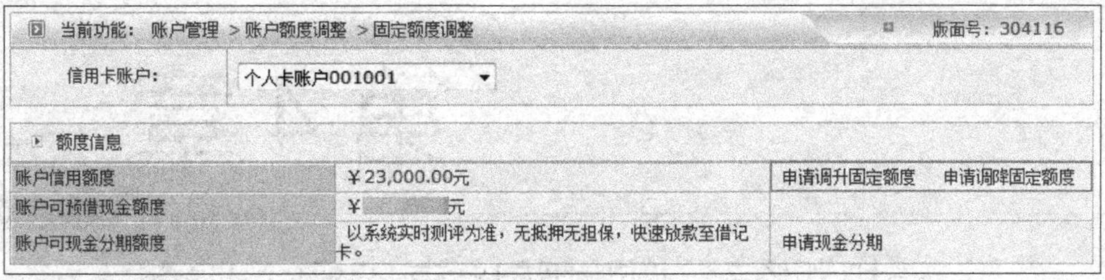

当前功能：账户管理 > 账户额度调整 > 固定额度调整		版面号：304116
信用卡账户：	个人卡账户001001 ▼	

▶ 额度信息		
账户信用额度	￥23,000.00元	申请调升固定额度　　申请调降固定额度
账户可预借现金额度	￥　　　元	
账户可现金分期额度	以系统实时测评为准，无抵押无担保，快速放款至借记卡。	申请现金分期

图 3-39　提升固定额度的用户操作界面

　　网上银行对于用户信用卡的额度调整申请，是直接由银行系统进行评测的，在一秒钟内就会出结果。如果用户在网上银行的调额申请没有通过，那么用户用其他的方式进行申请也是不会通过的。

第 4 章

手机银行，随时随地享用银行服务

手机银行是银行为手机用户量身定制的客户端移动 APP，主要是为用户便捷地提供账户管理、转账汇款、理财管理、信用卡管理等各类金融服务。相比于网上银行，手机银行的业务在操作上更加方便，同时流程较为简单，APP 的用户功能非常丰富。

学前提示

要点展示

>> 手机银行，实现最优化的服务

>> 使用手银，快速管理便捷操作

>> 打造特色，专为用户一人服务

061 下载与注册手机银行 APP

在国内，大部分银行都开通了手机银行的业务，用户能够快速地在手机银行上完成自主操作。

图 4-1 为手机银行下载量靠前的 8 个银行。

图 4-1 手机银行下载量靠前的 8 个银行

需要注意的是，有些银行针对不同的用户推出了不同的手机银行 APP，比如中信银行针对所有用户推出了中信银行 APP，而针对信用卡用户推出了动卡空间 APP，在功能上，动卡空间 APP 的信用卡功能更全面、更细化。

为了让读者更清晰地认识信用卡手机银行 APP 的功能，下面以中信银行的动卡空间 APP 为例进行分析。首先需要下载动卡空间 APP，可以通过专门的辅助工具进行下载，这里以 "360 手机助手" 为例，介绍下载和注册动卡空间 APP 的步骤。

步骤 ① 进入 360 手机助手，在软件上方的搜索栏中输入 "动卡空间"，单击 "搜索" 按钮，进入软件下载页面，如图 4-2 所示。

图 4-2 单击 "搜索" 按钮进入下载页面

步骤 2 单击动卡空间 APP 后的"下载"按钮，平台会自动下载并安装 APP，部分 APP 需要用户自主确认安装的位置。图 4-3 为动卡空间 APP 安装完成之后的界面。

步骤 3 单击"打开"按钮之后，进入动卡空间 APP 的用户操作界面，单击右上角的"登录"按钮，如图 4-4 所示。

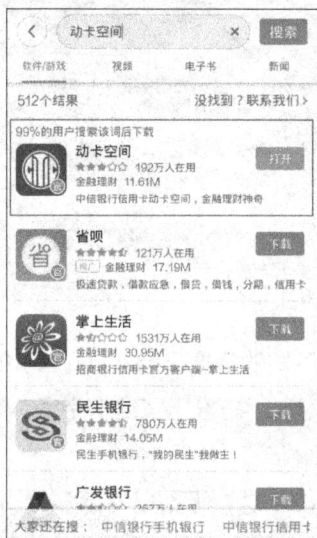

图 4-3　APP 安装完成之后的界面

图 4-4　单击右上角的"登录"按钮

💡 **专家提醒**

　　在动卡空间的登录界面中有两种登录方式，分别是持卡人登录和会员登录。

　　持卡人登录支持多种证件号码，如身份证、护照、军官证、通行证及其他，但是不能直接使用信用卡卡号登录，同时需要输入电话服务密码才能登录成功。

　　会员登录支持用户在 APP 上注册的账户登录，可在注册的过程中设置会员密码，并使用密码快速登录。

步骤 4 在用户的登录界面，平台会直接显示持卡人登录框，新信用卡用户需要单击界面下方的"设置或忘记电话服务密码？"按钮，进入设置电话服务密码界面，如图 4-5 所示。

步骤 5 设置电话服务密码的操作非常简单，选择证件类型，输入证件号码、姓名、信用卡号、有效期和卡片背面签名栏末三位，然后单击"下一步"按钮，进入密码界面，如图 4-6 所示。

图 4-5 单击"设置或忘记电话服务密码？"按钮

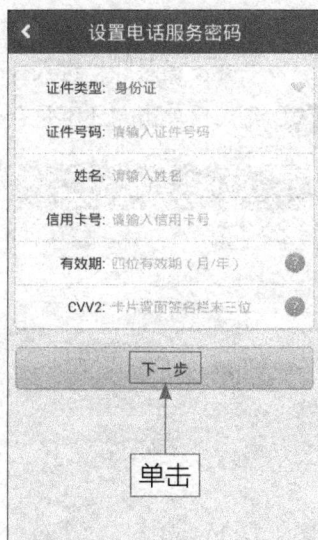

图 4-6 单击"下一步"按钮

💡 专家提醒

部分银行的用户如果要使用手机银行，需要满足两个条件，除了在智能手机上安装有手机银行的客户端外，还需要信用卡已经开通了手机银行服务，没有开通的用户需要去银行柜台办理，也可以通过给银行打电话的形式办理。

步骤 6 平台会向用户自动发送短信验证码，如图 4-7 所示。

步骤 7 输入验证码设置服务密码，单击"确定"按钮，如图 4-8 所示。

图 4-7 手机接收短信验证码

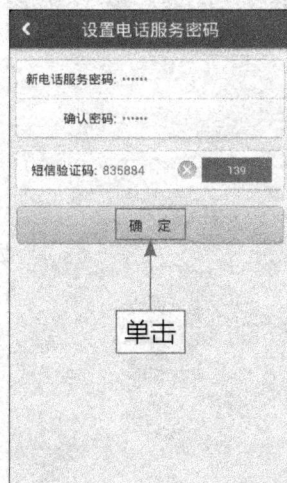

图 4-8 单击"确定"按钮

步骤 ⑧ 在用户的登录界面，除了持卡人登录之外，还有会员登录功能，用户单击"会员登录"，进入登录界面，如图 4-9 所示。

步骤 ⑨ 新用户单击"还不是会员？马上注册"按钮，如图 4-10 所示。

图 4-9　单击"会员登录"　　　　　　　　图 4-10　单击"还不是会员？马上注册"按钮

步骤 ⑩ 在注册界面，用户依次输入用户名、手机号码、邮箱、会员密码、确认密码、短信验证码等信息，单击"提交"按钮，如图 4-11 所示。

步骤 ⑪ 注册成功之后单击"马上登录"按钮，返回登录界面，如图 4-12 所示。

图 4-11　单击"提交"按钮　　　　　　　　图 4-12　单击"马上登录"按钮

专家提醒

　　会员账户注册的方式更加简单，但是进入账户之后需要再添加信用卡，而通过身份证号登录，如果用户在银行柜台或者通过电话设置了电话服务密码，则不需要再注册，可以直接登录。两个方式登录的效果基本一致，用户可以自由选择。

062　在手机银行上申请信用卡

　　通过手机银行申请信用卡是手机银行的基本功能之一，用户操作也较为简单。下面介绍申请信用卡的步骤。

步骤 ①　在动卡空间 APP 的主功能界面，单击下方导航条中的"办卡分期"，如图 4-13 所示。

步骤 ②　在出现的界面中单击"我要办卡"按钮，如图 4-14 所示。

图 4-13　单击"办卡分期"　　　　　图 4-14　单击"我要办卡"按钮

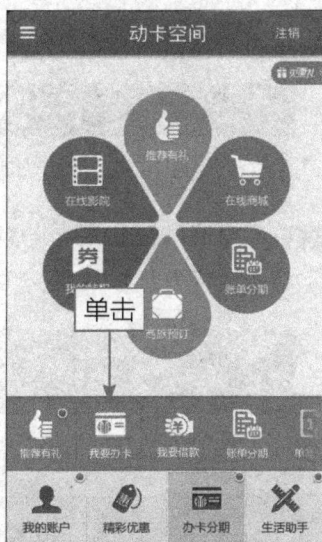

专家提醒

　　在办卡分期的功能类型中，除了办卡之外，还有推荐有礼、我要借款、账单分期、单笔分期、高额分期、办附属卡、办卡进度、信用卡开卡等一系列功能。
　　对于用户而言，所有涉及卡片和账单的功能都能够在这里操作，平台为用户提供了便捷的操作入口。

步骤 ③ 在出现的界面中滑动上方的信用卡导航条，平台会自动出现不同信用卡的相关介绍信息，用户选择想要申请的某款信用卡，然后单击"立即申请"按钮，如图4-15所示。

图4-15 滑动导航条选择信用卡单击"立即申请"按钮

步骤 ④ 在申请界面中选择卡片类型，如果不能选择类型，则由系统自动确认，然后填写个人基本信息，如图4-16所示。

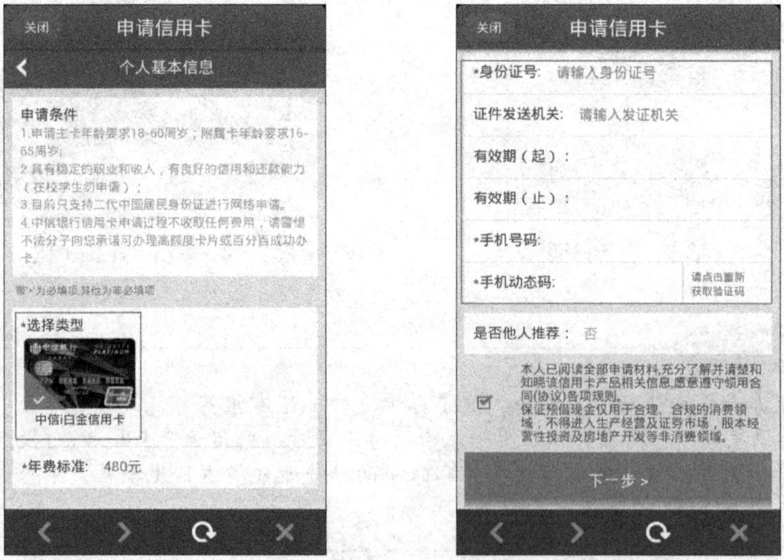

图4-16 选择卡片类型以及填写个人基本信息

> 💡 **专家提醒**
>
> 　　不同信用卡的申请条件和年费都是不同的，建议新手用户如果没有足够的资本积累，最好不要申请金卡以上的信用卡，因为高端信用卡对用户的资产有直接要求，大部分用户是无法直接通过的，尤其是用户没有其他信用卡作为凭证的情况下。

步骤 ⑤ 在信息填写的最后部分，用户需要通过手机接受动态码并输入动态码完成认证。图 4-17 为中信银行信用卡平台发送的验证码。

步骤 ⑥ 如果已有中信银行的信用卡，那么在申请界面中只需输入电子邮件和主卡服务密码即可，然后单击"提交完成"按钮，如图 4-18 所示。

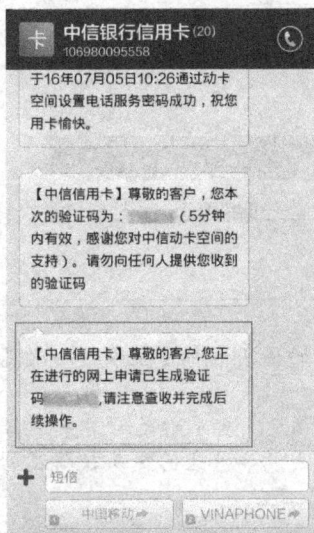

图 4-17　中信银行信用卡平台发送的验证码

图 4-18　单击"提交完成"按钮

> 💡 **专家提醒**
>
> 　　如果是新手用户申请信用卡，则需要输入通信地址、公司地址、家庭情况等信息，尤其需要注意的是，在手机银行申请的信用卡是需要本人到营业厅进行开卡处理的，为了防止别人冒领，银行会在开卡时向用户验证通信地址、公司地址等信息。

063　通过信用卡快速申请附属卡

　　在 APP 主功能界面下方的"办卡分期"功能中还有一个特色功能，就是快速通过信用卡申请附属卡。

图 4-19 为用户单击"办附属卡"功能后出现的界面，用户只需要按照步骤要求填写相关信息即可。

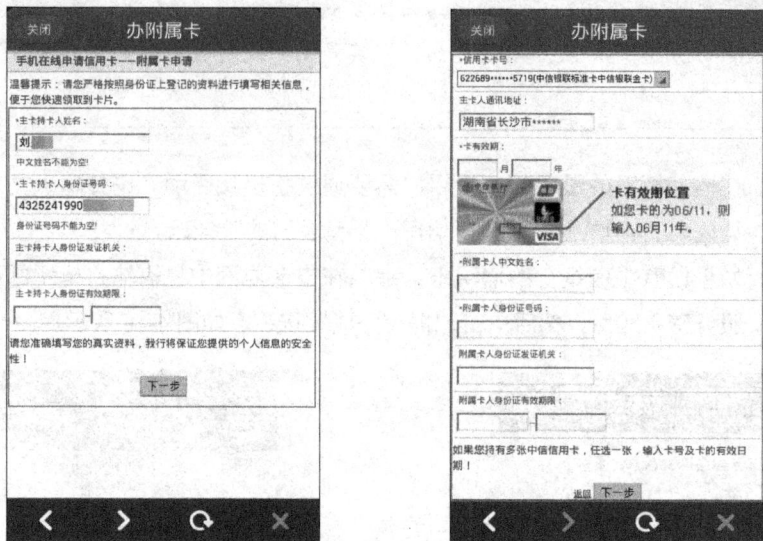

图 4-19 用户单击"办附属卡"功能后出现的界面

> **专家提醒**
>
> 附属卡与主卡不同，用户在银行第一次申请到的信用卡都是主卡，而附属卡则是根据主卡资料申请的卡片。
>
> 每个开信用卡主卡的持卡人可为其他人申请附属卡，要求附属卡用户年满 13 周岁以上，而且须征得其法定代理人的同意。通过附属卡产生的交易款项及利息和其他费用，都会直接计入主卡账单，由主卡持卡人还款。

064　教你用手机银行查询办卡进度

用手机银行查询办卡进度，最主要是方便，用户无需在电脑上操作，或者到银行的营业厅去排队查询。

在"办卡分期"中有一个办卡进度功能，用户单击之后就可以进入查询界面。图 4-20 为办卡进度查询的相关界面。

办卡进度查询是用户在申请信用卡时尤其需要注意的，银行会及时在平台上公布信用卡的进展情况，是否已经寄出信用卡也会在平台上显示。

如果用户没有及时查询信用卡办卡进度，导致信用卡被别人冒领，那么损失会比较严重，所以用户记得及时查询非常重要。

图 4-20　办卡进度查询的相关界面

065　拥有个人信用卡后一步开卡

开卡是用户申请到信用卡之后需要做的第一件事情，没有开卡，信用卡就无法进行消费。

图 4-21 为信用卡常见的 3 种开卡方式。

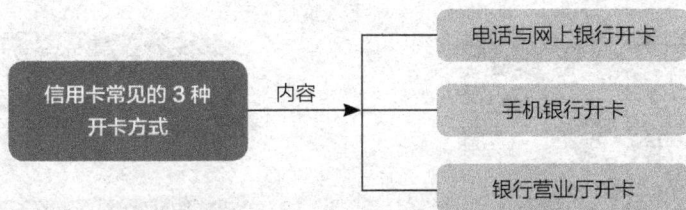

图 4-21　信用卡常见的 3 种开卡方式

用户通过手机银行可以快速开卡，开卡过程不需要一分钟。在"办卡分期"中有一个信用卡开卡功能，用户单击之后就可以进入开卡界面，如图 4-22 所示。

用户通过手机银行进行开卡操作，首先需要同意中信银行信用卡网上领用协议，只有单击"同意"按钮之后，才能够进入开卡的操作界面。

在开卡界面，需要选择证件类型，同时填写证件号码、信用卡号、有效期以及信用卡背面签名栏的末 3 位数字。

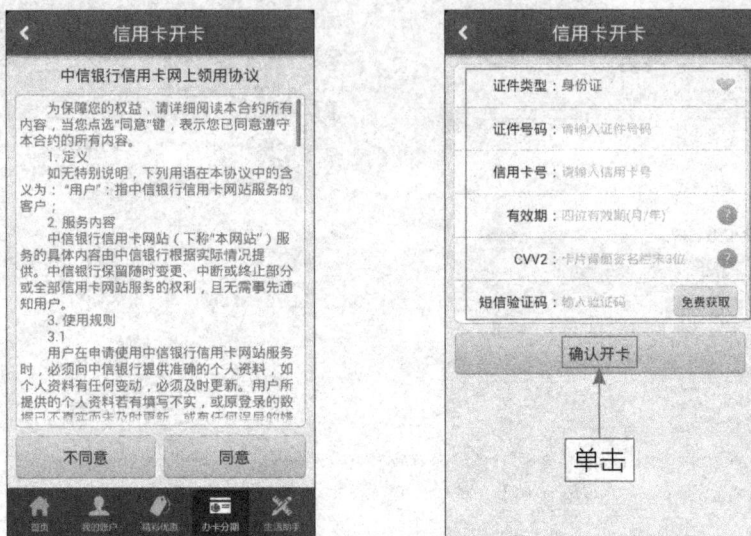

图 4-22　用户信用卡开卡的操作界面

066　在手机银行上快速借款

下面分析中信银行的手机银行借款功能。

步骤 ① 在办卡分期的功能中单击"我要借款"按钮，如图 4-23 所示。

步骤 ② 如果用户已有信用卡，那么在出现的界面中选择"我是中信持卡人，立即申请"，如图 4-24 所示。如果没有，就单击"非持卡人申请"。

图 4-23　单击"我要借款"按钮

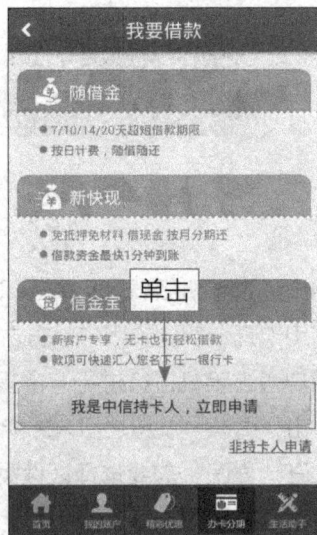

图 4-24　单击"我是中信持卡人，立即申请"

步骤 ③ 下面以信金宝为例，这是一款任何人都能够申请的借款产品。用户单击界面中的"立即申请"按钮，如图 4-25 所示。

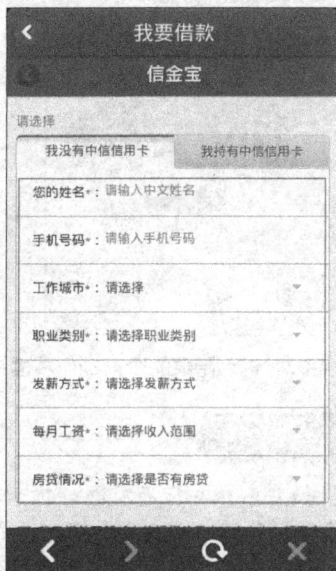

步骤 ④ 在出现的界面中填写个人信息，如图 4-26 所示。

图 4-25　单击界面中的"立即申请"按钮　　　　图 4-26　填写个人信息

专家提醒

　　如果是持有中信信用卡的用户申请借款，那么单击"我持有中信信用卡"按钮，填写工作城市、职业类型、发薪方式、每月工资和房贷情况等信息即可。

　　需要注意的是，在手机银行上申请借款，银行不会直接批款，而是等用户在线提交申请之后，客户经理上门了解详细情况，之后才会决定是否通过申请，如果通过，银行就放款至用户提供的银行卡中。

067　绑定已经申请成功的信用卡

　　如果用户是通过平台账号的形式登录的，那么需要在账户中绑定已经申请成功的信用卡。

　　只有绑定了信用卡，用户才能够进行相关操作，如查询账单、余额等。

步骤 ① 用户单击动卡空间 APP 主功能界面左上角的按钮，进入隐藏的个人操作界面，如图 4-27 所示。

步骤 ② 在个人操作界面中单击"个人信息"，如图 4-28 所示。

图 4-27　进入隐藏的个人操作界面

图 4-28　单击"个人信息"

💡 专家提醒

　　如果用户没有提前进行绑卡操作，那么在通过手机银行进行额度查询、账单查询等操作时，平台会出现绑卡界面。

　　在绑卡界面，会员还可以看到网上银行的办卡功能，如果是已办卡用户，那么可以直接进行绑定操作。

步骤 ③　在绑卡界面中单击"立即绑定"按钮，如图 4-29 所示。

步骤 ④　在出现的界面中如实填写相关信息，最后单击"绑定持卡人"按钮，如图 4-30 所示。

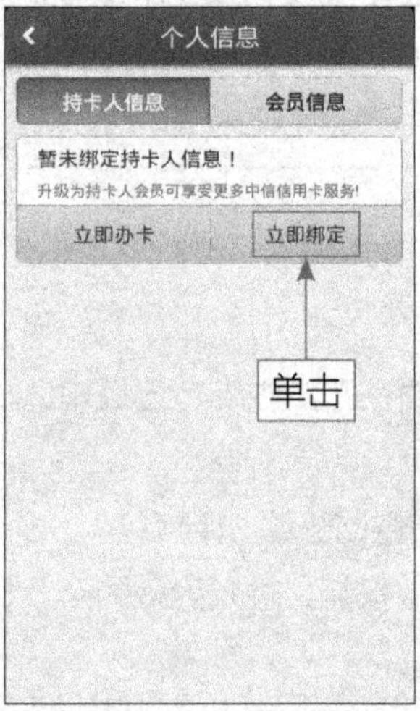

图 4-29　单击"立即绑定"按钮

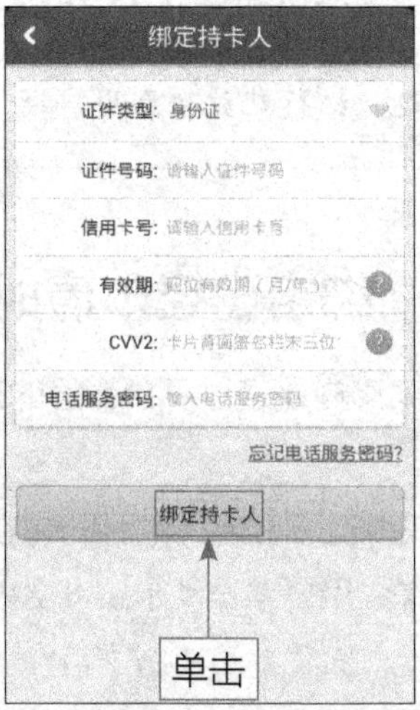

图 4-30　单击"绑定持卡人"按钮

💡 专家提醒

如果相关数据无误，绑定会直接成功，但是根据平台的要求，在用户绑定成功之后，需要注销账户并重新登录后才能够出现持卡人信息记录。如果用户不重新登录，那么平台不会出现持卡人信息，平台会默认为绑定不成功。

068 实现信用卡还款的分期处理

在手机银行上，信用卡还款主要分为账单分期、单笔分期和高额分期 3 种情况，功能入口为主功能界面下方的"办卡分期"。

下面首先分析账单分期的功能，了解账单分期的基本流程。

步骤 1 用户单击"办卡分期"功能中的"账单分期"按钮，进入电话服务密码验证界面，如图 4-31 所示。

步骤 2 用户输入电话服务密码验证完成之后，再输入平台向手机号发送的验证码，在验证码无误的情况下，用户才会进入账单分期的操作界面。图 4-32 为账单分期的操作界面。

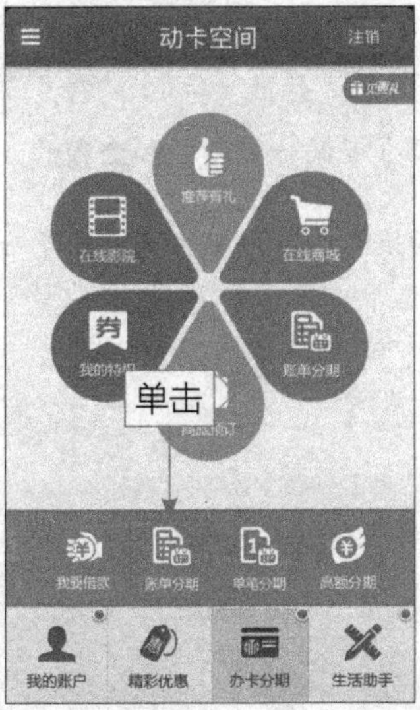

图 4-31 单击"账单分期"按钮

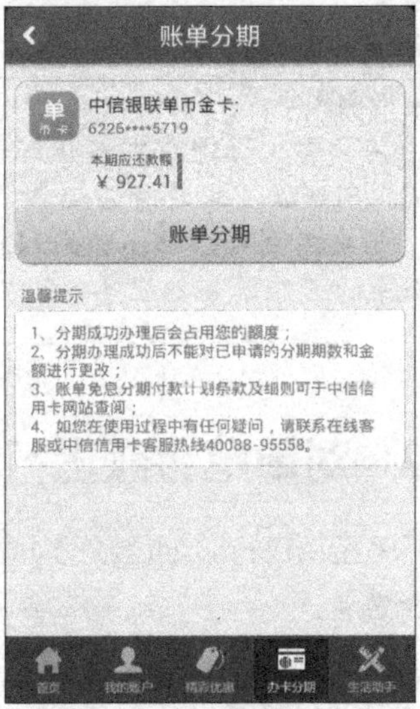

图 4-32 账单分期的操作界面

步骤 3 用户单击界面中的"账单分期"功能，然后进入分期操作的界面，如图 4-33 所示。

步骤 4 用户在该界面中只需要选择期数和勾选《账单分期业务及细则》，然后单击"确定分期"按钮，如图 4-34 所示。

需要注意的是，不同信用卡种类和不同额度的还款额所能够选择的期数是不同的，笔者的信用卡为中信银行的普通金卡。

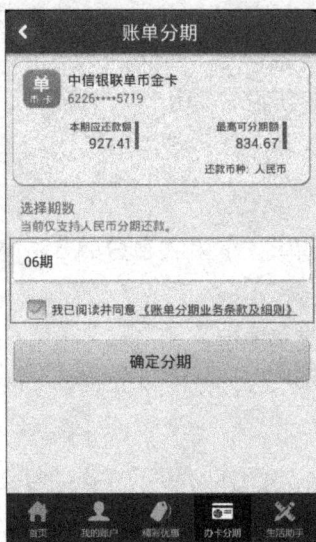

图 4-33　分期操作的界面

图 4-34　单击"确定分期"按钮

> **专家提醒**
>
> 　　用户自主办理分期还款之后，是不能修改已经办理的分期期数和金额的，只能够按照还款要求及时还款。
> 　　如果用户对账单还款的利息和期数有不明白的地方，可以单击查看账单分期界面中的《账单分期业务条款及细则》。

069　对单笔金额进行分期还款

单笔金额进行分期还款的功能，主要适用于用户在用信用卡进行消费时产生大额交易的情况。

> **专家提醒**
>
> 　　根据中信银行的相关规定，持卡人单笔消费金额满100元及以上就可以申请分期还款。
> 　　需要注意的是，还有部分特殊交易是不能申请单笔分期的，需要全额还款。

图 4-35 为单笔分期功能的操作步骤。

图 4-35　单笔分期功能的操作步骤

专家提醒

中信银行信用卡还款的本金规则如下。

分期每期应还本金 = 单笔分期总额 ÷ 分期期数，每期应还本金（精确到分）逐月计入持卡人信用卡账户。如果本金无法直接除尽，那么剩下的余数计入用户还款的首期。分期每期手续费 = 单笔分期总额 × 对应期数的每期手续费率。

070　银行推出的高额分期特色功能

高额分期特色功能与单笔分期的功能完全不同，这是中信银行为特殊用户推出的特殊服务。

用户如果想要使用该功能，需要自主开通，开通之后符合条件的交易会自动按照用户的预约进行分期，无需用户再进行操作。

需要读者注意的是，该功能能够为用户带来超高的可用额度，最高可享用原有卡片额度的 4 倍，如果用户原有额度为 5 万元人民币，那么可享的最高可用额度为 20 万元人民币。

步骤 ①　用户单击"办卡分期"功能中的"高额分期"功能，进入高额分期的申请开通界面。图 4-36 为高额分期的用户操作界面。

步骤 ②　在该界面中单击"申请开通"按钮，进入圆梦金金额的查询界面，如图 4-37 所示。

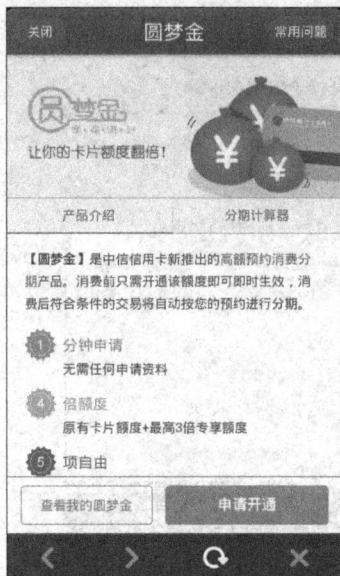

图 4-36　高额分期的用户操作界面

图 4-37　圆梦金金额的查询界面

专家提醒

　　该功能主要是面向中信银行的信用卡高端用户，笔者虽然为信用卡金卡用户，但是仍然无法开通。

　　根据平台提供的资料信息说明，用户使用圆梦金的起始分期金额为单笔最低消费金额，并且只有 2 000 元、5 000 元、10 000 元、20 000 元等选项。

　　用户最高可分 36 期还款，但是要求也较高，用户的信用卡额度至少在 20 000 元或以上。

071　使用手机银行快捷查账还款

　　随着智能手机的日益普及，信用卡用户在信用卡还款时，也可以通过手机银行来快捷完成。

　　下面就以中信银行的手机银行还款为例，介绍使用手机银行进行信用卡还款的相关操作。

步骤 ① 用户单击动卡空间 APP 主功能界面下方导航条中的"我的账户"功能，选择查账后款单击进入，如图 4-38 所示。

步骤 ② 用户在完成验证服务密码的操作之后，会自动进入查账还款的相关界面，如图 4-39 所示。

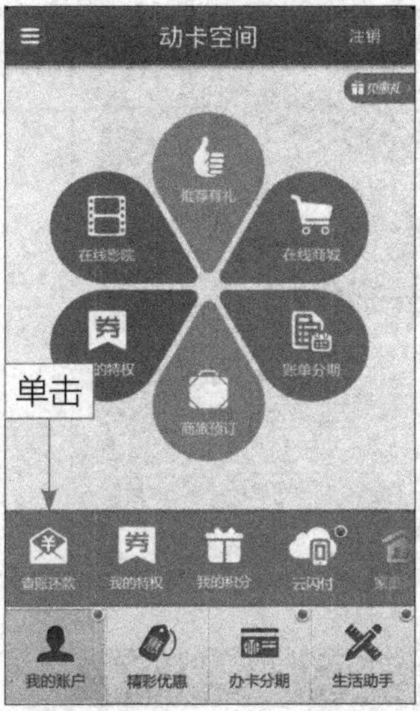

图 4-38 选择查账后还款单击进入

图 4-39 查账还款的用户界面

> **专家提醒**
>
> 　　在中信银行的查账还款功能界面，可以进行还款操作、账单分期操作和查看账单的明细情况。
>
> 　　在查账还款的主功能中，用户还可以看到信用卡的总额度、当前可用额度、本期已还金额、积分、本期应还款额、本期仍需还款金额等细节信息，还可以了解信用卡的每月账单日、到期还款日等内容。

072　在手机银行上使用信用卡积分

　　信用卡积分是指用户通过信用卡消费获得的积分，这类积分能够用来兑换银行的相关服务或者实物产品，帮助用户节省购物资金，善于使用和积累信用卡积分是用卡高手的基本技能。

　　不同银行的信用卡积分积累方式有所不同，以招商银行为例，信用卡用户需要消费 20 元人民币才能够积 1 分，而中信银行的信用卡用户通过普通信用卡消费，每消费 1 元人民币赠送 1 积分。

　　除此之外用户持有金卡、白金卡或以上卡片每消费 1 元人民币赠送 2 积分，部分特殊卡片的积分更多。

　　用户可以在手机银行上快速进入积分查询和使用界面，图 4-40 为用户进行积分兑换的基本流程。

图 4-40　用户进行积分兑换的基本流程

💡 专家提醒

　　根据对中信银行积分商城内物品的估价，中信银行的信用卡积分属于众多银行中性价比较高的，一般情况下 1 万中信银行信用卡积分能兑换大约 10 元人民币的等值商品。

　　在中信银行的积分兑换商城中，除了全额使用积分兑换外，还可以通过一半积分和一半现金的方式来兑换物品。

073　手机银行打造的网上购物优惠

　　手机银行有一个功能是网上银行平台没有的，这就是购物业务。购物业务是指客户将手机信息与信用卡系统绑定后，直接通过手机银行平台进行购物操作，平台会直接提供在线商城。

　　在中信银行的手机银行平台上，用户主要可用的网上购物功能分为 4 个方面，如图 4-41 所示。

图 4-41　用户可选的网上购物功能

在动卡空间 APP 的下方导航条中，用户单击"精彩优惠"按钮，可以直接查看各个购物功能的入口。以在线商城为例，用户单击"在线优惠"按钮进入商城的入口界面。

图 4-42 为用户在商城上操作的相关界面。

图 4-42　用户在商城上操作的相关界面

💡 专家提醒

　　用户通过在线商城可以兑换物品或者优惠券，也可以用信用卡直接购买实物。
　　用户完成购物操作之后，可以在我的订单功能中查看订单的详细信息，包括订单的时间、价格、送货情况等。

074　在手机银行上对手机快速充值

手机充值功能较为常见，在中信银行的手机银行平台上，用户也能够快速对手机进行充值操作，这属于中信银行手机银行中生活服务的一部分。

在动卡空间 APP 上，用户主要是通过手机充值功能给手机充值话费，截至 2016 年 7 月，中信银行尚未开通手机流量包充值等其他充值业务。

在 APP 主功能界面下方的"生活助手"功能中，可以找到手机充值的功能入口。图 4-43 为用户通过手机充值功能给手机充值的相关界面，整个操作较为快捷方便。

图 4-43　用户通过手机充值功能给手机充值的相关界面

💡 专家提醒

　　在平台上，用户只可以选择 50 元、100 元、200 元、300 元和 500 元这 5 种充值金额，平台暂不开放其他不定金额的充值功能。

　　用户如果需要查看充值订单记录，可以单击界面右上角的"充值历史"，查看以往的充值记录。

075　通过平台获得旅游出行服务

　　在动卡空间 APP 平台上，涉及旅游出行服务的功能入口都位于界面下方导航栏的"生活助手"中。

　　中信银行主要为用户提供了 4 个方面的旅游出行服务，如图 4-44 所示。

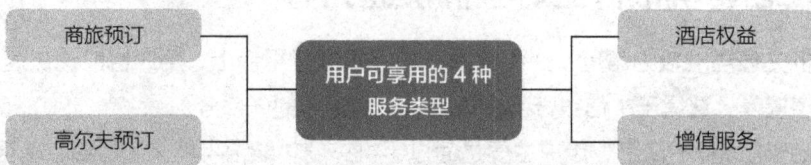

图 4-44　用户可享用的 4 种服务类型

　　下面以商旅预订服务为例，介绍用户操作的基本流程。

步骤 ❶　在"生活助手"中功能中单击"商旅预订"按钮，如图 4-45 所示。

步骤 ② 在商旅预订界面，可以选择机票、酒店、独家、贵宾登机、航班动态、火车票、用车、签证等全方位的功能服务。以机票服务为例，用户单击"机票"按钮，进入机票选择界面，如图 4-46 所示。

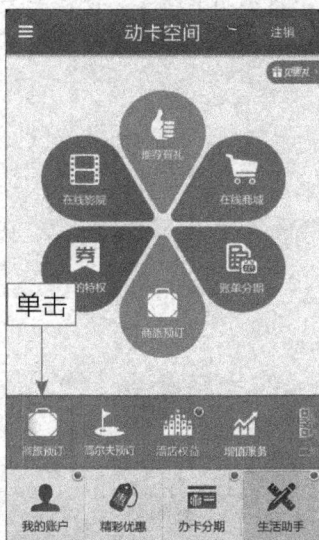

图 4-45 单击"商旅预订"按钮

图 4-46 单击"机票"按钮

步骤 ③ 在出现的界面中单击"携程机票"按钮，如图 4-47 所示。

步骤 ④ 在携程机票的功能界面，可以根据需求输入起飞地和目的地、设置时间等，按照步骤操作即可。图 4-48 为携程机票的用户操作界面。

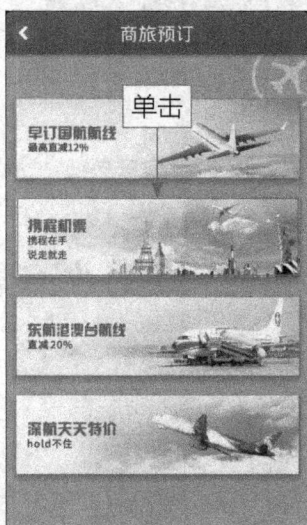

图 4-47 单击"携程机票"按钮

图 4-48 携程机票的用户操作界面

💡 专家提醒

在中信银行的手机银行上，这类旅游出行的服务并不属于平台自主提供的，而是由平台与第三方平台合作，为用户提供的在线预订平台，用户通过手机银行可以快速获得服务，而第三方平台与中信银行都能够得到用户流量，这属于三方共赢的营销思路。

076 平台提供的短信银行特色服务

短信银行是客户通过手机短信发送相关信息，来办理个人银行业务的一个平台。图 4-49 为短信银行的用户操作流程。

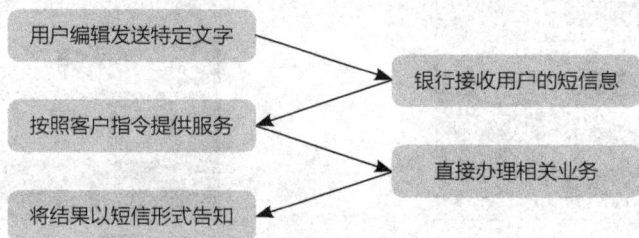

图 4-49 短信银行的用户操作流程

在中信银行的手机银行上，短信银行功能位于个人管理界面。图 4-50 为进入短信银行功能界面的步骤。

图 4-50 进入短信银行功能界面的步骤

　　短信银行服务主要是为用户提供便捷的服务短信，不需要用户再自主编辑，只需在平台上直接选择需要的服务即可。

　　用户选择服务后，界面会自动跳转至手机短信发送界面，用户只需单击"发送"按钮，银行就会将相关信息立刻反馈过来。

077　数字信用卡实现的无卡支付

　　信用卡的好处在于支付便利，用户只需要通过信用卡的卡面信息就可以快速完成支付过程。下面简单分析信用卡的卡面信息，图4-51为信用卡正面信息与背面信息的图解认识。

图4-51　信用卡正面信息与背面信息的图解认识

　　在网络上通过信用卡支付时，信用卡就从实体转化为数字，只要用户有卡号、有效期以及安全码，就能够快速支付。这种无卡支付的方式拓展了大众的消费渠道和方式，促进了市场经济的发展。

> 在信用卡使用过程中，最为重要的就是信用卡的安全码，信用卡安全码是信用卡在进行网络交易时的一个特色数字，主要用于证实付款人进行交易时是拥有该信用卡的，从而防止信用卡欺诈出现。用户在平时持卡时一定要注意安全码不要被别人掌握，以免资金损失。

078　方便快捷的手机 WAP 银行

虽然大部分用户习惯使用手机银行 APP 处理事务，但是当用户需要在手机上紧急处理信用卡事务，但是又无法直接下载手机银行时，用户就可以通过手机 WAP 银行来进行快捷操作。

WAP 网站的设计非常简单，但是相关功能较为全面，大部分银行都创建有 WAP 银行。下面以中信银行信用卡移动官网为例，对手机 WAP 银行的基本功能进行分析和认识。

用户打开手机上已有的浏览器，然后在浏览器的网址输入框中输入中信银行信用卡移动官网网址（http://creditcard.ecitic.com/h5/），即可打开手机 WAP 银行的用户操作界面。

图 4-52 为中信银行信用卡移动官网的主功能界面。

图 4-52　中信银行信用卡移动官网的主功能界面

在主功能界面上，用户可以直接找到相关功能单击进入。如果用户需要了解整个平台上的所有功能，那么需要进入手机 WAP 银行的服务大厅。在主功能界面中单击右上角的按钮，界面跳转至服务大厅。

图 4-53 为服务大厅平台上提供的 3 个类型的功能，分别为卡片、优惠与服务。

图 4-53　服务大厅平台上提供的 3 个类型的功能

卡片功能能够提供申请信用卡、推荐办卡、进度查询、开卡、申请附属卡、办卡活动、i 白金卡、淘宝 V 卡等服务；优惠功能提供 9 分享兑、旅游出境、薅羊毛（积分积累）、积分兑换、分期借款、36+1 全运动、优惠商旅等服务；服务功能提供查账还款、官方 APP 下载、我要借款、我要分期、我的活动、资料修改、周边网点等服务。

用户需要进行哪项功能的操作，直接在手机 WAP 银行的服务大厅中找到该功能入口，然后单击进入该功能平台，按照平台的提示进行操作即可，相关流程与手机银行 APP 基本一致。

💡 专家提醒

　　用户需要使用证件号码及服务密码在手机 WAP 银行上登录，无法直接注册账户登录。证件号码的类型主要有 4 种，分别是身份证、护照、军官证和通行证。
　　与手机银行相比，手机 WAP 银行在功能上同样包含了信用卡的基本功能，虽然全面性不及手机银行，不过手机 WAP 银行具备部分特色功能。

第 5 章

51 信用卡管家，APP 一键搞定

学前提示

在现代化生活中，每个人拥有的信用卡越来越多，这也意味着用户管理信用卡所需的时间也越来越多，每一张信用卡的还款日、账单日都有所不同，如果用户遗忘了还款，就会出现不良信用记录，而且银行会直接从信用卡中扣除部分利息。

要点展示

》 快速管卡，功能一步到位
》 新人有礼，平台直送现金
》 便捷操作，打造简单流程
》 功能全面，实现一站式服务

079 3 个信用卡管理平台的对比

在国内的 APP 平台上，主要有 3 个信用卡管理平台深受大众喜爱，并且每个平台都聚集了一批忠实的用户。下面对这 3 个信用卡管理平台进行分析，了解不同平台的相关功能。

1. 51 信用卡管家

51 信用卡管家打造的是智能化管理模式，以高效、简便、实用、安全为平台特色。其功能较为全面，如图 5-1 为 51 信用卡管家的功能类型。

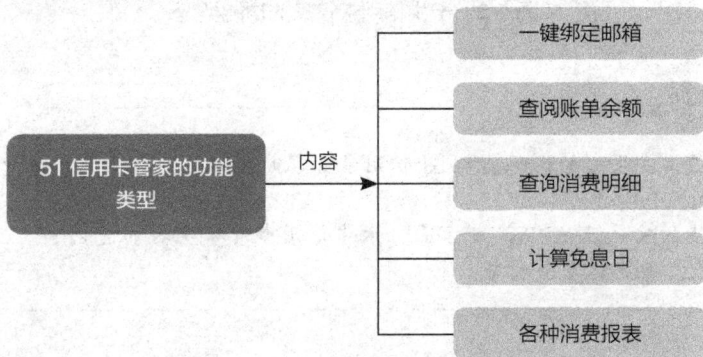

图 5-1　51 信用卡管家的功能类型

> **专家提醒**
>
> 在同类型的信用卡管理平台中，51 信用卡管家的用户数量较突出，而且平台提供给用户的增值服务比较丰富。
>
> 对于用户而言，平台非常实用，能够直接帮助用户快速管理信用卡，这就切合了信用卡用户的直接需求。

2. 卡牛信用卡管家

卡牛信用卡管家在 2012 年 5 月正式上线，其发展速度非常快，在短时间内用户数量就超过了其他同类型的信用卡平台。

在功能上，卡牛信用卡管家同样以智能化为特色，提供个人信用卡管理服务，帮助用户随时管理银行卡的账户资产信息。在用户的认可下，平台能够自动解析银行的短信，并将信息记录入用户的 APP 中。

根据官网的资料显示，卡牛信用卡管家是同时通过中国金融认证中心安全认证和中国人民银行软件中心认证的专业型信用卡管理平台。图 5-2 为卡牛信用卡管家的功能类型。

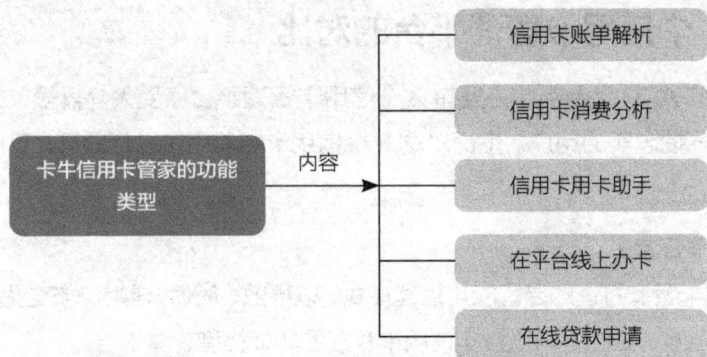

图 5-2　卡牛信用卡管家的功能类型

💡 专家提醒

　　卡牛信用卡管家的影响力与 51 信用卡管家大致相同，市场用户数量占有份额也基本一致。

　　在具体的功能及 APP 设计方面，卡牛信用卡管家主打功能创新型，而 51 信用卡管家主打功能稳定全面型。

3. 挖财信用卡管家

　　在信用卡管理平台领域，挖财信用卡管家在普通用户数量和核心用户数量上都与其他平台存在一定差距。从自身功能而言，挖财信用卡管家属于中规中矩的平台，普通功能不够全面，特色功能不够突出。

　　根据平台的官方信息，挖财信用卡管家属于专注于信用卡集成管理的平台。在登录方式上，挖财信用卡管家主要提供邮箱登录，登录方式较为单一。图 5-3 为挖财信用卡管家的功能类型。

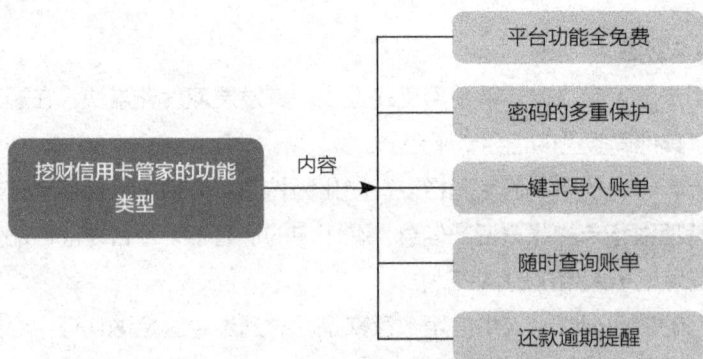

图 5-3　挖财信用卡管家的功能类型

挖财信用卡管家平台能够在信用卡管理平台中占据一席之地，主要原因在于其具备了基本的信用卡管理平台，功能上虽然比较简单，但都是实用性较强的。

以地图导航为例，挖财信用卡管家平台全面搜罗各家银行的网点和 ATM，并且在 APP 上直接向用户展示其位置及距离，便于用户线下办理业务。

080 注册与登录 51 信用卡管家

51 信用卡管家属于 APP，用户在 360 手机助手及其他手机助手平台上可以直接下载，与手机银行 APP 的下载方式完全一致，下面介绍用户注册和登录 51 信用卡管家的流程。

步骤 ① 打开 51 信用卡管家 APP 后，直接单击界面中的"注册"按钮，如图 5-4 所示。

步骤 ② 在注册界面，输入手机号码并且单击"获取验证码"按钮，如图 5-5 所示。验证码发送至用户手机后，输入该验证码，并单击"下一步"按钮。

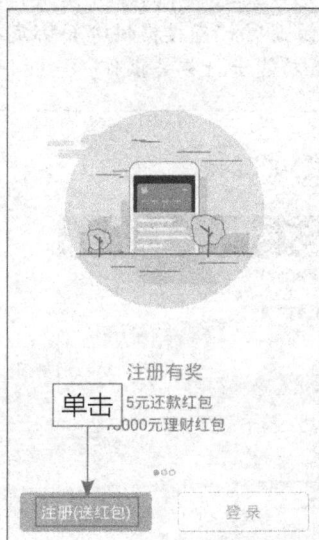

图 5-4 单击界面中的"注册"按钮

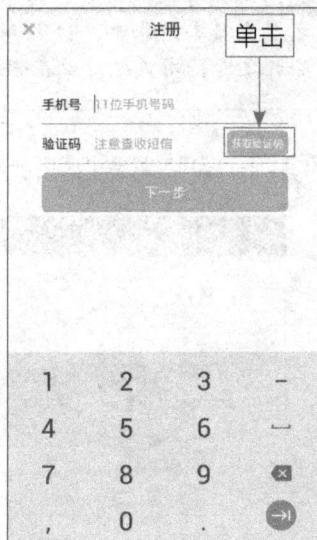

图 5-5 单击"获取验证码"按钮

步骤 ③ 完成上述操作后会进入密码设置界面，设置完密码后平台会自动打开添加邮箱界面，如图 5-6 所示。

步骤 ④ 用户单击任意邮箱，平台跳转至该邮箱的登录界面，如图 5-7 所示。

图 5-6　添加邮箱界面 　　　　　　　　　图 5-7　邮箱的登录界面

> **专家提醒**
>
> 　　通过邮箱导入账单是信用卡管理平台的核心导入方式之一，为了方便用户在登录之后直接查看账单，51信用卡管家平台在用户注册时就直接提供邮箱绑定功能。除此之外，用户也可以在登录之后找到邮箱导入功能进行相关操作。

步骤 ⑤ 平台自动搜索并直接展示账单的信息，如图 5-8 所示。

图 5-8　平台自动搜索并直接展示账单的信息

💡 专家提醒

　　用户导入邮箱之后，可以直接进入用户的管理界面，用户不需要再次登录。
　　如果用户后期进行登录操作，可以使用注册的手机号码登录，也可以使用微信、QQ、微博或邮箱等第三方账号进行登录。

081　新人有礼，领取还款金红包

　　51 信用卡管家平台长期开展新人有礼活动，主要是让用户熟悉并使用平台进行还款操作。用户注册并登录之后，单击界面下方导航条中的"我"，进入个人中心，然后单击"我的红包"按钮就可以看到还款金礼包。

　　图 5-9 为用户查看还款金礼包的相关流程。

图 5-9　用户查看还款金礼包的相关流程

💡 专家提醒

　　当用户使用平台提供的"人品宝还款"功能还款时，可以用到还款金，并且还款金是自动使用的，只需用户还款的金额大于还款金即可。
　　需要注意的是，平台赠送的还款金不可再赠送给其他人，金额不可提现，而且只在有效期内可用，过期作废。根据平台要求，每个用户每个月最多可以使用5 张。

下面介绍快速使用还款金，这也是用户通过51信用卡管家进行还款的基本步骤。

步骤 ① 用户单击还款金礼包界面中还款金后的"去使用"按钮，进入使用界面。图5-10为使用还款金的用户操作界面。

步骤 ② 选择需要还款的信用卡，单击该信用卡后的"立即还款"按钮，进入还款界面。新手用户需要开户人品宝才能够通过人品宝还款，在开户界面中输入真实姓名、身份证号，单击"提交"按钮，如图5-11所示。

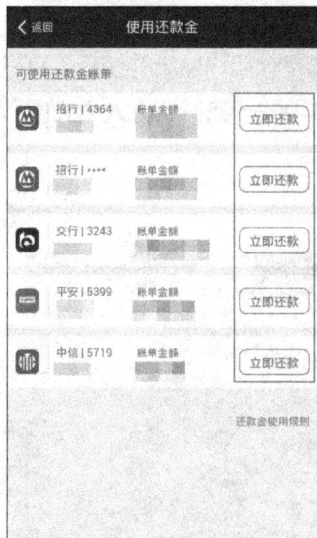

图5-10　使用还款金的用户操作界面

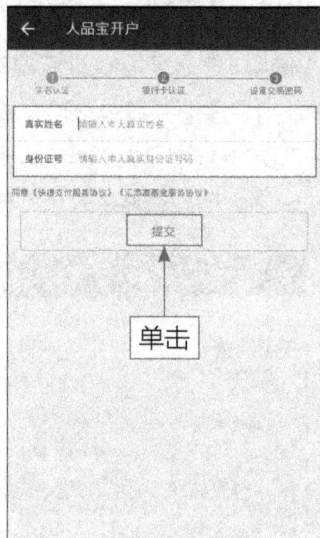

图5-11　单击"提交"按钮

专家提醒

人品宝开户需要经过3个步骤，分别是实名认证、银行卡认证和设置交易密码，其中实名认证的要求较低，用户只需要输入真实的姓名和正确的身份证号码即可。

逐一完成相关的操作，即可成功开户，开户之后可以使用人品宝平台快速进行还款操作，如果用户没有开户，将无法通过51信用卡管家便捷还款。

步骤 ③ 完成实名认证后，进入银行卡认证界面，在该界面中输入银行卡号、开卡地以及在银行预留的手机号码，单击"下一步"按钮，如图5-12所示。

步骤 ④ 需要注意的是，用户单击"下一步"按钮之后，系统会向用户预留的手机号码发送验证码，用户需要在出现的界面中输入正确的验证码才能进入到下一个步骤。在设置交易密码界面，输入交易密码并确认，单击"完成"

按钮即可，如图 5-13 所示。

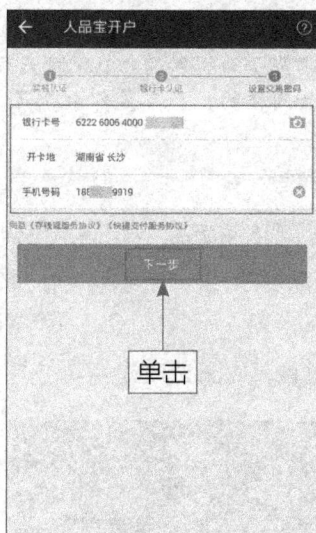

图 5-12　单击"下一步"按钮

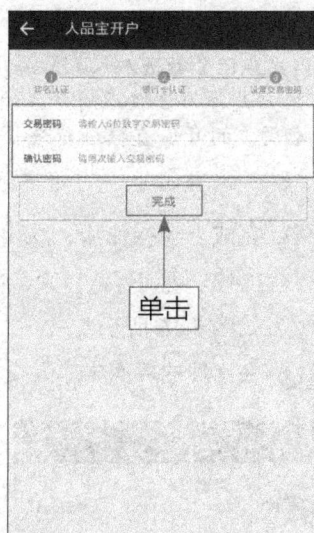

图 5-13　单击"完成"按钮

步骤 ⑤ 完成开户之后，用户首先需要向人品宝中充值资金才能够用资金还款。在使用还款金的用户操作界面，单击"立即还款"按钮，再单击"人品宝余额不足，请去充值"按钮，如图 5-14 所示。

步骤 ⑥ 按照界面的提示信息充值资金，单击"充值"按钮，如图 5-15 所示。

图 5-14　单击"人品宝余额不足，请去充值"按钮

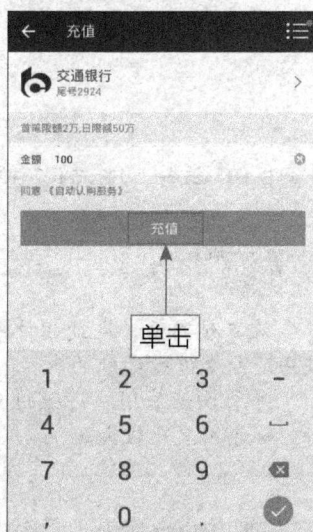

图 5-15　单击"充值"按钮

> **专家提醒**
>
> 在充值界面，用户需要注意《自动认购服务》，在该协议中，有明确的条款显示，用户充值金额进入人品宝并不是存入资金，而是购买平台提供的P2P理财产品。
>
> 用户是作为该款理财产品的投资者身份进行资金周转的，而不是作为51信用卡管家用户的身份直接进行还款操作。

步骤 7 完成上述操作后，在出现的界面中输入支付密码和手机验证码，完成充值操作。回到还款界面，输入信用卡卡号及还款金额，单击"实际支付"按钮，如图5-16所示。

步骤 8 在出现的界面中输入交易密码，完成交易过程，如图5-17所示。

图5-16　单击"实际支付"按钮

图5-17　输入交易密码

> **专家提醒**
>
> 在充值界面，即使用户充值的金额仅仅超过可用还款金的0.01元，也是可以使用还款金进行还款的。
>
> 平台向新手用户赠送的15元人民币还款金可以直接使用，没有其他的限制条件，优惠力度比较大。

步骤 9 用户完成上述操作后，界面会显示还款结果，主要分为3个过程，分别是提交成功、银行处理中和汇款成功，在界面中还可以查看付款明细，其中还款金10元人民币为平台免费赠送，如图5-18所示。

步骤 ⑩ 用户还款成功之后，银行的信用卡平台会自动发送短信至用户的手机中，如图 5-19 所示。

图 5-18　还款结果界面

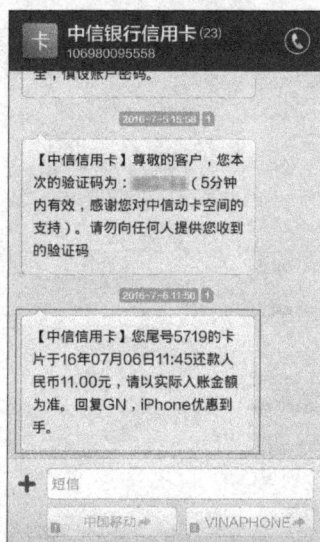

图 5-19　银行的信用卡平台自动发送的短信

> **专家提醒**
>
> 　　还款金礼包不仅新用户可以获得，老用户也可以通过多种渠道获得还款金礼包。
> 　　比如参与平台推出的活动获得礼包，或者邀请好友获得礼包。人际关系较为优质的用户可以通过邀请好友最多获得 75 元人民币的还款金礼包，并且在进行还款时，可以叠加使用还款金。

082　邀请好友送佣金，赚取现金奖励

　　邀请好友是大部分平台为了吸引用户而推出的功能，主要是让已有的用户主动邀请自己的好友来下载 APP。51 信用卡管家平台提供了两种邀请方式，分别是分享邀请和直接邀请。

　　分享邀请是指用户无需邀请到好友下载 APP，只需要将该活动信息分享出去即可，平台提供的分享方式主要有微信好友、微信朋友圈、微博和 QQ 空间。下面介绍分享邀请的步骤。

步骤 ① 从 51 信用卡管家的主功能界面中进入"我"功能，单击界面中的"邀请好友"按钮，如图 5-20 所示。

步骤 ② 在邀请界面中，用户单击"邀请好友"按钮，如图 5-21 所示。无论是直接邀请单个的好友还是分享邀请，都是从该入口进入。

图 5-20　单击界面中的"邀请好友"按钮

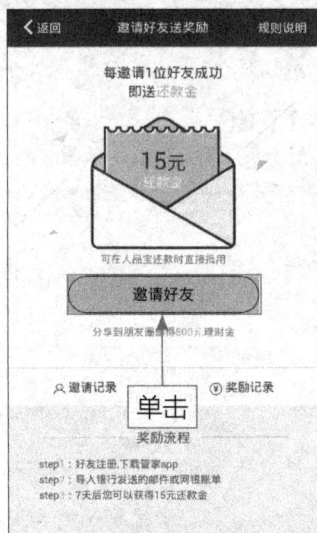

图 5-21　单击"邀请好友"按钮

步骤 ③ 在出现的界面中选择分享的方式，以微信好友为例，用户单击"微信"图标，如图 5-22 所示。

步骤 ④ 用户界面会自动跳转至微信的选择界面，如果用户没有微信则需要先下载，用户单击任意微信好友头像，如图 5-23 所示。

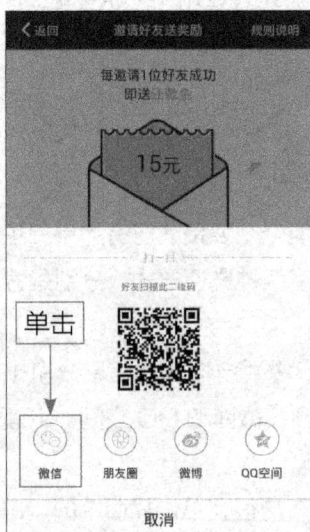

图 5-22　单击"微信"图标

图 5-23　单击任意微信好友头像

> 💡 **专家提醒**
>
> 邀请好友通过手机号码注册管家之后，好友可以获得 18 000 元的理财金和 10 元的还款金，而邀请者也可以获得 15 元还款金，但是被邀请的好友导入银行账单后的 7 天才会到账，好友导入账单的操作最迟不能超过 1 个月，不然双方都无法获得奖励。

步骤 ⑤ 选定好友之后，界面会出现分享的信息内容，单击"分享"按钮，如图 5-24 所示。

步骤 ⑥ 完成上述操作之后，界面显示已发送，如图 5-25 所示。用户可以返回 51 信用卡管家平台，也可以选择留在微信平台。

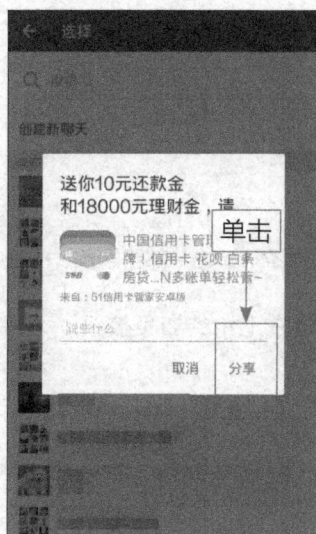

图 5-24　单击"分享"按钮

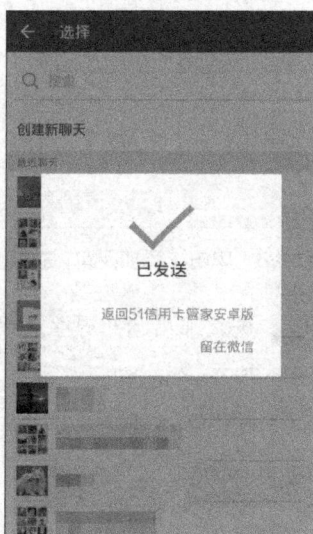

图 5-25　界面会显示已发送

> 💡 **专家提醒**
>
> 用户直接邀请好友的方式，就是在选择分享的方式界面中，让好友直接扫描二维码，然后通过二维码下载 51 信用卡管家 APP，最后注册账户并导入银行的账单。
>
> 被邀请的好友导入的银行账单必须是 2 个月以内的，超过 2 个月的账单为无效账单，不享受邀请奖励。

083　绑定邮箱，导入信用卡账单

绑定邮箱导入账单是用户在第一次注册时就会完成的操作，下面主要介绍用户添加其他邮箱导入账单的方式及步骤。

步骤 ① 在个人管理中心单击"添加账单"按钮，如图 5-26 所示。

步骤 ② 在出现的界面中单击"邮箱导入"按钮，如图 5-27 所示。

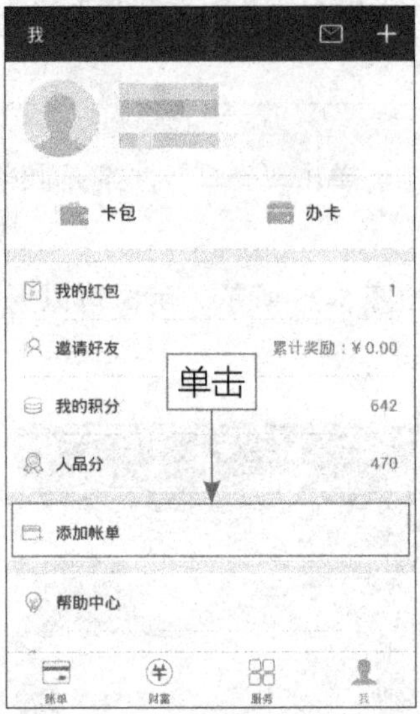

图 5-26　单击"添加账单"按钮

图 5-27　单击"邮箱导入"按钮

步骤 ③ 进入邮箱选择界面之后，在界面中直接单击右上角的加号按钮，如图 5-28 所示。

步骤 ④ 在出现的界面中选择需要添加的邮箱，如图 5-29 所示。

图 5-28　单击右上角的加号按钮

图 5-29　选择需要添加的邮箱

💡 专家提醒

　　进入添加邮箱界面之后，用户的相关操作与注册时绑定邮箱的操作完全一致。

　　在邮箱选择界面中，可以看到已经绑定的账户，如果需要删除已绑定的邮箱，直接用手指在邮箱上左划即可快速删除。

084　从网银快速导入信用卡账单

　　除了通过邮箱导入账单，还可以通过 51 信用卡管家平台直接从网银快速导入信用卡账单。下面以导入招商银行的信用卡账单为例，介绍导入的操作步骤。

步骤 ① 在导入账单界面中单击"网银导入"按钮，如图 5-30 所示。

步骤 ② 在出现的界面中单击"招商银行"按钮，如图 5-31 所示。

图 5-30　单击"网银导入"按钮　　　　图 5-31　单击"招商银行"按钮

💡 专家提醒

　　网银是网上银行的简称，不同银行的网银平台在内容、功能与形式上都有所不同。

　　51 信用卡管家平台提供了数十个银行的网银导入入口，几乎能满足用户所有信用卡账单管理的需求。

步骤 ③ 导入招商银行的信用卡账单首先需要登录，登录可以通过 3 种形式，图 5-32 为招商银行网银的 3 种登录界面。

图 5-32　招商银行网银的 3 种登录界面

步骤 ④ 以信用卡登录为例，在界面中输入身份证号码与查询密码后单击"提交"按钮。平台会自动登录并同步账单，如图 5-33 所示。

步骤 ⑤ 等待大概 30 秒之后，平台完成自动导入账单操作，出现导入成功的提示，用户单击"确定"按钮，如图 5-34 所示。

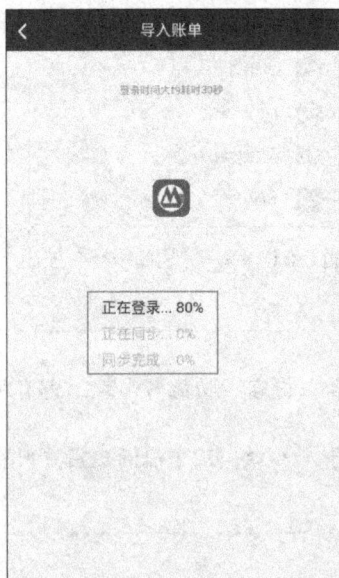

图 5-33　平台自动登录并同步账单

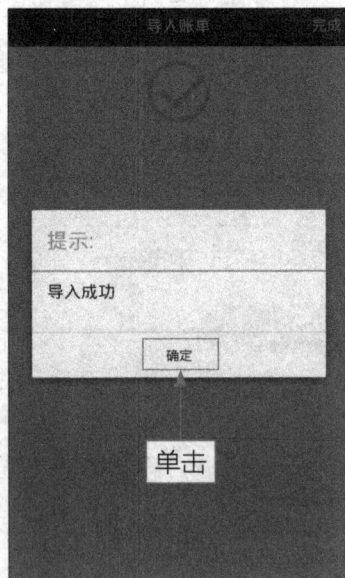

图 5-34　单击"确定"按钮

> 💡 **专家提醒**
>
> 为了方便用户操作，无论用户使用哪种方式登录，51信用卡管家平台都会自动导入账单，不需要用户进行额外的操作。
>
> 如果网银平台上的账单是已经通过其他方式导入的，那么账单情况不变。如果之前没有导入，那么账单会显示在 APP 的账单界面。

085　通过平台功能导入其他常用账单

除了信用卡账单外，平台还可以帮助用户管理其他的常用账单，只需要导入第三方平台的账单即可。

图 5-35 为 51 信用卡管家平台支持的第三方账单。

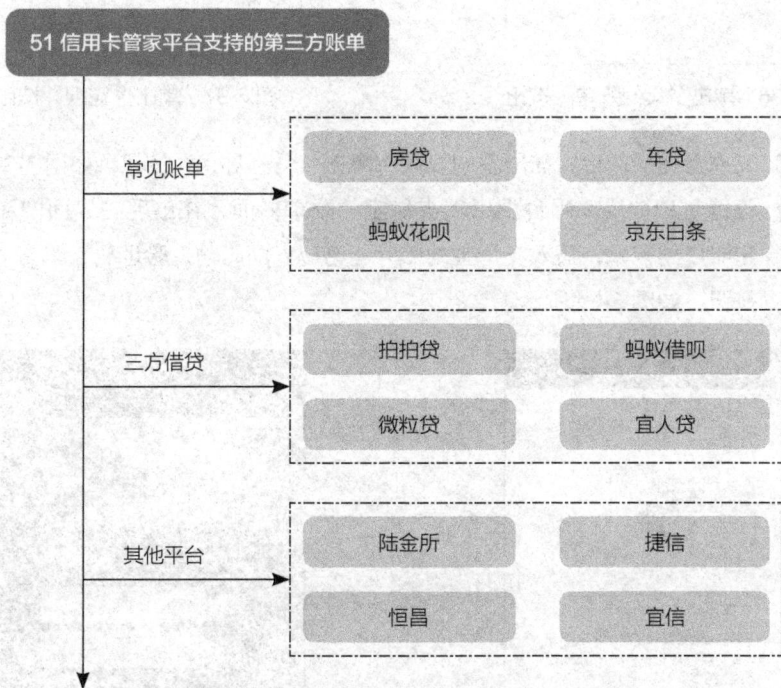

图 5-35　51 信用卡管家平台支持的第三方账单

用户可以根据个人需求导入相关账单，下面以支付宝的蚂蚁花呗为例，介绍导入流程。蚂蚁花呗是支付宝平台推出的特色功能，部分支付宝用户在支付宝 APP 上可以直接使用。

步骤 ① 在导入账单界面中单击"其他账单"按钮，如图 5-36 所示。

步骤 ② 在出现的界面中单击"花呗"按钮，如图 5-37 所示。

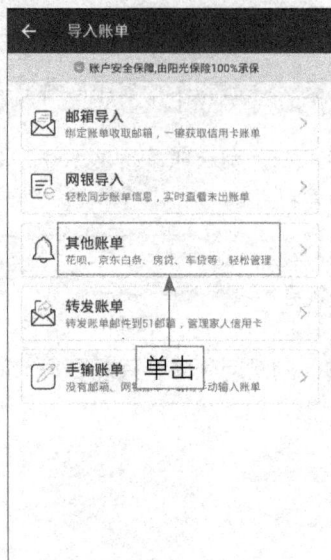

图 5-36 单击"其他账单"按钮

图 5-37 单击"花呗"按钮

步骤 ③ 完成上述操作后，在出现的界面中单击"马上导入"按钮，如图 5-38 所示。

步骤 ④ 等待几秒钟后，平台上出现支付宝的登录界面，在出现的界面中完成支付宝账户的登录，输入支付宝的账号与密码，同时输入验证码，单击"登录"按钮，如图 5-39 所示。

图 5-38 单击"马上导入"按钮

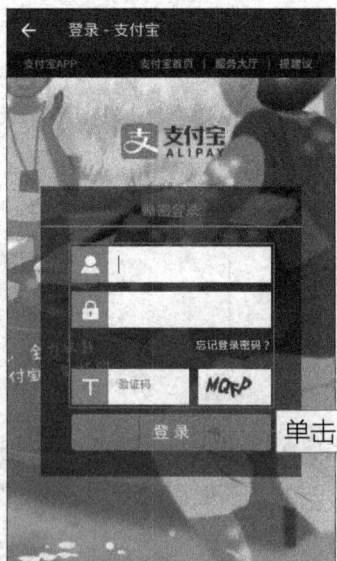

图 5-39 单击"登录"按钮

步骤 ⑤ 界面跳转至支付宝平台的手机号码验证界面，在该界面中，输入手机收到的验证码，单击"下一步"按钮，如图 5-40 所示。

步骤 ⑥ 登录成功之后，平台自动同步账单，如图 5-41 所示。

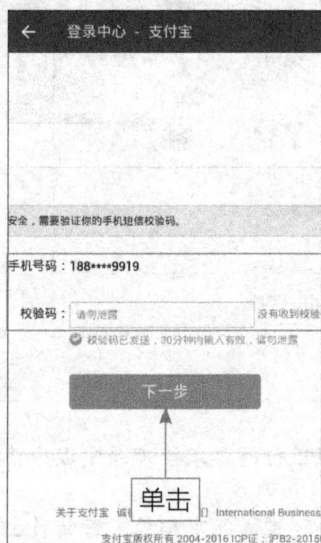

图 5-40　单击"下一步"按钮

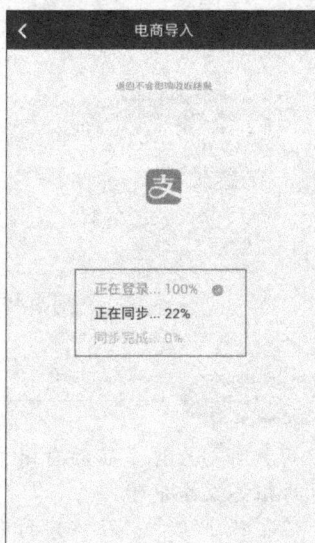

图 5-41　平台自动同步账单

086　通过 APP 在线快速办卡

　　用户可以直接在 APP 上快速办卡，与 51 信用卡管家有业务合作的银行有中国民生银行、兴业银行、交通银行、浦发银行、花旗银行、中国光大银行、招商银行以及中信银行。在主功能界面的下方导航条中单击"财富"按钮，在出现的界面中单击"办卡"按钮，可以进入 APP 的在线办卡操作界面。

图 5-42 为进入在线办卡功能的步骤。

图 5-42　进入在线办卡功能的步骤

💡 专家提醒

　　用户可以在办卡界面自由选择各大银行，按照银行的要求按步骤完成申请信用卡的相关操作即可。

　　除了线上办卡，在该界面中还可以预约营销员，完成线下预约，营销员上门服务。

　　除此之外，还可以单击"办卡进度查询"按钮，查询已经提交信用卡申请的卡片的办理进度。

087　轻松绑定信用卡与储蓄卡

　　51 信用卡管家平台作为专业的信用卡管理 APP，用户可以将所有的信用卡与储蓄卡都绑定在平台的账户上，便于快速管理，比如通过储蓄卡对信用卡账单进行还款操作等。

　　在个人中心界面上单击"卡包"按钮，进入卡片绑定界面。图 5-43 为信用卡的绑定界面与储蓄卡的绑定界面，用户单击界面右上角的加号按钮，即可进入添加界面。

图 5-43　信用卡的绑定界面与储蓄卡的绑定界面

　　用户单击界面右上角的加号按钮后，按照平台的步骤提示即可完成绑定操作。图 5-44 为添加卡片的相关步骤。

图 5-44　添加卡片的相关步骤

💡 专家提醒

　　用户通过该功能绑定信用卡之后，可以在卡包中对卡片进行进一步管理，如拍照识别、授权网银、补全卡号等。

　　除此之外，还可以进行编辑卡片信息、删除卡片、复制卡片信息、联系银行以及问题反馈等操作。

088 转发邮件账单，管理家人信用卡

在账单方面，51 信用卡管家平台提供了转发账单功能，主要是由用户转发账单之后，平台自动识别并将账单信息添加至用户账单中。

图 5-45 为转发邮件账单的操作步骤。

图 5-45 转发邮件账单的操作步骤

> 💡 专家提醒
>
> 账单转发的接收邮箱是平台根据用户的 ID 自动匹配的，每个用户只有一个对应的智能化邮箱。
>
> 通过该功能导入其他人的信用卡账单，会在用户的账单中心上自动显示账单的相关信息，无需额外绑定信用卡。

089 手动输入账单，养成记账好习惯

对于既没有邮箱接收账单，又没有网银账单的新手用户，51 信用卡管家平台还提供最后一种账单导入模式，这就是手动输入账单。

手动输入账单需要用户自主输入信用卡号的后 4 位，选择银行，输入姓名、账单日、还款日、信用卡额度以及账单金额等信息。完成输入之后，在界面中直接单击"确定"按钮即可。

图 5-46 为手动输入账单的操作步骤。

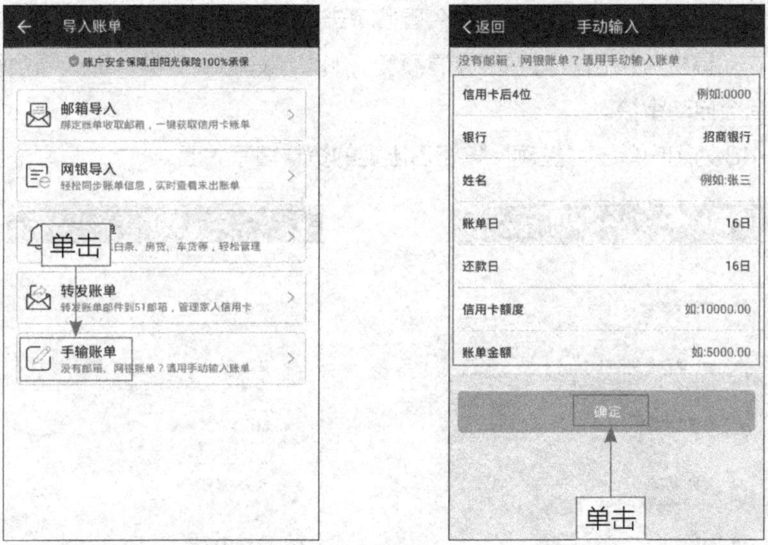

图 5-46　手动输入账单的操作步骤

090　51 人品贷，极速在线贷款

51 人品贷是 51 信用卡管家平台针对用户推出的贷款功能，贷款的下发速度非常快，适合于紧急用钱的用户使用。

在 51 信用卡管家平台的主功能界面下方导航条中，单击"财富"按钮，可以找到人品贷的功能入口。图 5-47 为用户进入贷款界面的操作步骤。

图 5-47　用户进入贷款界面的操作步骤

如果用户已有人品贷的额度，那么直接单击"申请借款"按钮即可，如果没有，就需要单击"提额"按钮，向平台申请额度。如果用户想要提额，那么需要补全申请资料，平台会自动审核。

图 5-48 为用户单击"提额"按钮后出现的资料填写界面。

图 5-48　用户单击"提额"按钮后出现的资料填写界面

💡 专家提醒

　　51 信用卡管家平台会根据用户提写的资料来考虑给用户的额度，最高可直接获得 10 万元额度。

　　需要注意的是，人品贷不支持任意额度申请，最低的额度申请为 1 万元人民币，最高额度申请依据用户已有额度而定。

091　大数据分析授信的其他贷款平台

在用户的"财富"界面，还可以单击界面下方的"其他贷款"按钮，查看其他贷款平台。

截至 2016 年 7 月，51 信用卡管家平台向用户开放提供贷款入口的平台主要分为 3 种类型，分别是瞬时贷、贷款搜索以及消费贷款。其中瞬时贷的速度最快，一天内就可以到账，最高额度为 10 万元。贷款搜索主要提供上百种贷款服务，便于用户自由选择。消费贷款则是用户通过贷款进行消费，不同平台提供的贷款额度有所不同。

下面以瞬时贷为例，了解用户贷款的基本步骤。用户在其他贷款界面中单击"瞬时贷"按钮，进入瞬时贷的操作界面。然后单击"立即尝试"按钮，平台自动计算用户的各方面信息，直接给出可贷款额度，不需要用户进行其他操作。图 5-49 为进入瞬时贷功能的相关操作。

图 5-49　进入瞬时贷功能的相关操作

💡 **专家提醒**

　　笔者之前未曾用过瞬时贷，在单击"立即尝试"按钮之后，平台自动分析笔者的资料，在这个过程中不需要填写资料、不需要抵押、不需要审核，平台直接给了笔者 4 万元人民币的借款额度，这是笔者信用卡的最高额度，而整个过程只有 5 秒钟时间。

092　银行服务，一个 APP 轻松搞定

　　作为与银行有着密切关系的 APP 平台，为用户提供银行服务也属于正常的基本功能。单击主界面下方导航条中的"服务"按钮，可以进入服务功能界面。

　　在服务功能界面中单击"银行服务"按钮，进入银行服务的功能操作界面，界面中显示两种银行，第一种是"我的银行"，用户绑定信用卡和储蓄卡的银行会归类在这部分，第二种是"其他银行"，包括所有其他与 51 信用卡管家有业务合作的银行。

　　图 5-50 为用户进入招商银行服务界面的步骤。

图 5-50　用户进入招商银行服务界面的步骤

> **专家提醒**
>
> 以招商银行为例，用户可以在银行的服务功能界面中找到联系银行的所有方式。
>
> 该界面中基本服务功能包括银行客服热线、信用卡客服热线、境外服务热线，特殊服务功能包括金葵花贵宾热线、钻石贵宾热线、私人银行专线、企业年金服务热线。
>
> 除此之外，还可以使用短信银行的服务功能，包括短信查询账单、短信查询可用额度、短信查询积分等。

093　卡友社区，解答用卡疑惑

卡友社区是 51 信用卡管家推出的线上社交型平台，也是用户提问和回答用户提问的平台。

卡友社区与其他线上社交平台或者百度知道等搜索平台的不同之外，在于其结合了两者的优势。

首先是用户可以通过搜索关键词来寻找相关问题与回答，其次是平台提供了问题分类功能，用户可以直接在分类中寻找想要获得的信息，还可以快速发起提问和回答其他用户的问题。

图 5-51 为卡友社区的部分用户操作界面。

图 5-51　卡友社区的部分用户操作界面

094　51 福利社，轻松享受优惠

　　51 福利社的功能入口位于服务功能界面中，主要提供关于信用卡的优惠活动，不需要用户在各个银行平台上分别查询。

　　图 5-52 为 51 福利社的用户操作界面。

图 5-52　51 福利社的用户操作界面

平台提供的信用卡优惠类型非常多，用户可以用手指滑动界面上方的导航条查看。图 5-53 为 51 福利社提供的部分优惠活动类型。

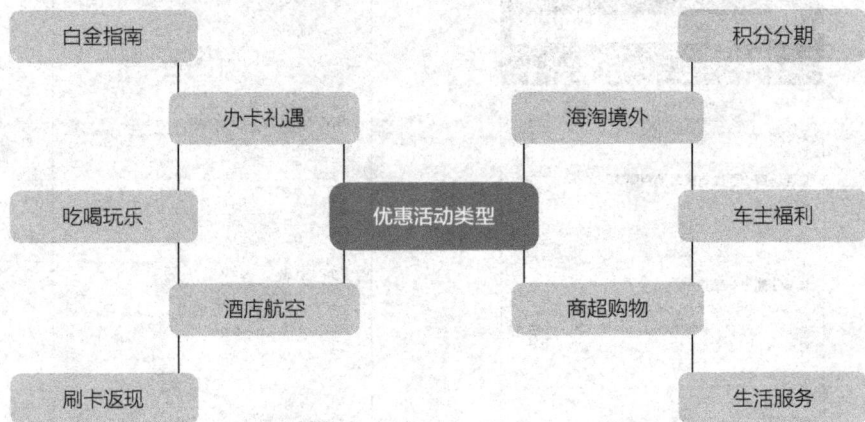

图 5-53　51 福利社提供的部分优惠活动类型

> **专家提醒**
>
> 　　该平台不仅展现与 51 信用卡管家有业务合作的银行的活动信息，其他银行的活动信息也会出现，只要是符合用户需求的优惠活动即可。
>
> 　　51 福利社的内容不限银行，优惠方式包括刷卡打折、开卡有奖、线上特惠、满额减免、消费返现、境外住宿返现等，用户可以根据个人需求，选择不同的优惠方式查看细节要求。

095　公积金管理，助力资金积累

51 信用卡管家平台上的公积金功能，主要是为用户管理其在在职期间由公司缴存的长期住房储金，功能入口在服务功能界面。

全国范围内的公积金管理并非是统一的，而是各有各的管理制度。比如在 2016 年 2 月，武汉、长沙、南昌、合肥 4 个省会城市达成合作，确认实施住房公积金缴存异地互认和转移接续，但是大部分城市的公积金由各自的系统管理。

为了帮助用户管理公积金，并通过公积金进行购房等服务，51 信用卡管家平台推出公积金管理功能。用户需要先选择自己所在的城市，然后在城市的公积金管理系统中登录，登录方式是身份证号码加公积金密码。

图 5-54 为用户登录公积金系统的操作步骤。

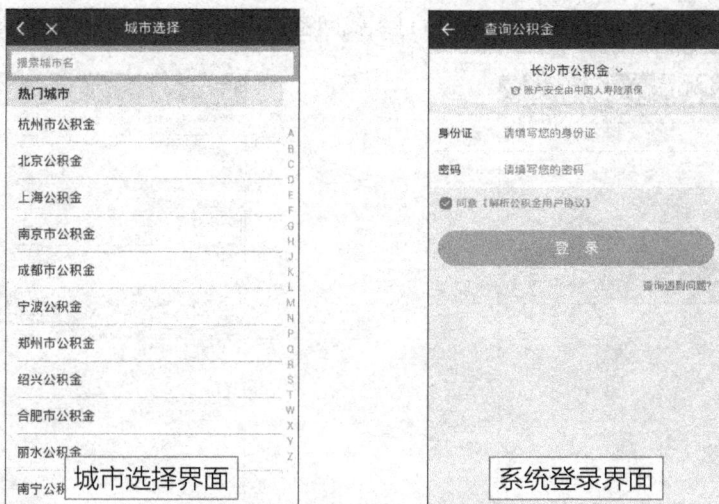

城市选择界面

系统登录界面

图 5-54　用户登录公积金系统的操作步骤

096　通过 APP 查看个人征信报告

征信报告是记载有个人信用记录的文件，只能由中国人民银行的征信中心提供。
51 信用卡管家平台提供了个人征信报告的查询功能。

步骤 ❶ 在服务功能界面中单击"征信报告"按钮，如图 5-55 所示。

步骤 ❷ 在出现的界面中填写信息，注册征信账户，如图 5-56 所示。

单击

图 5-55　单击"征信报告"按钮

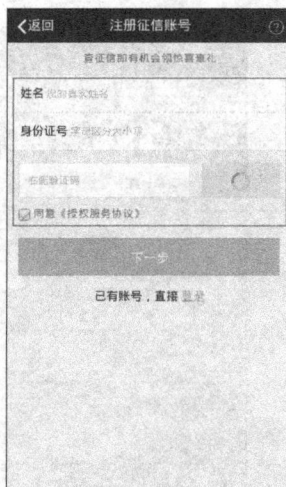

图 5-56　注册征信账户

步骤 ❸ 在登录征信中心界面登录，如图 5-57 所示，按界面提示进行操作即可。

步骤 4 如果用户忘记密码，还可以进入找回密码界面进行操作，如图 5-58 所示。

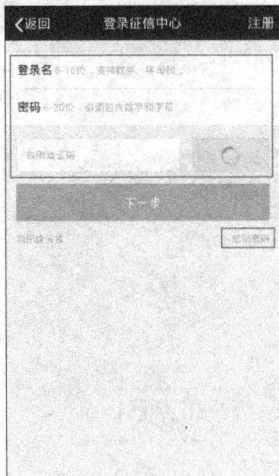

图 5-57　在登录征信中心界面登录

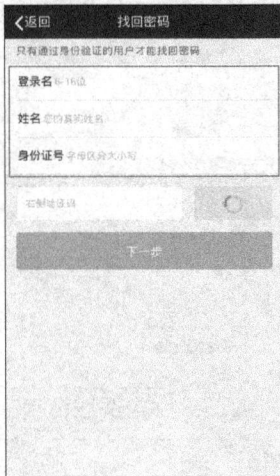

图 5-58　找回密码的用户操作界面

097　在线进行交通违章记录查询操作

违章查询是 51 信用卡管家推出的生活服务功能之一，帮助用户随时随地掌握交通违章的相关记录。该功能直接与交管网相连，查询的速度非常快，而且数据准确无误，用户添加车辆之后就可以查询违章。

图 5-59 为违章查询功能的用户操作界面。

图 5-59　违章查询功能的用户操作界面

在违章查询的主功能界面，用户除了查询违章情况外，还可以在下方的导航条上对罚款代缴、油卡充值及个人中心进行操作。

所有用户填写的信息都会由平台严格保密，不会被第三方获取，如果用户有问题需要反馈，可以在个人中心联系平台。

098 用平台积分兑换实惠好处

与同类型平台相比，51 信用卡管家的用户积分性价比相当高，这也是其吸引用户长期使用 APP 的原因之一。

在 APP 的主功能界面单击下方导航条上的"我"，进入个人管理中心，单击"我的积分"按钮，进入积分兑换界面。图 5-60 为进行积分兑换的相关操作界面。

图 5-60 进行积分兑换的相关操作界面

用户使用积分兑换理财金或者翻倍卡，都很实用，能够直接促进用户的收益。

除此之外，用户兑换人品宝还款金也非常划算，因为还款金能够直接用于信用卡还款，而且几乎没有额度限制。用户还可用使用积分兑换部分第三方平台的优惠券，但实用性不大。

第6章

微信银行，用卡信息一手掌握

在移动时代，手机微信已经成为大众用于社交的重要工具之一。在微信平台上，微信用户还可以使用微信银行来办理银行业务。作为超级 APP，微信推出的微信银行服务既服务了大众，又连接了银行，达到了三方共赢的效果。

要点展示

>> 微信平台，关注公众号即可管理
>> 卡片使用，直接使用且简单快捷
>> 业务全面，银行服务一手可掌握
>> 特色功能，切合用户的实质需求

099　了解与正确认识微信银行

微信银行出现的原因在于微信公众号功能的发展，用户通过微信公众号可以完成大部分功能操作，而银行正是借助于微信公众号的平台向用户提供便捷服务，这种能够帮助用户完成银行业务操作的公众号就是微信银行。

在移动网络时代，利用手机登录微信银行已经成为一种常态。在国内的银行中，招商银行在 2013 年 7 月 2 日正式推出微信银行业务，其他银行推出微信银行的速度慢于招商银行，但是发展速度很快。

招商银行的微信银行最初的功能只有微信客服号，用户只能够通过平台快速查询账户的余额，其他功能没有开通。随着微信影响力的进一步扩大，招商银行的微信号进行了多次升级。

图 6-1 为现有招商银行微信银行的部分功能。

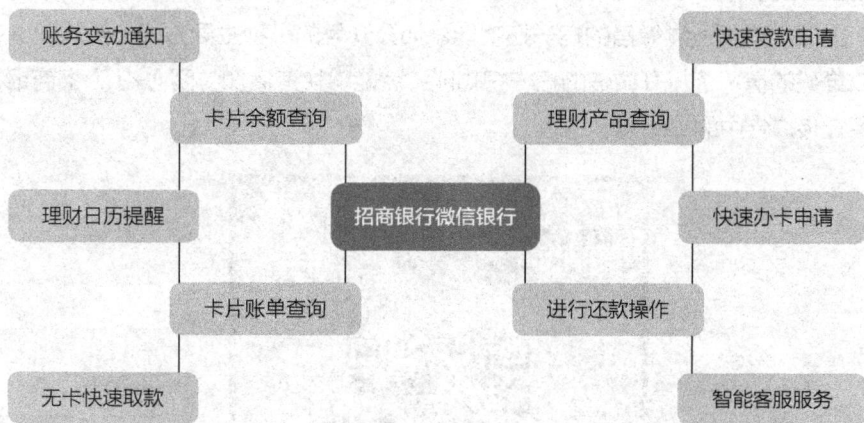

图 6-1　现有招商银行微信银行的部分功能

大部分银行都开通了微信银行的业务，图 6-2 为开通微信银行并且关注度较高的 8 家银行。

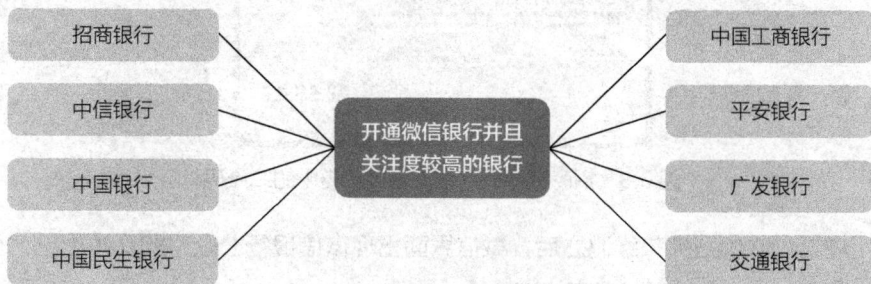

图 6-2　开通微信银行并且关注度较高的 8 家银行

> 🔵 **专家提醒**
>
> 　　微信银行虽然已经存在了较长的时间，但是大部分用户并没有考虑通过微信银行去办理业务。
>
> 　　与网上银行、手机银行、第三方信用卡管理平台相比，微信银行的用户数量并不多，但是与微信合作打造的微信公众号这种便捷的操作方式，非常符合用户的操作需求，简单而且实用。

100　多种方法，关注微信银行

　　微信用户只需要用智能手机就可以快速关注微信银行，关注微信银行有3种方式，分别是扫描二维码、添加公众号以及关键词搜索，下面分析这3种方式。

1. 扫描二维码

　　扫描二维码是通过微信的扫一扫功能添加公众号的一种主要方式，用户只需在有银行二维码的情况下打开微信的扫一扫功能，就能够快速添加。图6-3为招商银行微信银行宣传广告中的二维码。

图6-3　招商银行微信银行宣传广告中的二维码

　　用户通过微信扫描二维码之后，微信界面出现微信银行公众号的基本信息，在该界面中单击"关注"按钮，即可快速关注。

2. 添加公众号

通过添加公众号的方式关注微信银行，主要有名称查询和账号查询两种方式。图 6-4 为通过名称查询关注微信银行的步骤。

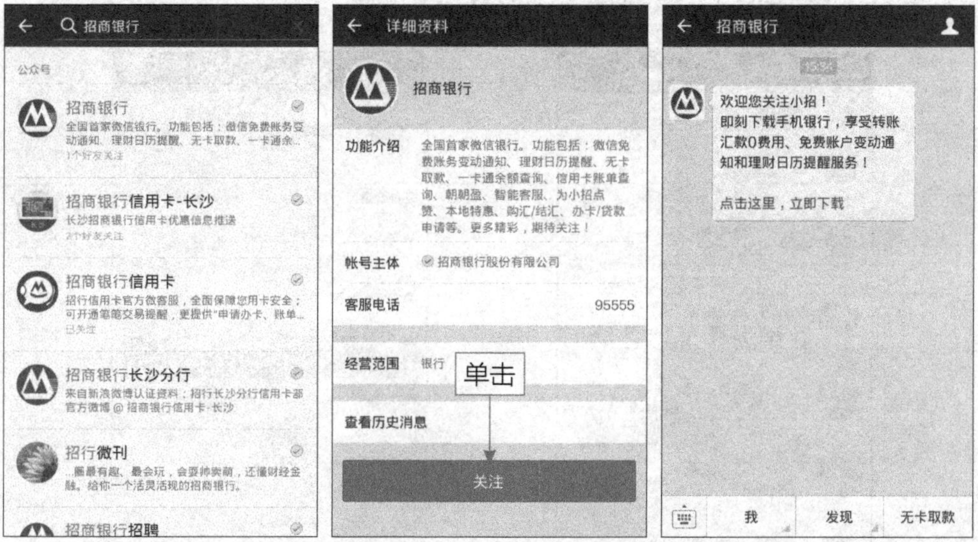

图 6-4 通过名称查询关注微信银行的步骤

在微信的通信录界面中进入公众号服务，单击右上角的加号按钮，进入公众号查询界面。输入"招商银行"，单击最前面的公众账户，在弹出的界面中单击"关注"按钮即可。

专家提醒

关注微信银行只是使用微信银行的第一步，用户要想使用微信银行的业务还可以绑定银行卡。

用户关注之后，微信界面会自动转入招商银行的微信银行界面，完成绑定银行卡的相关操作之后，就可以快速办理个人业务了。

需要注意的是，少数银行需要用户先开通短信银行业务，然后才可以使用微信银行功能。这时，可以致电银行的客服，按照客服的要求和提示，先开通短信银行的业务。

3. 关键词搜索

关键词搜索是在用户没有明确的微信公众号名称的前提下，可以选择的一种关注方式，主要是在公众号查询界面输入某些关键词来获得所有的微信公众号信息，然后再选择，单击想要关注的微信银行进行关注操作。

以平安银行为例，如果用户想搜索其信用卡的微信银行，那么直接在搜索栏中输入平安银行，在出现的搜索界面中自然会出现信用卡的微信银行信息，然后单击该公众号，进行关注即可。

图6-5为用户通过关键词搜索关注微信银行的步骤。

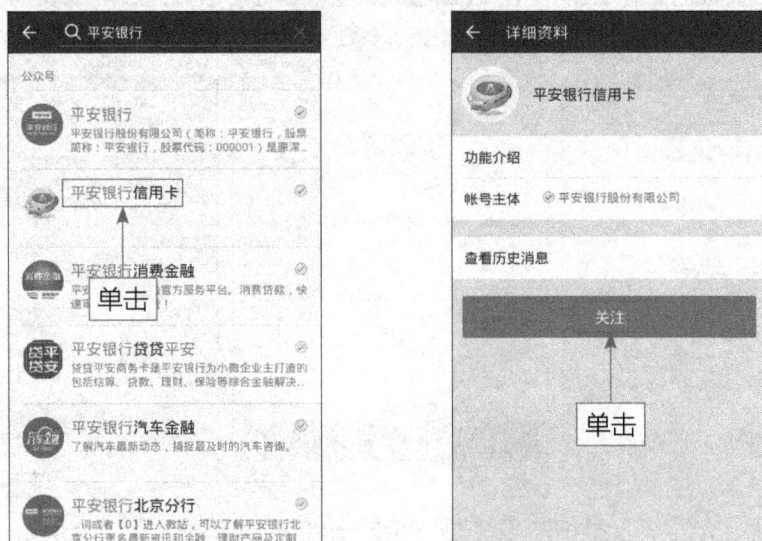

图6-5　用户通过关键词搜索关注微信银行的步骤

专家提醒

　　在任何银行的微信搜索界面，都会出现一大堆的公众号，其中由官方推出的微信银行服务号很多。

　　用户可以根据自己的实质需求选择微信银行进行关注，比如微信银行主账号一般就是该银行的名称。如果是信用卡或者分行的微信银行，用户可以根据微信公众号名称进行选择。

101　绑定账户，享受更多精彩服务

无论是哪个银行的微信银行，用户需要进行与个人业务相关的功能操作，都必须绑定银行卡账户。

下面以交通银行的微信银行为例，介绍如何在微信银行上绑定账户。

步骤① 进入交通银行的微信银行操作界面之后，选择任意个人业务单击。以"慧金融"业务为例，在主功能界面上单击左下角的"慧金融"功能，如图6-6所示。

步骤 2 系统显示"慧金融"功能中的子项目，单击"查询余额"功能，系统提示新的微信需要进行身份认证才能够享受更多服务，用户单击"身份认证"，如图 6-7 所示。

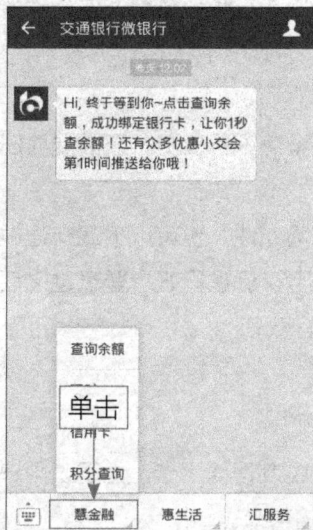

图 6-6　单击左下角的"慧金融"功能

图 6-7　单击"身份认证"

步骤 3 进入认证界面，输入银行卡卡号，如图 6-8 所示。

步骤 4 填写相关信息之后单击"下一步"，在出现的界面中填写证件号码、交易密码等信息，最后单击"确定"按钮完成认证，如图 6-9 所示。

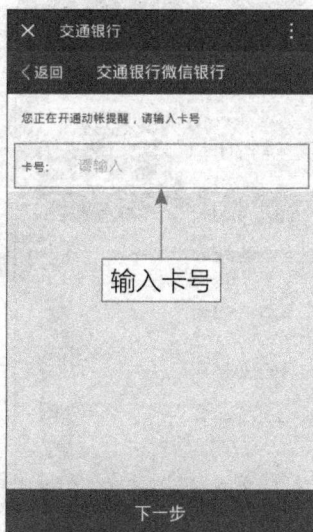

图 6-8　输入银行卡卡号

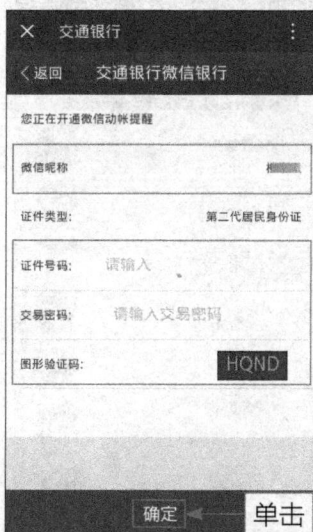

图 6-9　单击"确定"按钮完成认证

> 💡 **专家提醒**
>
> 　　用户的身份认证和绑定银行卡需要用户在微信银行平台上办理业务时完成。
> 　　如果用户在这个认证过程中发现系统提示"用户微信账户或昵称为空"等信息，导致最终的认证结果失败，这可能是由于用户所在区域的通信异常或者网络不稳定所致，用户只需要换个时间重新认证即可。

　　需要注意的是，用户如果要使用交通银行的更多微信银行业务，还需要注册交通银行的手机银行账户。

　　用户的整个注册过程可以在交通银行的电脑端官网完成，也可以下载交通银行的APP，并在 APP 内完成注册。当用户在微信银行上用手机银行账户登录过之后，以后的操作就不再需要输入手机银行账户名称及密码等信息。

102　办卡可选，让你办卡不愁

　　在各家微信银行的功能中，必然有一个功能是在线办理信用卡，为了让用户获得最适合的信用卡，微信银行一般都会展示所有可办的信用卡。

　　下面以中国银行的微信银行为例，对选卡的步骤进行分析。

步骤 ① 进入中国银行的微信银行操作界面之后，直接单击"微金融"按钮，在出现的界面单击"我的信用卡"选项，如图 6-10 所示。

步骤 ② 在出现的界面中单击"在线申请及查询"按钮，如图 6-11 所示。

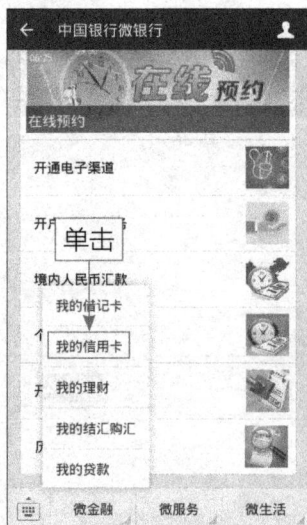

图 6-10　单击"我的信用卡"选项　　　　图 6-11　单击"在线申请及查询"按钮

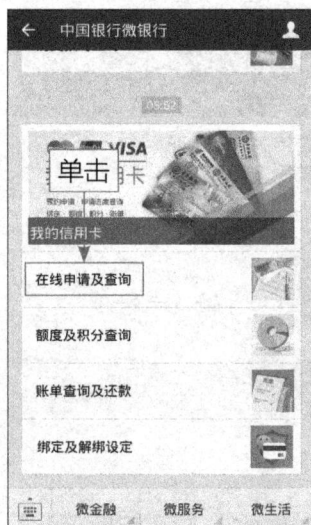

　　在微信银行的主功能界面中一般都会有信用卡功能选项，单击进去之后可以看到办卡、查询等基本功能。

　　在微信银行的办卡界面，用户一般可以查询信用卡类型，如普通卡、金卡、白金卡等以及各类联名卡。

步骤 ③ 进入在线申请及网申进度查询界面，单击"我要办卡"按钮，如图 6-12 所示。

步骤 ④ 在出现的界面中会看到银行推荐的信用卡，如图 6-13 所示。

图 6-12　单击"我要办卡"按钮

图 6-13　银行推荐的信用卡

　　如果平台推荐的信用卡不能满足用户的需求，那么用户可以单击界面右上角的"更多卡片"按钮。

　　在中国银行的微信银行界面上，用户单击"更多卡片"功能后可以看到中国银行的所有信用卡，如长城环球通爱驾汽车卡、中银都市缤纷信用卡、中银银联腾讯视频联名卡、长城环球通万事达金卡等。

103　快速申请信用卡，可选择微信平台

　　微信用户不用登录网上银行，也不用下载手机银行的 APP，直接利用微信平台上的微信银行也可申请办卡，操作方式更方便快捷。作为网络申请的一种方式，这种模式申请到的信用卡需要用户亲自到线下营业厅办理开卡。

　　　　下面以中国建设银行微信银行为例，介绍如何利用微信银行快速申请信用卡，让
读者办卡不愁。

步骤 ① 微信用户关注中国建设银行微信银行之后，进入微信银行的操作界面，接
　　　　单击右下角的"信用卡"按钮，在出现的界面中单击"申请办卡／进度查询"
　　　　选项，如图 6-14 所示。

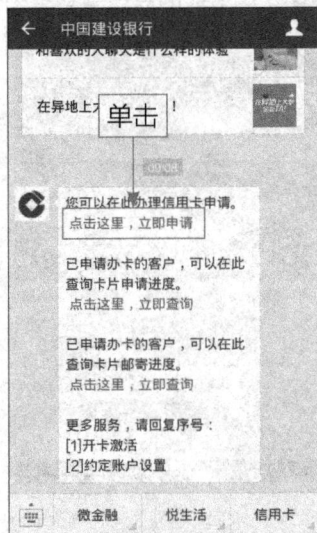

步骤 ② 在平台推送的信息中找到信用卡申请的相关内容，并单击"单击这里，立
　　　　即申请"按钮，如图 6-15 所示。

图 6-14　单击"申请办卡／进度查询"选项　　　图 6-15　单击"单击这里，立即申请"按钮

💡 **专家提醒**

　　　　一般申请办卡的界面和查询的界面在同一个功能中，主要是方面用户进行
操作。
　　　　比如在中国建设银行微信银行的平台推送的信息中除了找到信用卡申请的相
关内容，还可以看到已申请办卡的客户可以查询进度的内容，以及查询信用卡邮
寄进度等内容。

步骤 ③ 微信用户进入信用卡申请界面之后，按照平台要求，依次输入中文姓名、
　　　　中文拼音、身份证号等信息，单击"下一步"按钮，如图 6-16 所示。

步骤 ④ 完成上述操作之后，平台会显示用户是否为新客户，然后选择所在省市。
　　　　按照要求选择之后，平台会推送出用户可选择的信用卡类型，如图 6-17
　　　　所示。

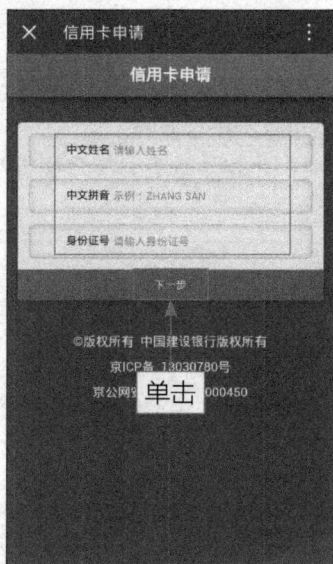

图 6-16 单击"下一步"按钮

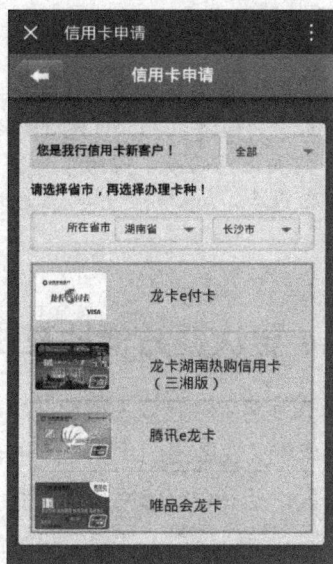

图 6-17 用户可选择的信用卡类型

步骤 5 进入申请界面，选择该卡的卡面信息，笔者选择的是 VISA 版。然后勾选相关选项，单击"下一步"按钮，如图 6-18 所示。

步骤 6 完成上述操作之后，平台会显示基本资料填写界面，按实填写相关信息，如身份证信息、婚姻状况、学历、住宅性质、住宅地址、邮政编码、移动电话等，如图 6-19 所示。

图 6-18 单击"下一步"按钮

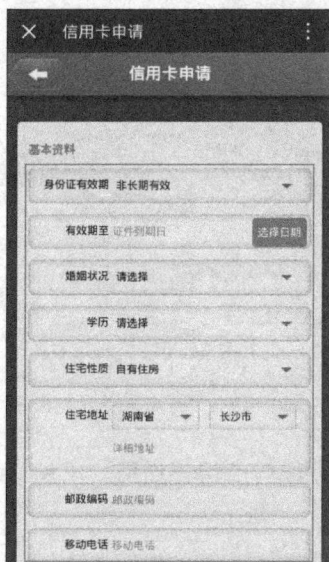

图 6-19 按实填写相关信息

> 💡 **专家提醒**
>
> 　　填写完基本资料之后，平台会让用户继续填写工作职位等相关信息，主要是了解用户的经济状况。填完资料之后可以提交申请，由银行平台审核。
>
> 　　需要注意的是，因为银行在审核信用卡时一般会到中国银行平台上查看用户的征信报告，所以用户填写信息时不能造假。

104　更快捷方便地在线激活信用卡

　　在线开卡只针对线下营业厅申请信用卡的用户，用户在线上申请信用卡是不能在线上开卡的，主要是防止不法分子非法办卡。

　　下面以招商银行信用卡微信银行为例，介绍如何快捷方便地在线激活信用卡。

步骤①　微信用户关注招商银行信用卡微信银行之后，进入微信银行的操作界面，直接单击左下角的"我要"按钮，在出现的界面中单击"开卡·进度"按钮，如图6-20所示。

步骤②　在平台推送的信息中单击"快速开卡"按钮，如图6-21所示。

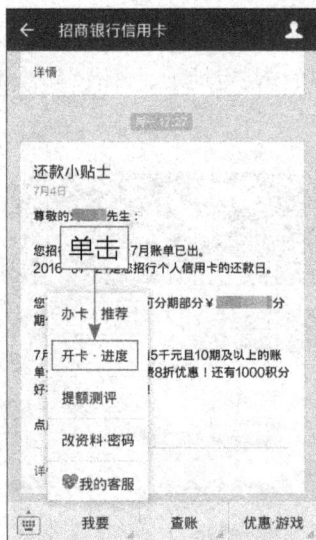

图6-20　单击"开卡·进度"按钮

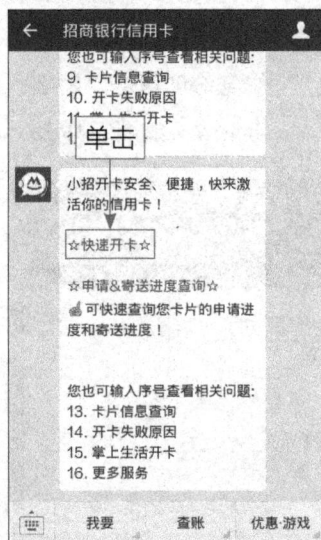

图6-21　单击"快速开卡"按钮

步骤③　平台会推送用户开卡激活的合约信息，单击"阅读并同意"按钮，如图6-22所示。

步骤④　在出现的界面中输入开卡信息，单击"提交"按钮，如图6-23所示。

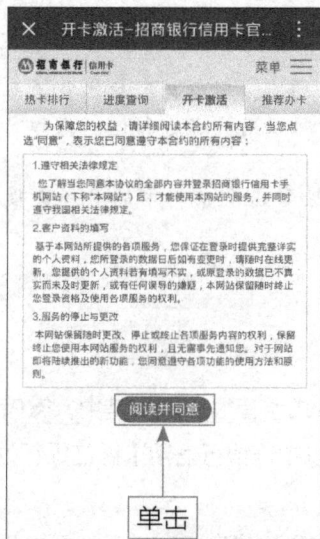

图 6-22　单击"阅读并同意"按钮

图 6-23　单击"提交"按钮

105　上微信也可查信用卡的额度

下面以中信银行信用卡微信银行为例，介绍查信用卡额度的步骤。

步骤 ❶ 进入微信银行的操作界面，单击左下角的"账户／服务"按钮，在出现的界面中单击"查账／还款"按钮，如图 6-24 所示。

步骤 ❷ 平台收到指令，在推送的信息中直接显示信用卡信息，如图 6-25 所示。

图 6-24　单击"查账／还款"按钮

图 6-25　在推送的信息中直接显示信用卡信息

> ⚡ 专家提醒
>
> 　　查询用户信用卡的用户额度是微信银行的基本功能，所有的微信银行都具备这个功能。由于查询信用卡的额度涉及个人隐私，所以用户在进行这一操作时，必须先绑定个人信用卡。
>
> 　　在中信微信银行推送的信用卡信息中，用户除了看到信用卡的可用额度之后，还可以看到已用额度、仍需还款额度等信息。

106　微信查询信用卡账单更贴心

　　现在大多数人手里都有信用卡，信用卡的提醒方式也有很多种。其中，微信银行以其操作便捷、通知快速的优点深度用户喜爱。下面以中信银行信用卡微信银行为例，介绍查询信用卡账单的步骤。

步骤 ①　单击"查账 / 还款"功能后，会看到平台推送的信息中有关于查看账单方式的介绍。在微信输入框中回复"6+ 卡末四位"，单击"发送"按钮，如图 6-26 所示。

步骤 ②　在平台推送的信息中单击"账单明细"按钮，如图 6-27 所示。

图 6-26　单击"发送"按钮

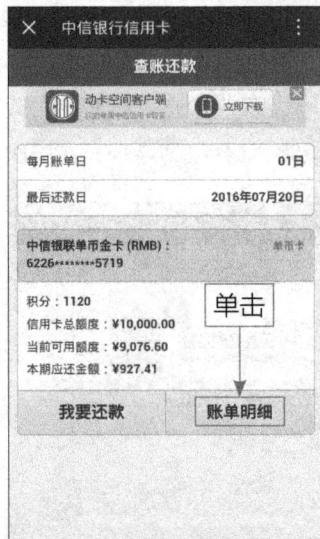

图 6-27　单击"账单明细"按钮

步骤 ③　在出现的界面中可以看到消费明细的记录，如图 6-28 所示。通过在界面上手指下滑的方式可以获得更多信用卡账单。

步骤 ④　单击右上方的"历史账单"按钮，如图 6-29 所示，可以查看信用卡过去月份的详细账单。

图 6-28　消费明细的记录

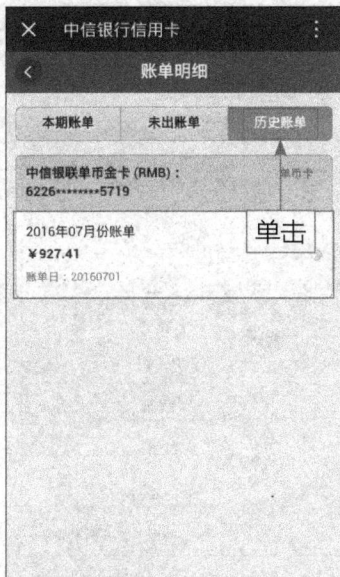

图 6-29　单击右上方的"历史账单"按钮

> 💡 专家提醒
>
> 　　大部分微信银行的功能界面中都会有账单查询功能，部分微信银行需要用户输入特殊的数字来激活该功能。
> 　　在信用卡账单中除了查看本期账单外，还可以查看未出账单的明细以及历史账单的明细等信息。

107　增值服务，微信查询并兑换信用卡积分

　　信用卡积分是指用户使用信用卡所获得的积分奖励，不同银行的信用卡积分累积方式有所不同，但是大部分银行的普通信用卡都是消费 1 元人民币计为 1 分，金卡等高端卡片的积分方式不同。比如笔者拥有的中信银行金卡，其积分方式为消费 1 元计为 1.2 分。

　　招商银行的信用卡积分计算方式为消费 20 元人民币计 1 分，下面以招商银行信用卡微信银行为例，介绍查询信用卡积分并兑换的步骤。

步骤 ① 微信用户进入微信银行的操作界面，单击下方的"查账"按钮，在出现的界面中单击"查询积分"按钮，如图 6-30 所示。

步骤 ② 打开积分查询界面，如图 6-31 所示。单击界面中的"单击这里立即查看"按钮，可以进行积分兑换。

图 6-30　单击"查询积分"按钮

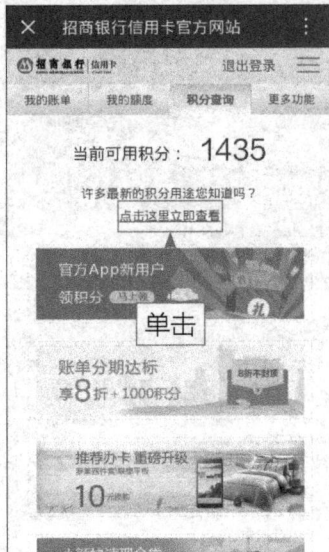

图 6-31　积分查询界面

步骤 ③ 进入积分兑换界面，单击下方的"更多好礼"按钮，进入积分乐园界面，如图 6-32 所示。

步骤 ④ 在积分乐园，可以选择某一类产品单击进入，比如单击"厨具/餐具"按钮，如图 6-33 所示。在产品详情界面中可以任意选择产品，然后进行积分兑换。

图 6-32　单击下方的"更多好礼"按钮

图 6-33　单击"厨具/餐具"按钮

> **专家提醒**
>
> 　　尽管招商银行的信用卡积分非常难积累，但是其兑换产品的性价比要超过其他银行，在其他银行上需要数十万积分兑换的商品在招商银行的积分兑换平台上只需要两千积分。
>
> 　　大部分商品都是用积分直接兑换，少部分商品需要用积分加现金购买的方式来兑换，积分只抵用部分现金。

108　通过微信银行快速进行还款操作

　　微信银行快速还款与手机银行还款的本质相似，都是在同一界面还款，不过在功能入口的操作步骤上有所不同。笔者以中信银行信用卡微信银行为例，介绍中信银行的快速还款方法。

步骤 ①　微信用户进入微信银行的操作界面，单击下方的"账户 / 服务"按钮，在出现的界面中单击"查账 / 还款"按钮，如图 6-34 所示。

步骤 ②　按照平台要求在微信输入框中输入数字 2，平台接收指令并推送还款功能入口，单击"单击还款"按钮，如图 6-35 所示。

图 6-34　单击"查账 / 还款"按钮

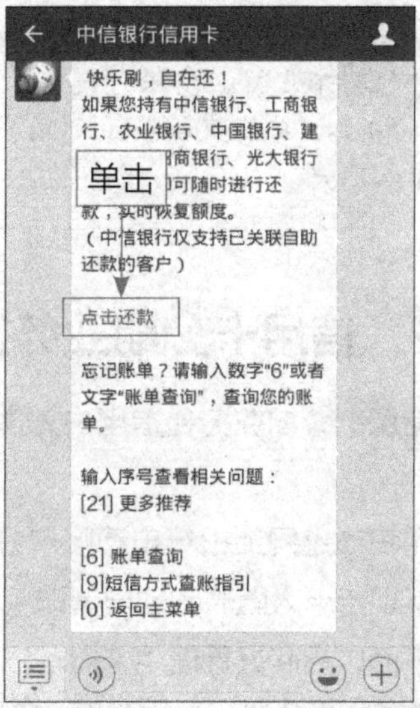

图 6-35　单击"单击还款"按钮

步骤 ③　在出现的界面中单击"我要还款"按钮，如图 6-36 所示。

步骤 ④　由于中信银行针对还款有特殊限制，笔者的信用卡已经关联了自动还款设置，所以无法在微信银行上还款。图 6-37 为还款界面的提示信息。新手用户是可以通过该界面直接还款的。

图 6-36　单击"我要还款"按钮

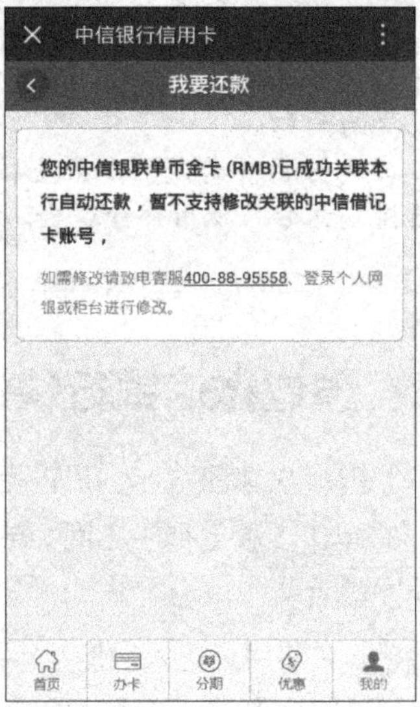

图 6-37　还款界面的提示信息

💡 专家提醒

　　持卡人通过微信银行进行快速还款，无论是哪家银行，都是免手续费的，但部分银行不支持微信银行还款。

　　由于该功能直接关系到用户的资金安全，所以用户在进行操作时需要多次登录个人账户。

109　信用卡分期业务微信办理更快捷

　　信用卡分期业务是指用户无法一次性对信用卡的账单进行还款时，可以选择分多期还款。

　　用户通过网上银行申请账单分期已经足够方便，但是微信银行的申请账单分期功能能实现持卡人随时随地申请账单分期。

　　下面以招商银行信用卡微信银行为例，介绍申请账单分期的操作步骤。

步骤 ①　微信用户进入微信银行的操作界面，单击下方的"查账"按钮，在出现的界面中单击"账单分期"按钮。平台会推送多种分期功能，单击"单击办理已出账单分期"按钮，如图 6-38 所示。

步骤 ②　平台显示用户的账单信息，在界面中输入申请分期金额及分期期数，单击"立即提交"按钮，如图 6-39 所示。

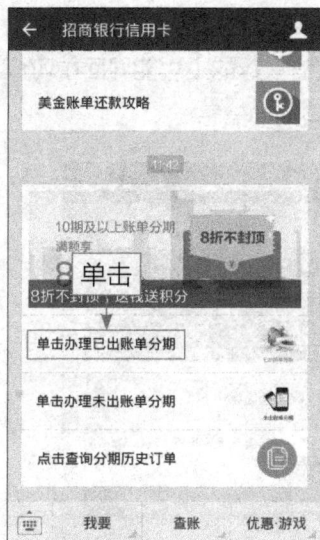

图 6-38 单击"单击办理已出账单分期"按钮

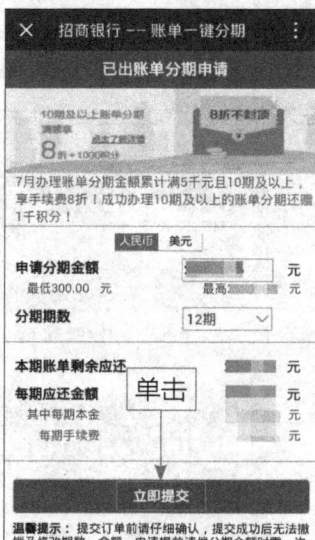

图 6-39 单击"立即提交"按钮

💡 **专家提醒**

持卡人可根据自己的需求选择相应的分期付款期数和金额，然后直接提交就完成了。

部分银行还推出了分期还款的相关活动，比如分多少期，每期至少还多少钱，可以获得银行送出的礼品等。

110 随时查询周边的各类消费优惠信息

微信银行的重要作用之一，就是向用户快速提供周边的各类消费优惠信息，吸引用户使用的同时提升用户对银行的认可。

图 6-40 为常见的 8 种微信银行推出的优惠活动。

图 6-40 常见的 8 种微信银行推出的优惠活动

用户进入微信银行的操作界面，就可以在主功能界面中找到优惠活动的功能入口。以中国民生银行长沙分行的微信银行为例，用户在微信银行的主功能界面中可以看到银行推送的活动信息。图 6-41 为微信银行推送的周边活动信息。

图 6-41　微信银行推送的周边活动信息

111　别忘了微信银行的粉丝专享活动

微信银行会推出粉丝专享活动，如图 6-42 所示。

图 6-42　中国建设银行推出的粉丝专享活动

　　粉丝专享活动是指只有微信银行的关注用户才能够享受的活动，该类活动会不定时地推出，这需要用户经常关注银行推送的信息才有机会参与。

　　活动的类型非常多，不同银行会根据实际需求决定活动形式。

112　有了微信提醒，忘记还款这事不再发生

　　微信提醒是指微信银行通过发送微信信息的方式来提醒用户，提醒的类型主要是交易提醒与还款提醒。

　　比如到了账单日的发送时间，微信银行会发送信息来提醒用户，以防用户的信用卡还款出现逾期的现象。图6-43为招商银行信用卡微信银行发送的还款小贴士信息。

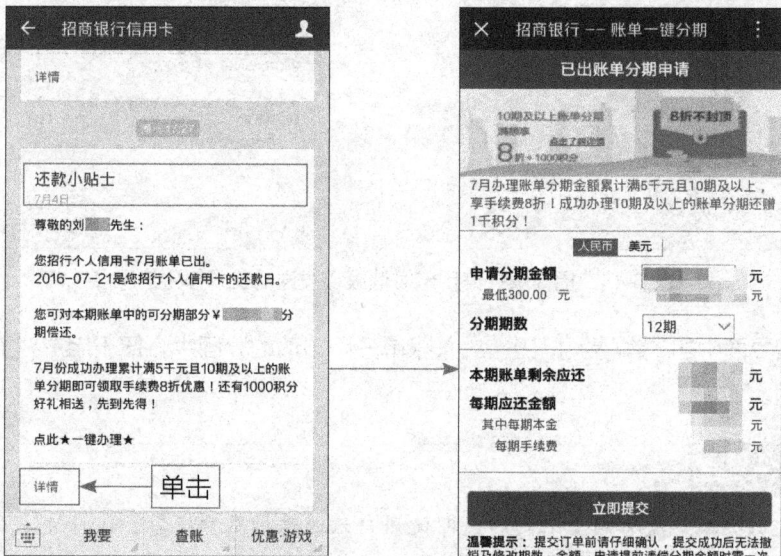

图6-43　招商银行信用卡微信银行发送的还款小贴士信息

　　用户在提醒的信息中单击"详情"按钮，直接跳转至账单分期的申请界面，便于用户进行还款操作。

　　需要注意的是，微信提醒功能是由平台自动发送的，用户只需要在微信银行上绑定自己的信用卡，微信银行就会持续地在每个月的固定时间将还款提醒发送给用户。

113 利用消费提醒，随时监控资金变动

用户在线下通过信用卡进行了一笔交易，微信银行同样会向用户发送消费提醒，与还款提醒的功能类似。

图 6-44 为招商银行信用卡微信银行发送的交易提醒信息。

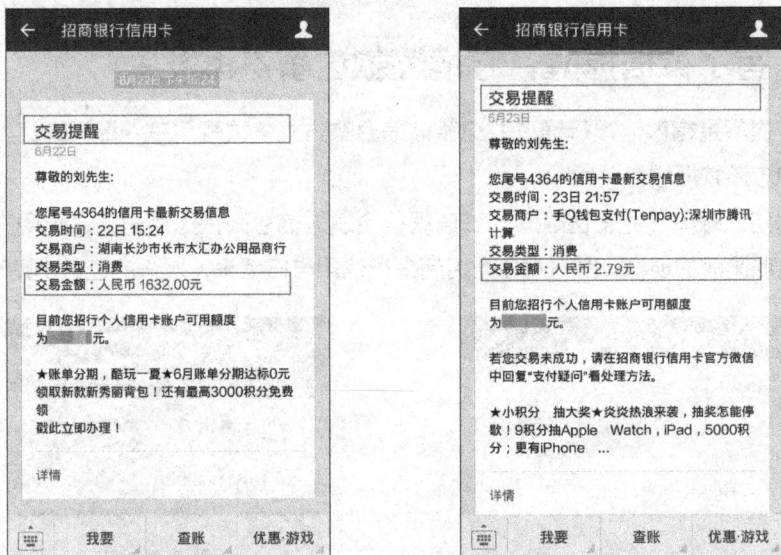

图 6-44 招商银行信用卡微信银行发送的交易提醒信息

单击界面中的"详情"按钮，进入账单分期申请的界面中，便于用户对账单进行分期管理。

> 💡 专家提醒
>
> 交易提醒是没有额度限制的，即使用户只通过信用卡消费了 0.01 元人民币，微信银行也会发送提醒信息。
>
> 部分银行支持主动关闭提醒功能，大部分微信银行需要用户删除绑定的信用卡才会关闭自动提醒功能。从用户的角度出发，如果没有其他的同类型工具，那么微信银行的提醒功能还是非常实用的。

114 调整额度，看看能申请调多高的额度

在线调整用户的信用卡额度并不是网上银行或者手机银行的特色功能，在微信银行上同样可以一键调额。

下面以招商银行信用卡微信银行为例，介绍申请调额的操作步骤。

步骤 ① 微信用户关注微信银行之后进入微信银行的操作界面，单击左下角的"我要"按钮，在出现的界面中单击"提额测评"按钮，如图 6-45 所示。

步骤 ② 进入提额界面，单击"申请临额"按钮，如图 6-46 所示。

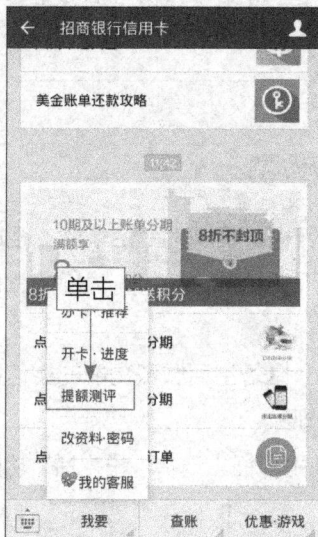

图 6-45　单击"提额测评"按钮　　　　　　图 6-46　单击"申请临额"按钮

步骤 ③ 用户的提额申请不会百分之百地通过，笔者申请临时额度被拒。图 6-47 为临时额度界面的提示信息。

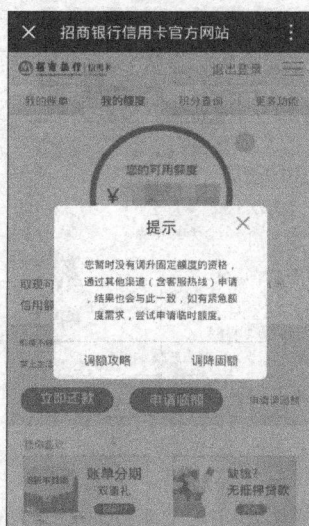

步骤 ④ 用户也可申请固定额度，图 6-48 为固定额度界面的提示信息。

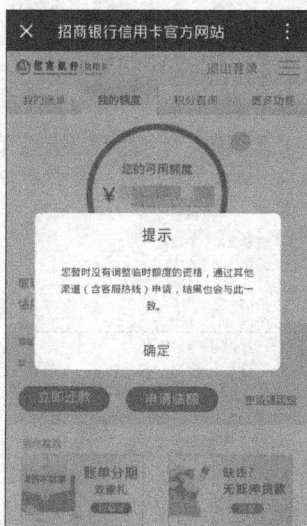

图 6-47　临时额度界面的提示信息　　　　图 6-48　固定额度界面的提示信息

💡 专家提醒

　　用户能否调整额度，是由平台根据用户的用卡情况进行分析的，如果出现长久未用、刚申请提额、消费额过多等情况，那么用户是很难通过提额的。

　　从微信银行申请提额不会增加用户提额的成功率，在任意平台上都是如此，只是微信银行为用户提供了查询功能的入口。

115　不用跑营业厅，微信也能生活缴费

　　生活缴费是微信银行的辅助功能之一，帮助用户获得更便利的生活条件。相比于其他微信银行的功能，生活缴费功能在微信银行上出现的情况比较少，大部分微信银行并不支持生活缴费。

　　下面以中国建设银行微信银行为例（这是少数几个具备生活缴费功能的微信银行之一），介绍用户通过微信银行进行生活缴费的操作步骤。

步骤❶　进入中国建设银行的微信银行操作界面，在主界面上选择"悦生活"功能，再单击"生活缴费"按钮，如图6-49所示。

步骤❷　在平台发送的推送信息中单击"单击这里，立即缴费"按钮，如图6-50所示。

图6-49　单击"生活缴费"按钮　　　　　图6-50　单击"单击这里，立即缴费"按钮

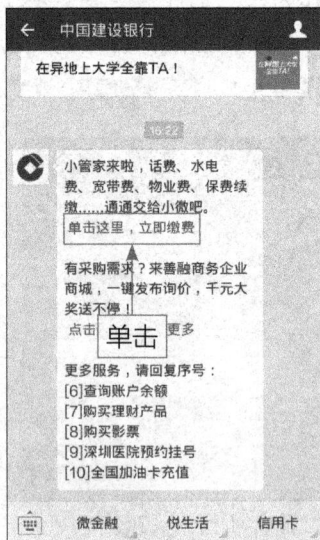

步骤❸　进入建行悦生活的主功能界面，选择功能对象，如单击"缴费充值"按钮，如图6-51所示。

步骤 4 用户进入缴费充值界面，可以在众多生活缴费功能中选择对象，并按照平台的步骤要求依次完成。图 6-52 为缴费充值的功能界面。

图 6-51 单击"缴费充值"按钮

图 6-52 缴费充值的功能界面

💡 专家提醒

　　用户除了可以进行缴费充值的操作之外，还可以在建行悦生活界面中选择其他功能，如汽车服务、教育服务、保险医疗、税费缴纳与更多服务。

　　相比于其他微信银行，中国建设银行的微信银行在生活缴费与服务方面的特色较为突出，能够快速帮助用户进行在线缴费或者获取服务。

116 微信银行投资理财不求人

　　随着互联网金融的发展，传统的银行理财获得的用户数量快速减少，而网络理财产品，比如微信理财通、支付宝、余额宝等产品不断涌现。

　　在这种外部金融环境下，银行微信推出了微信银行理财服务，与其他的网络理财产品竞争。

　　下面以交通银行的微信银行理财产品为例，介绍相关购买流程。

步骤 1 进入交通银行的微信银行操作界面，在主界面上选择"慧金融"功能，单击"理财"按钮，如图 6-53 所示。

步骤 2 在信息中选择"交行理财"，然后单击进入，如图 6-54 所示。

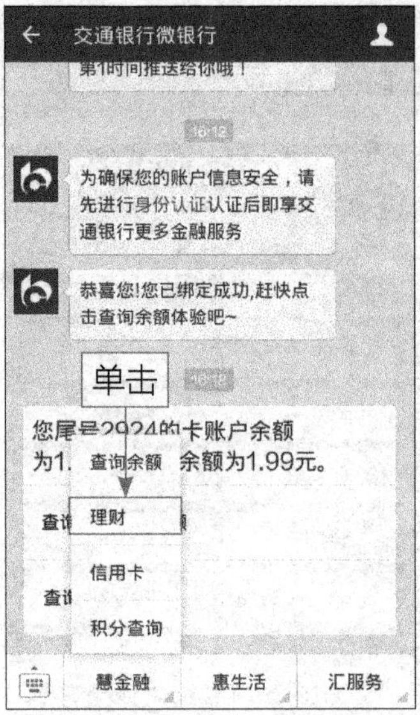

图 6-53　单击"理财"按钮

图 6-54　选择"交行理财"

步骤 ③ 在微信银行的理财界面可以选择活期、定期等基本理财方式，然后在排序方式中根据风险的大小、收益的高低进一步细化理财产品，如图 6-55 所示。

步骤 ④ 选择某款理财产品单击进入，下面以得利宝天添利 C 款产品为例。图 6-56 为理财产品的产品详情界面。

图 6-55　微信银行的理财界面

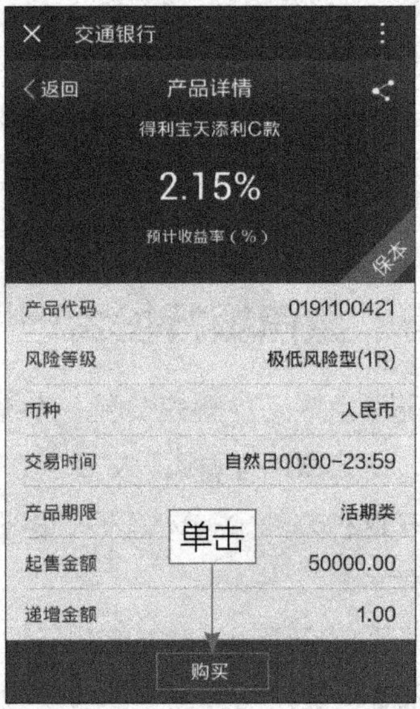

图 6-56　理财产品的产品详情界面

　　由于交通银行的理财产品有最低额度要求，比如5万元人民币，涉及的金额额度相对较高，所以对用户的风险评测要求更加严格，用户要想通过微信银行购买理财产品，必须先到线下的银行营业厅办理风险评测。

　　任何一家大型银行的理财产品类型都很多，不同类型的理财产品在风险、收益和投资金额方面都有所不同。用户在选择理财产品时，要充分分析自身经济条件，以及可承受的风险压力，然后选择性价比较高的理财产品进行购买。

　　在其他微信银行上，用户也可以查询到该银行推出的理财产品，并可在线购买。图6-57为其他微信银行的用户理财功能界面。

图6-57　其他微信银行的用户理财功能界面

117　你绝不知道的微信银行特色服务

　　为了吸引用户长期使用，不同的微信银行几乎都推出了特色服务。所谓特色服务，就是用户只有在该微信银行上才能够获得的服务，在其他微信银行上是没有的。下面介绍3家微信银行的特色服务，便于用户选择适合的功能进行操作。

1. 交通银行微信银行的微社区

　　微社区就是用户在网络平台上进行社交交流的虚拟平台，交通银行除了为用户提供实用功能之外，还提供用户之间进行互动交流的入口。

　　图6-58为用户进入微社区的操作步骤。

图 6-58　用户进入微社区的操作步骤

2. 中国建设银行微信银行的微黄金

中国建设银行的微信银行推出了在线黄金购买服务，主要功能是提供黄金产品供用户在线选购，黄金产品包括耳饰、祈福、收藏、项链、手镯等类型，用户在线购物较为便捷快速。

图 6-59 为用户进入微黄金界面选购的相关步骤。

图 6-59　用户进入微黄金界面选购的相关步骤

3. 中国银行微信银行的在线签证申请

签证是每个人出国旅游、经商、学习的必要步骤，中国银行微信银行提供了在线签证申请的功能。

图6-60为用户通过微信银行进入签证界面的操作步骤。

图6-60　用户通过微信银行进入签证界面的操作步骤

> 💡 **专家提醒**
>
> 签证涉及国家安全问题，目前仅有中国银行能够提供在线签证申请业务，用户除了进行在线申请之外，还可以通过该功能查看签证进度情况，进行签证缴费与签证资料代传递操作。
>
> 用户通过中国银行微信银行在线签证申请，方式简单、有效。需要注意的是，签证不是百分百成功的，尤其是美国签证的失败率较高。

118 24小时智能客服，不懂随时问

中国民生银行的微信银行推出了在线智能客服系统，主要功能是在线答疑帮助用户，协助指导用户办理和使用各种业务。用户通过该系统能够获得一对一服务，而且实现方式较为便捷快速。

几乎所有的微信银行都有智能客服系统，但是不同客服系统的智能化有所区别，其中中国民生银行的微信银行在智能客服系统方面较为突出。图6-61为在线智能客服服务用户的相关界面。

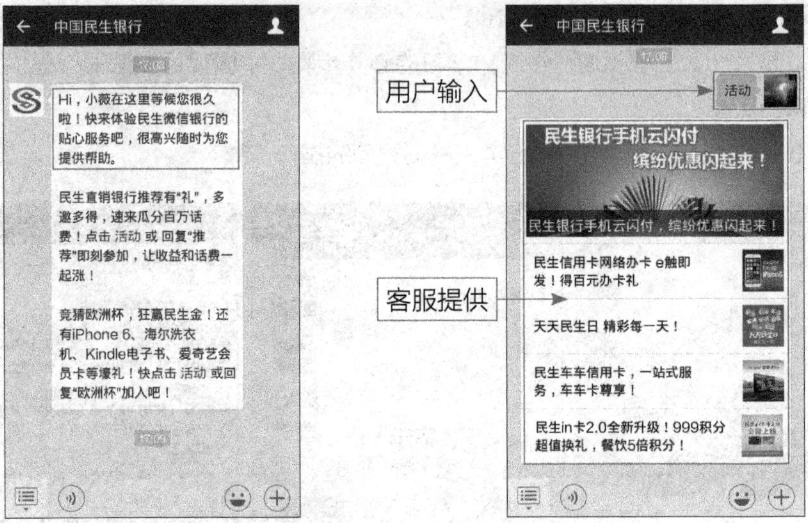

图 6-61　在线智能客服服务用户的相关界面

💡 专家提醒

　　智能客服能够帮助用户在 24 小时内都能够获得帮助，中国民生银行推出的智能系统甚至会分析用户提交的关键词，并根据关键词提供相关内容，这是其他微信银行平台没有的。

　　智能客服系统可以帮助新手用户快速了解平台可提供的功能，用户只需直接输入功能名称即可。

119　微信银行无卡取现更加方便

　　无卡取现是指用户在没有携带银行卡的情况下需要快速取款，就可以通过手机微信银行联系银行，获得预约码等信息，然后在柜员机上直接取现金。部分银行除了预约码还需要用户提供交易密码。

　　2010 年 1 月，交通银行正式上线"e 动交行"APP，用户只需要在 APP 上申请，就可以预约 ATM 取现。

　　随后在 2011 年 8 月，广发银行也推出无卡取现功能，用户只需要通过预约服务的手机号码、获得的预约码以及预约申请时该银行卡的取款密码，就能够快速在 ATM 上取款。

　　随着无卡取现成为主流，各大银行纷纷在不同的平台上都推出该功能。微信银行作为热门的银行服务平台，部分银行也在微信银行上推出了无卡取现服务。图 6-62 为部分银行的微信银行上的无卡取现功能。

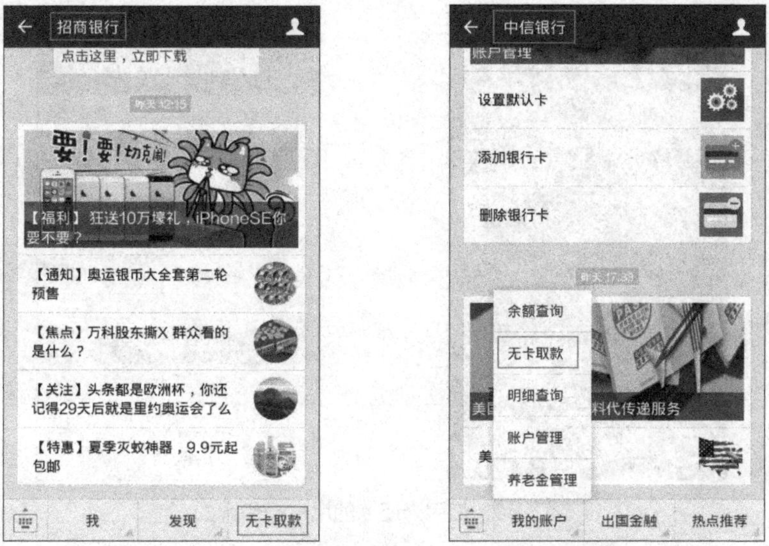

图 6-62　部分银行的微信银行上的无卡取现功能

专家提醒

无卡取款是有额度限制的，每日累计取款限额不得超过 5 000 元，这主要是为了防止用户的资产受到损失。

对于用户而言，无卡取款带来的便捷性非常突出，尤其是用户在没有银行卡又急需用钱的情况下。

120　利用支付宝管理信用卡

微信与支付宝存的相似度很大，无论是微信借鉴支付宝推出的微信支付，还是支付宝借鉴微信推出的朋友圈、群组，两者的功能几乎是一致的，只是在特色方面各自有突出。

用户除了可以利用微信管理信用卡，还可以利用支付宝对信用卡进行相关操作，如还款、查账、查询网点等。作为以支付为核心的支付宝平台，其在信用卡领域的优势也是非常突出的。

支付宝推出的信用卡还款功能是可用于信用卡管理的第一个工具，主要作用是帮助用户快速还款。除此之外，还可以通过该功能查看还款日、账单等信息。

用户可以直接在支付宝主功能界面上找到信用卡还款入口，然后单击进入。图 6-63 为信用卡还款的用户操作界面。

图 6-63 信用卡还款的用户操作界面

💡 专家提醒

　　用户在信用卡还款的主界面上可以看到自己绑定的所有信用卡，并且能够直接了解欠款的情况，如查询账单、账单金额、无欠款情况等信息。在还款的管理界面，单击右上角的"管理"按钮可进行信用卡的还款提醒、自动还款、自动查询账单、还款记录等操作。

　　支付宝在个人中心推出的银行卡管理功能，是用户可用于管理信用卡的第二个工具。进入支付宝个人中心，单击"银行卡"功能按钮，进入银行卡管理界面。图 6-64 为用户通过"银行卡"功能管理信用卡的步骤。

图 6-64 用户通过"银行卡"功能管理信用卡的步骤

第7章

积分攻略，提升信用卡附加值

学前提示

信用卡积分是玩转信用卡的高手最为熟悉的，也是银行信用卡众多增值服务中的一种主要方式。要想通过信用卡获得实惠，这样不起眼的小积分往往具有大用处，用得好的话，不仅能让持卡人省钱，还能让持卡人赚钱。

要点展示

- 》》 认识积分，了解积分含金量
- 》》 赚取积分，不容错过的技巧
- 》》 积分兑换，轻松获得大实惠

121 三大标准，考察信用卡积分含金量

信用卡积分是所有信用卡的统一标配，是各大银行在各种各样的增值、优惠服务领域的最大共同点。

刷卡送积分被各大银行运用得无比娴熟，这种方式既能刺激用户消费，还能够用丰富多彩的兑换活动来培养用户的忠诚度。在每一期的信用卡账单中，都会有对信用卡积分的说明。

图 7-1 为笔者的平安信用卡账单，其中明确标注出信用卡积分情况。

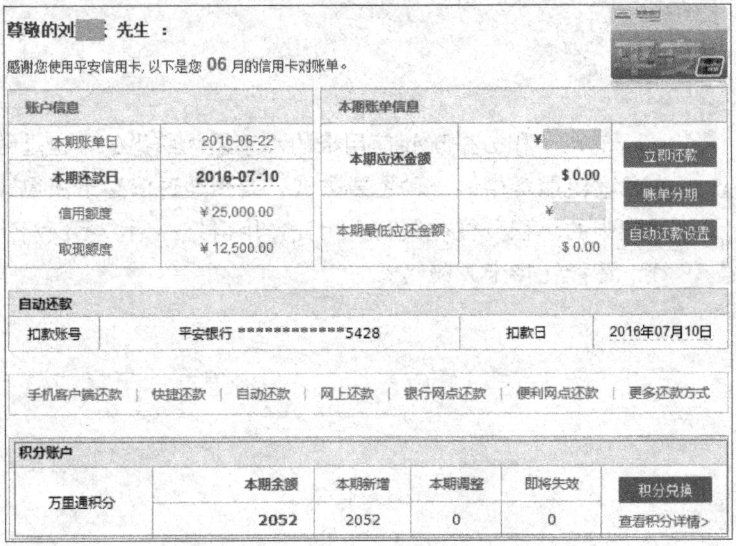

图 7-1　笔者的平安信用卡账单

> 💡 **专家提醒**
>
> 信用卡的积分是非常有用的，信用卡用户可以通过刷卡消费或者透支取款等方式获得信用卡积分，然后用积分兑换发卡银行提供的相应奖品，也可以兑换服务。部分银行甚至可以用积分来抵用消费金额和年费等。

每一张信用卡的积分含金量都是不同的，下面分析考察信用卡积分含金量的三大标准。

1. 符合个人需求的程度

在现代化的城市中生活，每个人都有一堆的会员卡，但是其中能够直接用得上的会员卡并不多。信用卡也是如此，每个人的刷卡消费是相对固定的，太多的信用卡无法让用户获得最佳的刷卡消费体验。

从信用卡用户的角度出发，选择一张符合个人需求的信用卡是最佳选择。因为这张信用卡不但会让用户消费和积分两不误，而且用户持续进行消费，积分的含金量也会逐渐提升。

专家提醒

如果用户喜欢旅游，那么选一张旅游类的信用卡再好不过，比如平安携程商旅卡，可以将消费积分自动整合成携程积分。

如果用户需要洗车服务，那么办中国建设银行的信用龙卡，每周免费洗车一次，既实惠又实用，还可以累积积分兑换物品。

2. 积分的保质期长久性

不同银行的积分保存时间是不同的，图 7-2 为笔者的中信银行信用卡金卡的积分变动信息，其中有明确标注积分的有效期。

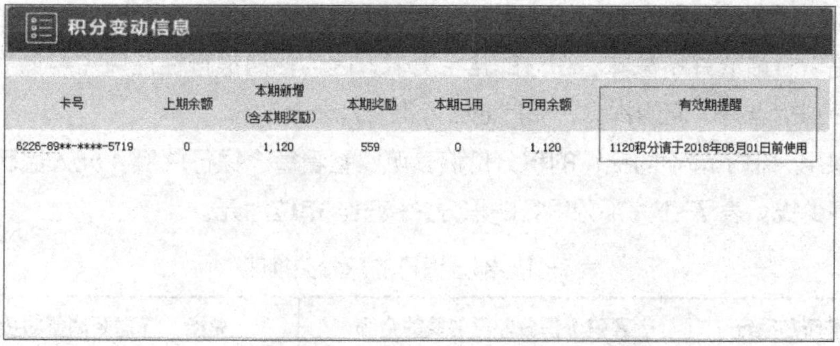

积分变动信息

卡号	上期余额	本期新增（含本期奖励）	本期奖励	本期已用	可用余额	有效期提醒
6226-89**-****-5719	0	1,120	559	0	1,120	1120积分请于2018年06月01日前使用

图 7-2　笔者的中信银行信用卡金卡的积分变动信息

还有的银行信用卡积分是永久的，图 7-3 为招商银行信用卡积分情况。

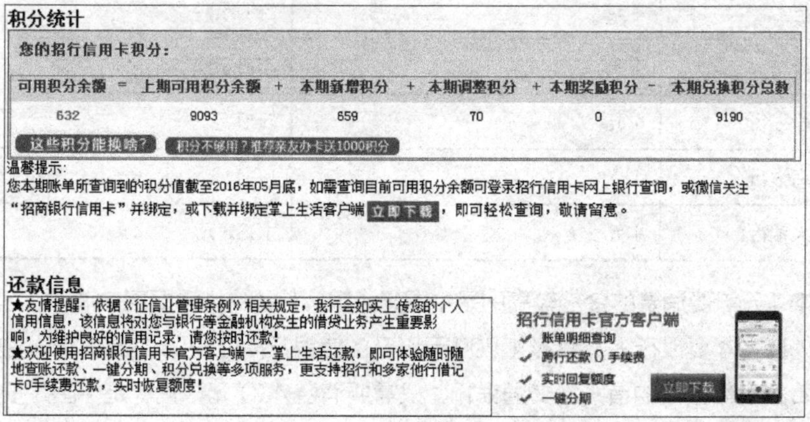

积分统计

您的招行信用卡积分：

可用积分余额	=	上期可用积分余额	+	本期新增积分	+	本期调整积分	+	本期奖励积分	-	本期兑换积分总数
632		9093		659		70		0		9190

这些积分能换啥？　积分不够用？推荐亲友办卡送1000积分

温馨提示：
您本期账单所查询到的积分值截至2016年05月底，如需查询目前可用积分余额可登录招行信用卡网上银行查询，或微信关注“招商银行信用卡”并绑定，或下载并绑定掌上生活客户端 立即下载，即可轻松查询，敬请留意。

还款信息

★友情提醒：依据《征信业管理条例》相关规定，我行会如实上传您的个人信用信息，该信息将对您与银行等金融机构发生的借贷业务产生重要影响，为维护良好的信用记录，请您按时还款！
★欢迎使用招商银行信用卡官方客户端——掌上生活还款，即可体验随时随地查账还款、一键分期、积分兑换等多项服务，更支持招行和多家他行借记卡0手续费还款，实时恢复额度！

招行信用卡官方客户端
✔ 账单明细查询
✔ 跨行还款 0 手续费
✔ 实时回复额度
✔ 一键分期
立即下载

图 7-3　招商银行信用卡积分情况

大部分银行的积分有效期都是永久的，但是交通银行、中信银行、浦发银行、中国光大银行、广发银行等信用卡积分存在有效期，分别是 1 ~ 5 年不等。持卡人在消费后一定要记得及时使用信用卡积分兑换，以免损失了本该享受的优惠权利。

> 💡 专家提醒
>
> 相比于有积分兑换时间要求的信用卡，笔者建议用户在选择信用卡时，应优先选择积分保质期长，甚至永久的信用卡。
>
> 大部分银行的刷卡积分都是永久的，比如中国建设银行、中国农业银行、招商银行、民生银行、兴业银行等。

3. 积分的性价比突出性

不同银行在刷卡积分方面的要求有所不同，比如招商银行的积分标准是 20 元积 1 分，这是目前所有银行中信用卡积分最低的。与之相反，浦发银行的外币积分最高，信用卡用户通过信用卡消费或预借现金 1 美元都可以获得 16 分。

但是积分最低并不意味着积分的含金量低，因为招商银行往往只需要几千积分就可以兑换到相当有价值的物品，而其他银行得要几十万积分。

如果用户想了解不同银行的积分价值，可以看看每个银行兑换 1 元人民币需要用户消费多少钱。表 7-1 为部分银行的积分兑换表，单位为元。

表 7-1　部分银行的积分兑换表

信用卡所在银行	累积 1 积分需要消费的金额	兑换 1 元需要消费的金额
中国银行	1 元	667 元
招商银行	20 元	780 元
兴业银行	1 元	660 元
交通银行	1 元	400 元
中国建设银行	1 元	500 元
中国工商银行	1 元	500 元
中国光大银行	1 元	1332 元

兑换 1 元需要消费的金额较高的是中国光大银行信用卡，需要用户消费 1 332 元，除此之外还有华夏银行需要消费 1 200 元以及中信银行需要消费 1 250 元。兑换 1 元需要消费的金额最低的首先是交通银行，只需要消费 400 元，其次是中国建设银行和中国工商银行也只需要消费 500 元。

> 💡 **专家提醒**
>
> 　　事实上中国工商银行的发卡量是领先于其他银行的，积分的实惠性高也是其吸引用户的主要原因。
>
> 　　需要注意的是，这里是在用户消费没有翻倍积分的前提下讨论的，而大部分银行都会推出积分翻倍活动。

122　了解信用卡积分累计方式

　　信用卡的新手用户往往对积分的累积方式不是很在意，但是用卡高手却充分了解每一张卡的积分累积方式。

　　下面从 3 个方面分析信用卡积分累积的方式。

1. 必须了解的积分计算方式

　　不同银行的信用卡积分的具体计算方式多种多样，而刷卡消费计算积分只是最基本的一种计算方式。下面分析信用卡积分的计算方式。图 7-4 为积分计算的 5 个要点。

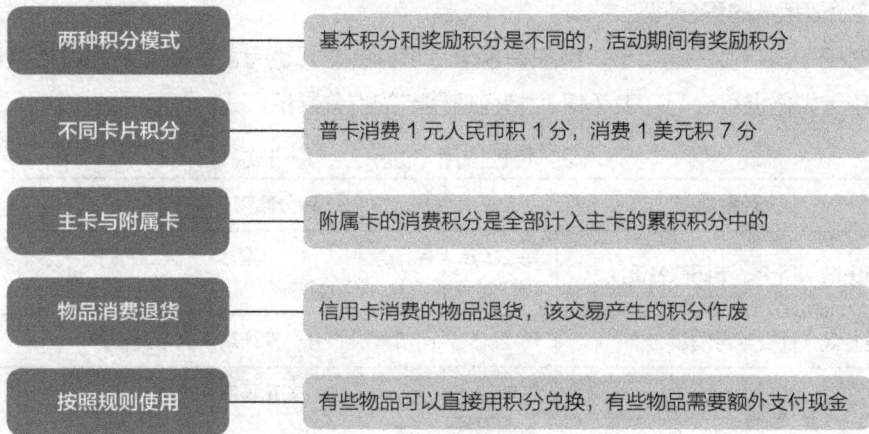

两种积分模式	基本积分和奖励积分是不同的，活动期间有奖励积分
不同卡片积分	普卡消费 1 元人民币积 1 分，消费 1 美元积 7 分
主卡与附属卡	附属卡的消费积分是全部计入主卡的累积积分中的
物品消费退货	信用卡消费的物品退货，该交易产生的积分作废
按照规则使用	有些物品可以直接用积分兑换，有些物品需要额外支付现金

图 7-4　积分计算的 5 个要点

2. 普通卡与高端卡的积分问题

　　使用中信银行的信用卡普卡消费 1 元人民币获得 1 分，消费 1 美元获得 6 分，消费金额产生的积分在次日生效。使用中信银行的信用卡金卡消费 1 元人民币获得 2 分，消费 1 美元获得 12 分。

　　图 7-5 为中信银行信用卡的权益说明，其中积分特色方面说明了金卡的积分累积方式。

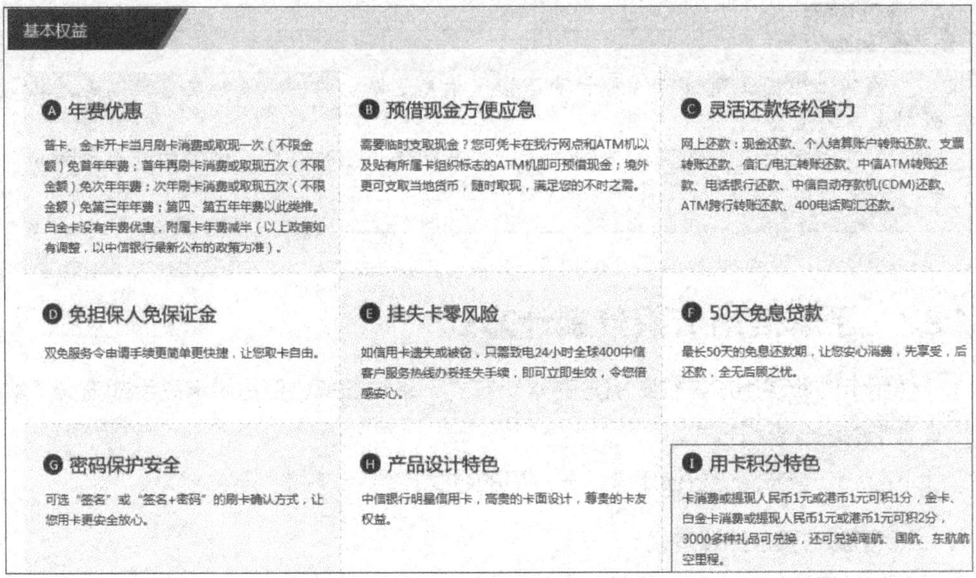

图 7-5　中信银行信用卡的权益说明

3. 特色信用卡的积分问题

对于一些特色的信用卡，用户积累卡片积分的方式也有所不同。下面以招商银行的信用卡为例进行说明，表 7-2 为特色信用卡的积分累积方式。

表 7-2　特色信用卡的积分累积方式

卡片名称	积分累积方式
城市主题信用卡、丰田联名信用卡	每 20 元人民币累积 1 分，再额外赠送 50% 的积分，累计用户的专属积分
各类游戏、社交平台的联名卡	每 20 元人民币累积 1 分，累计用户的专属积分
各大航空公司的联名信用卡	每消费 18 元人民币或 2 美元累积 1 个航空公司里程
ANA 的航空联名信用卡	每 20 元人民币或 2 美元累积 1 个 ANA 里程

123　规避无法获得积分的信用卡消费

并不是所有的信用卡消费都可以获得积分，大部分银行都有明确说明，部分领域的消费是无法获得积分的，除非是特殊的联名信用卡消费。不同银行针对同一消费渠道也有不同要求，比如用户使用招商银行信用卡在超市购物是不计积分的，而中信银行信用卡会计积分。

图 7-6 为招商银行信用卡官网标注的不参与招商银行信用卡积分累积的商户类别。

商户类别分类	商户类别代码（MCC）
房地产汽车类	1520、7013、5271、5511、5521、5551、5561、5571、5592、5598、5599、5933
批发商户类	5021、5039、5044、5045、5046、5047、5051、5065、5072、5074、5111、5122、5131、5137、5139、5172、5192、5193、5198、5998、5013、5398、4458
加油、超市类	5541、5542、5722
交通运输售票	4511、4111、4121、4131、4784、3998、4112
水电气缴费	4900、4814、4899、6300、5960
政府类	8651、9211、9222、9223、9311、9399、9400
便民类	5994、7523、9402
公立医院、公立学校、慈善	8062、8211、8220、8398
其他	7299、8399、6012、0763、9498、7399、4816、7372

图 7-6　招商银行信用卡官网标注的不参与招商银行信用卡积分累积的商户类别

🔅 专家提醒

　　招商银行信用卡官网还特别说明，凡是属于信用卡年费、相关款项的利息、相关款项的手续费、用户逾期缴费产生的费用等，都不参与招商银行信用卡积分累积。

　　除此之外，还有用户通过代扣、代缴等方式进行支付的费用也不参与招商银行信用卡的积分累积。

124　大额的信用卡消费巧分解

通过小积分换取大实惠是用卡达人的基本技巧，事实上只要刷卡有道，信用卡积分就能帮持卡人实现一些原本需要现金才能够实现的目标。

以招商银行信用卡中心在 2016 年 7 月推出的活动为例，新用户持有招行 ELLE 信用卡在两个自然月内，使用该信用卡消费 3 笔，每笔消费满 188 元，就可以获得 ELLE 佰草集套装礼盒一份或者招商银行信用卡的 1 000 积分。

图 7-7 为新户刷卡的活动界面。

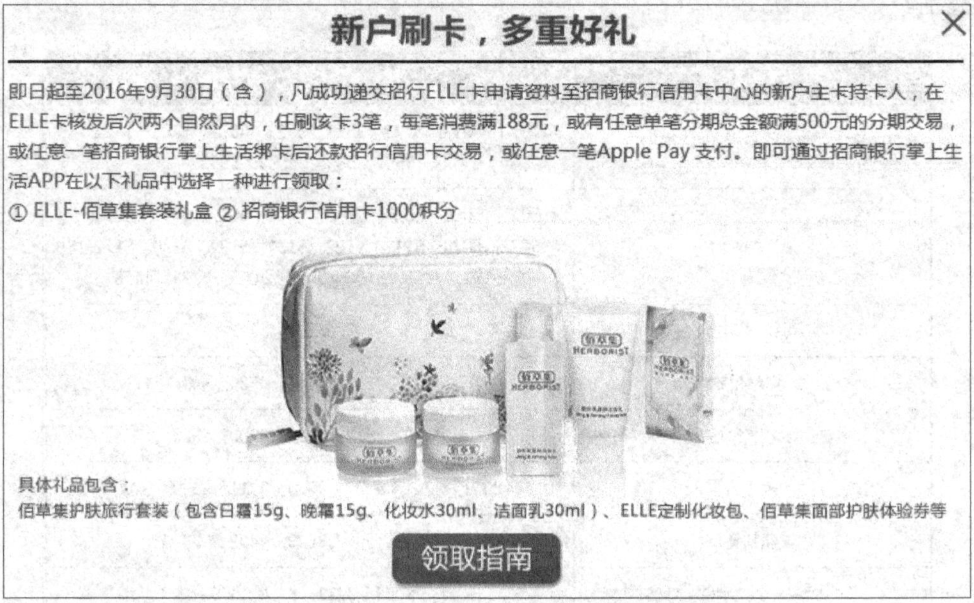

新户刷卡，多重好礼 ✕

即日起至2016年9月30日（含），凡成功递交招行ELLE卡申请资料至招商银行信用卡中心的新户主卡持卡人，在ELLE卡核发后次两个自然月内，任刷该卡3笔，每笔消费满188元，或有任意单笔分期总金额满500元的分期交易，或任意一笔招商银行掌上生活绑卡后还款招行信用卡交易，或任意一笔Apple Pay支付。即可通过招商银行掌上生活APP在以下礼品中选择一种进行领取：

① ELLE-佰草集套装礼盒 ② 招商银行信用卡1000积分

具体礼品包含：
佰草集护肤旅行套装（包含日霜15g、晚霜15g、化妆水30ml、洁面乳30ml）、ELLE定制化妆包、佰草集面部护肤体验券等

领取指南

图 7-7　新户刷卡的活动界面

对于这类刷卡 3 次的活动，用户其实非常容易获得礼品。比如申请到信用卡之后，用户在某刷卡有效的大型卖场内购物，购买衣服、裤子和鞋子，只要将多类物品分为 3 份，每份超过 188 元，刷卡 3 次就达到了要求，然后只要按照活动的领取步骤领取即可。

💡 专家提醒

这种多次刷卡获得礼品的活动在各个银行都非常多，因为银行为了提高持卡人的活跃度，会不定期地推出类似的活动。

如果礼品符合用户的需求，那么持卡人就可以抓住机会，根据需要适时消费，获得最大利益。

需要注意的是，这类活动一般都有限制的时间段、刷卡次数、刷卡金额，部分活动甚至要求用户在特定的商家刷卡或在一定的范围内购物，用户要仔细了解规则。

125　五大要点玩转信用卡积分

信用卡刷卡不能盲目，这是很多新手的误区，并不是刷卡越多获利越多。刷卡超过个人的承担能力就会让持卡人成为"卡奴"，在这种情况下，积分积累未必能达到

最好的效果。下面分析用户玩转信用卡积分的五大要点。

1. 不可错过的刷卡积分活动

大部分的银行都会在节假日或者重大活动时推出"双倍积分"以及"积分赠送"等活动，除此之外还有的信用卡本身就是具备双倍积分效果的。

图 7-8 为交通银行沃尔玛信用卡的双倍积分活动。

图 7-8　交通银行沃尔玛信用卡的双倍积分活动

专家提醒

部分特殊的银行信用卡在持卡人生日时也会有双倍或者多倍积分的活动，这都是积累积分的好时机，用户在办卡时就可以注意到这些方面，进而选择实用的信用卡办理。

用户可以在双倍或者多倍积分时购买一些必需品或者大件物品，比如电器、家具等，就能够获得更多的积分，积分不仅可以兑换物品，而且刷卡次数多与额度高，会让银行考虑提高信用卡的固定额度。

2. 有实惠积分活动时不妨参与

除了刷卡获得积分外，还有部分银行推出的活动是不需要刷卡的，比如在微信公众号上绑定信用卡、下载 APP、办理信用卡主卡或者附属卡等。

下面以招商银行为例，招商银行推出的实惠活动非常多。图 7-9 为用户绑定招商银行微信银行的活动。

图 7-9 用户绑定招商银行微信银行的活动

> 💡 专家提醒
>
> 　　这类优惠活动能够让用户获得积分、话费、流量、电影票、红包等奖励，而且大部分活动都是很容易参与的，比如绑定微信银行的活动，只需要两分钟即可。
> 　　积分积累最重要的就是积少成多，用户需要多关注银行推出的相关活动，不要错过积分赠送的活动。

3. 积极地帮助他人刷卡消费

　　积分的积累并不容易，怎么样获得尽可能多的刷卡次数是用卡高手需要注意的，其中积极帮助他人刷卡消费就成为了可行的方式。这种刷卡消费是指大众聚餐消费时用户先刷卡，然后其他人再 AA 支付给用户。

> 💡 专家提醒
>
> 　　除了与朋友、同事出去消费时可以代刷卡之外，与家人一起消费时刷卡，积分的积累也相当容易。
> 　　信用卡附属卡的积分是与主卡积分一起计算的，如果家庭成员多，那么刷卡能够在短期内凑到较高的积分。

4. 注意积分有效期限

　　根据大多数银行信用卡的规定，只要信用卡主卡是在使用有效期内，用户消费的积分就是有效的。除了这种信用卡，还有部分银行的信用卡积分有效期只有两年左右，过期就无法使用。

　　积分有效期限是用户积分兑换时尤其需要注意的，对于有效期永久的银行信用卡而言，只要用户不销卡，该卡就是有效的。

　　当用户的一张信用卡过期换发新卡时，旧卡的消费积分会自动转续到新卡上。

5. 注意积分的使用渠道

　　积分能够给用户带来实惠，但是如何把实惠最大化就需要注意积分的使用渠道。主要的使用渠道有 3 种，如图 7-10 所示。

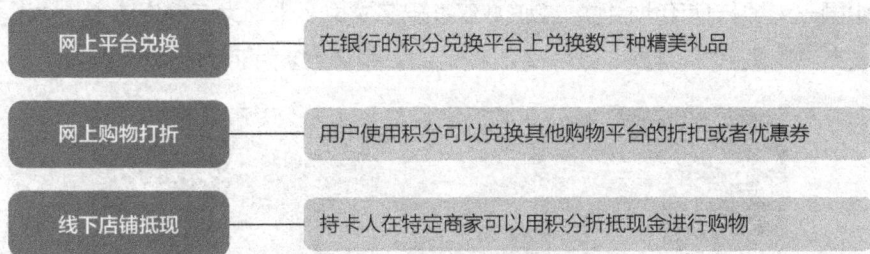

网上平台兑换 —— 在银行的积分兑换平台上兑换数千种精美礼品

网上购物打折 —— 用户使用积分可以兑换其他购物平台的折扣或者优惠券

线下店铺抵现 —— 持卡人在特定商家可以用积分折抵现金进行购物

图 7-10　针对积分使用渠道的分析

　　图 7-11 为中信银行信用卡的积分兑换平台主页，用户可以花费一些时间在平台上选择最适合自己的商品进行兑换，或者获得其他平台的折扣与优惠券，积分兑换是长期的，这能够让优惠券得到最大的利用。

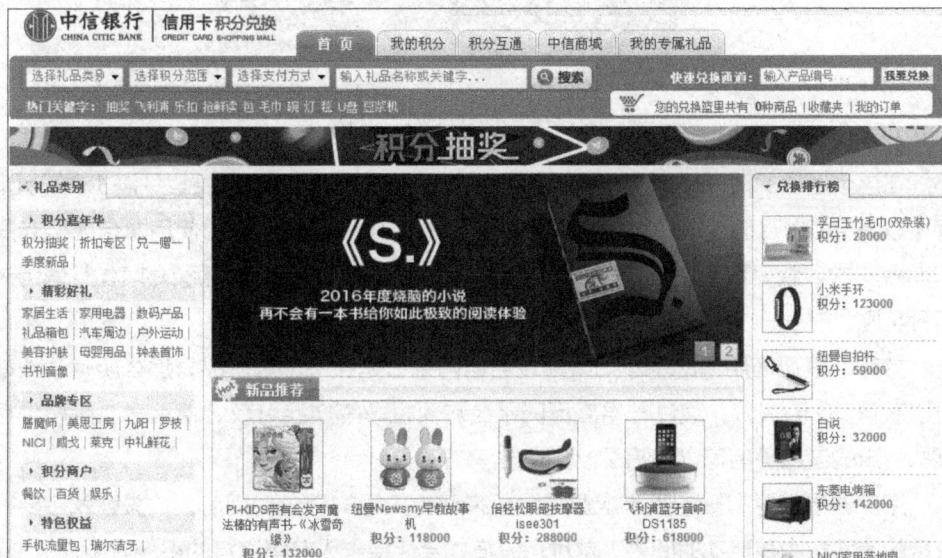

图 7-11　中信银行信用卡的积分兑换平台主页

126 有限的刷卡无限的使用潜力

一笔同数额的刷卡消费，用卡高手可以获得更多的附加价值，而新手往往就是只用来消费，怎么样让有限的刷卡创造出无限的使用潜力是用户在使用信用卡时需要格外注意的。

通过活动来获得积分是刷卡获得积分的基本方式，比如生日双倍积分、新用户积分等，兴业银行白金信用卡持卡人在生日当天刷卡消费，可以获得 4 倍的积分，附属卡的持卡人也是如此。与这种刷卡不同，要想在其他的时间里通过刷卡获得无限的使用潜力，那么还需要关注特殊活动。

中国光大银行信用卡中心在 2010 年推出了龙凤金卡，为了推广该卡，中国光大银行发布"龙凤呈祥，与您'分'享"的活动。图 7-12 为活动的宣传图片。

图 7-12 活动的宣传图片

在这个活动的时间限期内，用户使用"龙卡"或"凤卡"刷卡消费累计满 1 000 元，就可以得到 10 万信用卡积分的奖励。除此之外，用户在每个月内使用龙卡或凤卡刷卡消费一次，就可以获得一次抽奖机会，中奖的用户还可以获得额外的 10 万信用卡积分奖励。

持有万里通信用卡的用户如果通过当当网平台购买图书等产品，那么所有消费都可以获得 10 倍积分，通过芒果旅行网平台购买机票等产品可获 8 倍积分，用户预订某些特定的连锁酒店可以获得 20 倍积分。

用户要想通过有限的刷卡次数与金额来获得无限的积分使用潜力，关键就是要把分散的消费集中在活动时间内，这种积分模式会让持卡人获得满意的积分效果。

专家提醒

用户使用积分时应提前对商品进行核算，换购前先算账，尽可能地用最低的积分换到性价比高的商品。

掌握信用卡积分渠道以及信用卡积分兑换渠道，也是用户通过积分获得无限使用潜力的基本条件。

127 注意积分兑换的相关规则

每个银行的积分兑换规则都是不同的，比如积分折现等方式，用户可以使用积分直接兑换现金。在刷卡消费时，如果信用卡积分不足抵扣消费金额，不足的金额再就从信用卡中扣除。

比如用户的信用卡有 6 500 积分，可折算为 10 元，如购买 15 元的商品，会扣除 6 500 积分，同时用户还需要用信用卡支付 5 元。如果用户只是通过信用卡积分购买 9 元的商品，就会扣除 5 850 积分。

图 7-13 为笔者在淘宝平台购物时使用信用卡积分购物的明细。

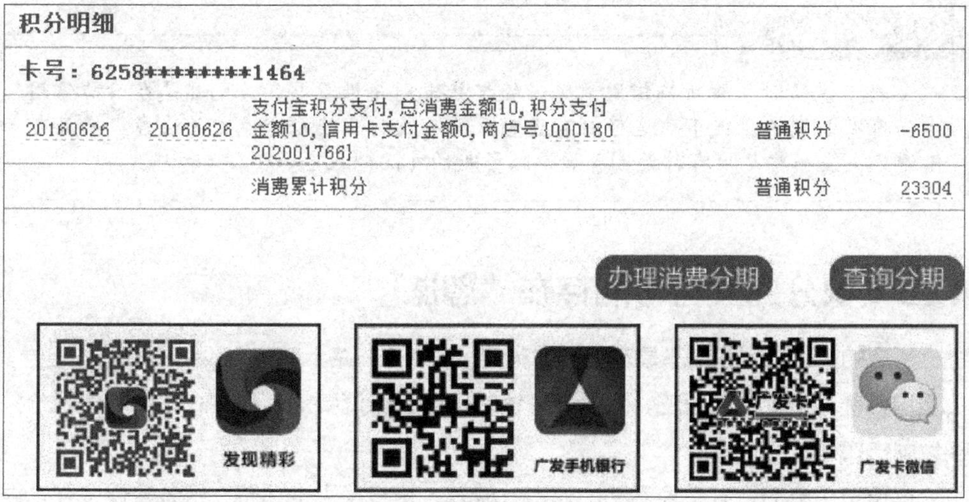
积分明细
卡号：6258********1464
20160626
20160626
支付宝积分支付，总消费金额10，积分支付金额10，信用卡支付金额0，商户号{000180202001766}
普通积分
-6500
消费累计积分
普通积分
23304
办理消费分期
查询分期
发现精彩
广发手机银行
广发卡
广发卡微信

图 7-13 笔者在淘宝平台购物时使用信用卡积分购物的明细

下面仅以中国工商银行为例，介绍信用卡礼品换购规则。

这种积分折现并不需要用户在特定的商家消费，只要是支付宝能够用的地方，就可以使用积分。支付宝会先将各家信用卡的积分按照一定比例转化为集分宝，再由集分宝抵现支付。可以将一些积分兑换的物品价值不大，但是积分较高的信用卡，就可以直接用这种方式兑换现金。

除此之外，用户还需要对银行信用卡的积分兑换整体规则有一定的认识。表 7-3 为中国工商银行信用卡积分兑换整体规则。

表 7-3　中国工商银行信用卡积分兑换整体规则

兑换地址	工商银行信用卡平台积分兑换中心
有效时间	24 个月
累积规则	消费 1 元人民币积 1 分，消费 1 美元积 8 分，不足 1 元不计
	部分情况下的交易不累计积分，比如批发类交易、转账类交易、专业类交易、储值类交易等
查询方法	主要有 5 种查询方法，分别是电话查询、对账单查询、网银查询、短信查询与网点查询
积分兑换	用户可以在网上兑换，如折现、兑换物品等，还可以在指定的营业网点兑换，由银行工作人员来提供兑换服务
兑换里程	信用卡积分达到一定的程度，可以兑换部分航空公司的里程，比如 10 000 分可兑换 500 国航里程或者 500 东航里程等

💡 专家提醒

　　持卡人及时了解所持信用卡银行的换礼规则是很重要的，尤其是在所持信用卡具有有效期的情况下，这可以有效避免没有及时兑换积分造成的浪费，而且可以避免失去一些兑换有时效性或者是限量版的礼品的机会。

128　积分兑换有可能存在"忽悠"

所谓的优惠有时候并不是真的那么实用，大家走在路上都可以收到一堆的优惠券，但是这种优惠很少是实在的，只是商家诱惑用户进行消费的一种方式，信用卡积分兑换也同样如此。

真正有实惠的积分兑换活动比如积分秒杀、积分换手机话费、积分换现金等，银行偶尔会推出，但并不是主要的积分兑换模式。其他的积分兑换有积分抽奖、积分折扣等，实用性有限。

比如中信银行的积分兑换中有积分抽奖功能，奖品非常有诱惑力，比如苹果手机、苹果手表、单反相机、十万积分等。图 7-14 为积分抽奖的选择界面。

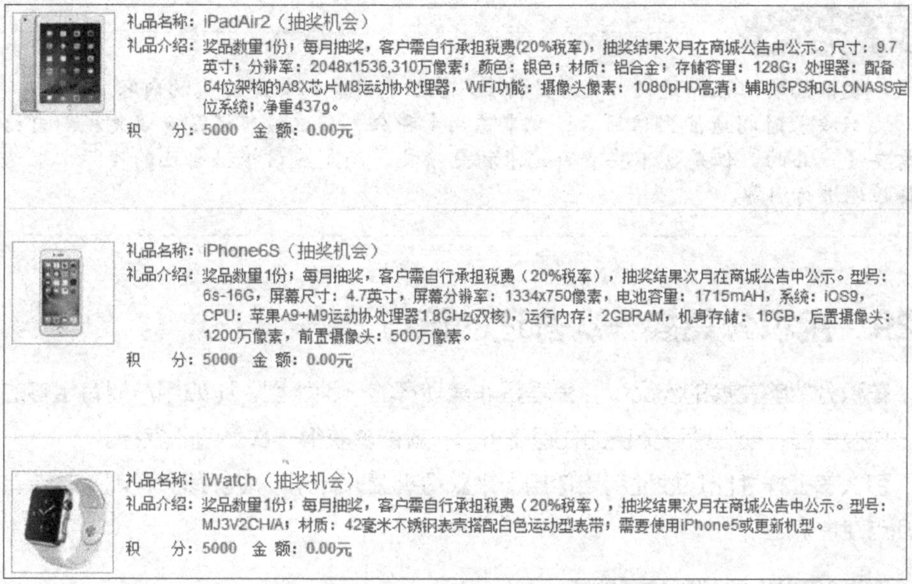

礼品名称：iPadAir2（抽奖机会）
礼品介绍：奖品数量1份；每月抽奖，客户需自行承担税费(20%税率)，抽奖结果次月在商城公告中公示。尺寸：9.7英寸；分辨率：2048x1536,310万像素；颜色：银色；材质：铝合金；存储容量：128G；处理器：配备64位架构的A8X芯片M8运动协处理器，WiFi功能；摄像头像素：1080pHD高清；辅助GPS和GLONASS定位系统；净重437g。
积　分：5000　金　额：0.00元

礼品名称：iPhone6S（抽奖机会）
礼品介绍：奖品数量1份；每月抽奖，客户需自行承担税费（20%税率），抽奖结果次月在商城公告中公示。型号：6s-16G，屏幕尺寸：4.7英寸，屏幕分辨率：1334x750像素，电池容量：1715mAH，系统：iOS9，CPU：苹果A9+M9运动协处理器1.8GHz(双核)，运行内存：2GBRAM，机身存储：16GB，后置摄像头：1200万像素，前置摄像头：500万像素。
积　分：5000　金　额：0.00元

礼品名称：iWatch（抽奖机会）
礼品介绍：奖品数量1份；每月抽奖，客户需自行承担税费（20%税率），抽奖结果次月在商城公告中公示。型号：MJ3V2CH/A；材质：42毫米不锈钢表壳搭配白色运动型表带；需要使用iPhone5或更新机型。
积　分：5000　金　额：0.00元

图 7-14　积分抽奖的选择界面

这种抽奖也许是真实有效的，但是中奖概率相当低，绝大部分用户是不可能得到奖品的。用户通过积分兑换抽奖机会时要细心理智，不要一时头脑发热，觉得有机会就无节制地抽奖。

还有一种就是积分与现金同用的积分兑换，用户需要付出一部分的现金和积分，就笔者的经历而言，这种商品大部分都不划算。图 7-15 为招商银行信用卡积分兑换平台的相关兑换物品。

莱克吉米立式吸尘器VC-S101W
2000积分 + ￥199.00
市场价：￥999.00

苏泊尔火红点煎烤机JC32A822-130
2000积分 + ￥349.00
市场价：￥629.00

苏泊尔中华炽陶智能电炖锅DG40YC8-60
2000积分 + ￥369.00
市场价：￥689.00

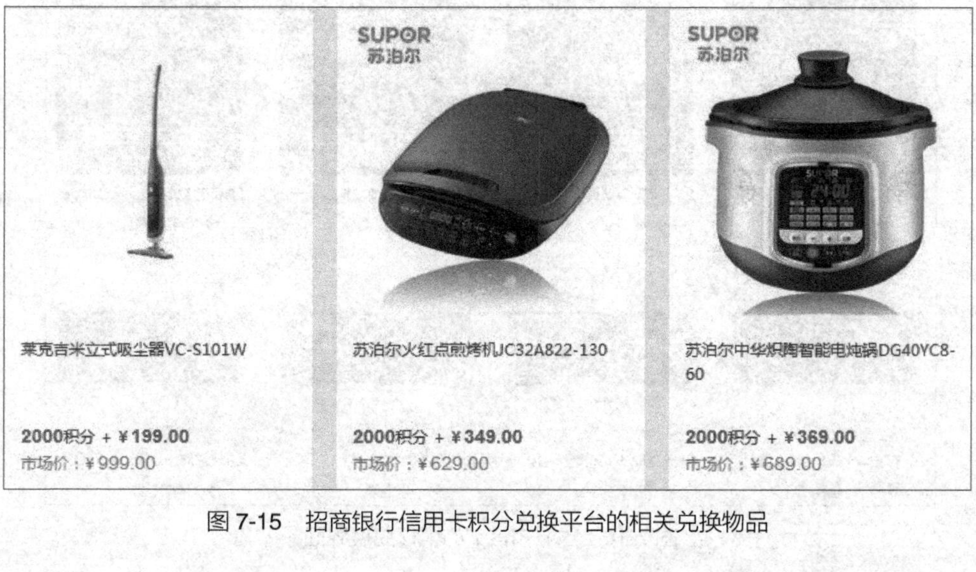

图 7-15　招商银行信用卡积分兑换平台的相关兑换物品

💡 专家提醒

　　奖品的实用性和兑换性价比是持卡人在进行兑换时必须考虑的内容。

　　只要长时间地使用信用卡，积累信用卡积分，那么最终还是可以兑换到自己需要的产品的，但是也不要盲目追求积分换礼，而是应该根据自己的实际需求选择性地进行消费。

129　用积分兑换一次舒适的旅行

　　在积分能够兑换的物品中，里程是非常划算的一种类型。比如用户拥有足够的积分，兑换里程，换取两张免费的往返飞机票，就能够获得一次舒适的旅行。

　　那么怎么样才能巧妙地利用信用卡来获得机票，计划一段舒适旅程呢？笔者有以下几点建议。

1. 了解里程兑换的规则与有效期

　　赶在积分到期作废前兑换机票是必须的，不然超过有效期兑换的里程就作废了。南航明珠卡的里程有效期为两年，国航知音卡的累积里程有效期是三年。不同航空公司的里程有效期不同。

　　用户用里程兑换之后，物品也是有有效期的，用户要特别注意。图 7-16 为国航知音卡的里程兑换界面。

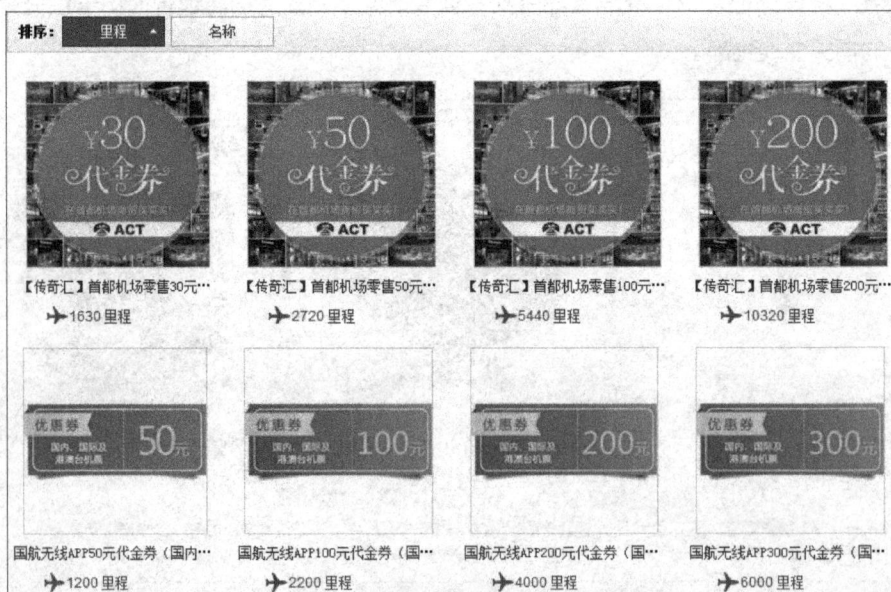

图 7-16　国航知音卡的里程兑换界面

用户兑换物品前后都可以在物品的详情界面查看其有效期，比如国航知音卡兑换的机票有效期为一年。

2. 预先选择最实用的联名卡

不同联名卡的积分兑换方式和累积积分方式有所不同，用户在办理信用卡时就应该选择最实用的联名卡。

图 7-17 为中信银行信用卡中心提供的多种航空公司联名卡。

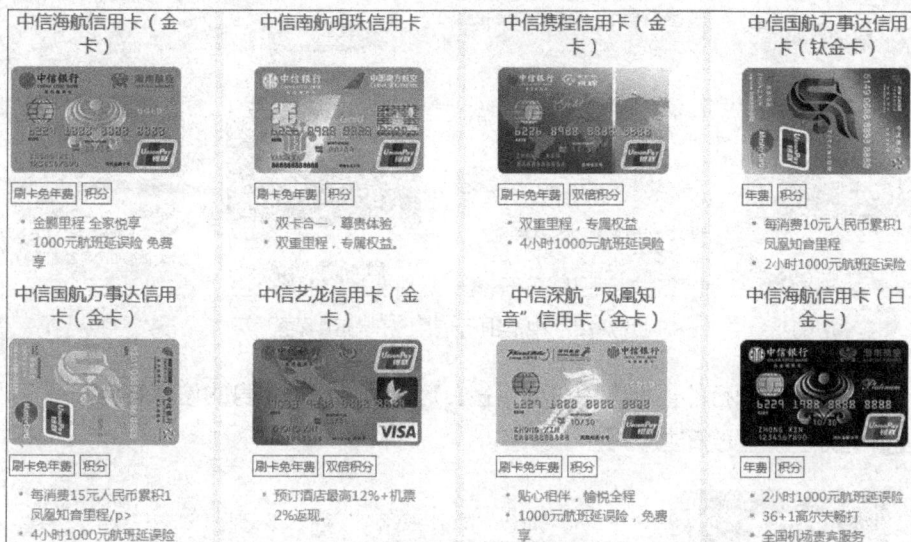

图 7-17　中信银行信用卡中心提供的多种航空公司联名卡

在不同信用卡的说明界面，用户可以看到该信用卡的不同功能，用户需要结合个人需求，选择最实用的卡片进行办理。

> 🔆 专家提醒
>
> 信用卡由于发行银行和卡片种类不同，具备的功能也是有所不同的。
> 用户只要在选卡、多刷积分和合理利用积分方面多下功夫，用积分兑换一次舒适的旅行就轻松可得。

130　信用卡的积分含金量各有不同

银行的积分系统不同，积分的含金量也就不同。在某些银行获得 10 万积分非常难，比如招商银行，用户要想获得 10 万积分，需要消费 200 万元人民币或等值美元。但是在另外一些银行却很容易，比如中信银行用户要想获得 10 万积分，只需要申请信用卡后随便刷卡一次即可。

获取积分的难易程度不同，导致积分的含金量不同，图 7-18 为中信银行信用卡的申请界面，这类普卡都是用户首刷就送 10 万积分的。

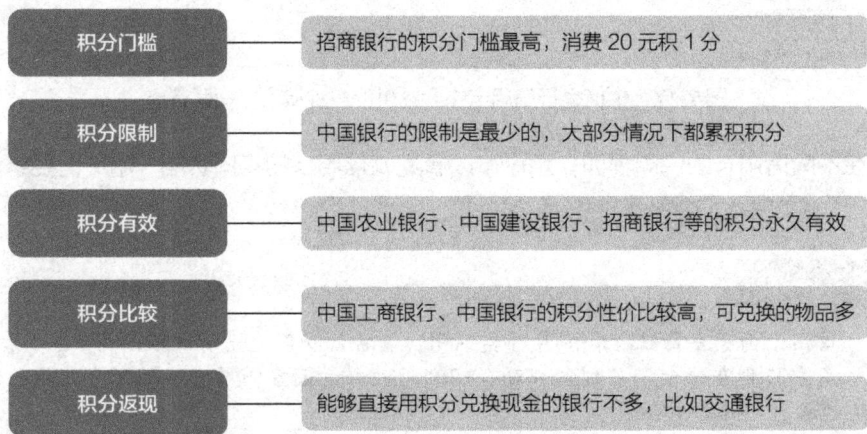

图 7-18　中信银行信用卡的申请界面

要想了解各银行的信用卡积分含金量，可以从信用卡本身的信息着手。图 7-19 为了解积分含金量必须注意的 5 个方面。

积分门槛	招商银行的积分门槛最高，消费 20 元积 1 分
积分限制	中国银行的限制是最少的，大部分情况下都累积积分
积分有效	中国农业银行、中国建设银行、招商银行等的积分永久有效
积分比较	中国工商银行、中国银行的积分性价比较高，可兑换的物品多
积分返现	能够直接用积分兑换现金的银行不多，比如交通银行

图 7-19　了解积分含金量必须注意的 5 个方面

💡 专家提醒

一般来说，经常去餐馆消费的，使用招商银行信用卡更好，如果是时常在境外消费，可以选择中国银行或浦发银行的信用卡。如果用户是网购爱好者，那么用中国工商银行、中国光大银行、中信银行的信用卡能够获得更多实惠。

131　积极参与银行的刷卡周期活动

有些银行推出的刷卡活动是固定的，信用卡持卡人只需要在这类活动的时间期限内使用信用卡刷卡即可参与活动。

图 7-20 为交通银行推出的最红星期五活动界面。

图 7-20　交通银行推出的最红星期五活动界面

这个活动是全年的，而且用户只需要到时在合作超市内刷卡消费即可。这种长期的刷卡活动非常适合用户参与，因为其参与门槛低，但是实惠高，返现的优惠力度是其他优惠活动不能比的。

> **专家提醒**
>
> 为了吸引和培养核心用户，大部分银行都有这类周期活动，比如这家银行有"最红星期五"活动，另外一家银行就推出"最红星期一"活动。用户在恰当的时候选择恰当的信用卡进行消费，就能够省下不少钱。

132　限时的商品抢购活动

在银行推出的诸多信用卡活动类型中，还有一类活动非常少见，这就是限时的商品抢购活动。

比如交通银行曾推出的"积分乐园周周抢"活动，在活动期间每周一至周五上午10 点起，每天都有一款商品进行特价抢购。商品并不是所有人都能购买的，其活动名额有限。除了现金购买，还有就是积分兑换。图 7-21 为中信银行信用卡中心推出的 9 积分兑换活动界面。

图 7-21　中信银行信用卡中心推出的 9 积分兑换活动界面

通过这种限时的商品抢购活动，用户可以获得实在的优惠，虽然兑换有数量限制，但是如果用户持续关注银行的活动，那么还是有机会获得的，至少比抽奖的可能性要大得多。

> **专家提醒**
>
> 　　银行推出的类似活动都具有即时性，如果活动的优惠力度大，那么其持续时间就短，限制就更多。持卡人要经常关注持有银行卡的官方网站的活动信息，并且要积极参与活动，才能获得实现的优惠，换取爱物。

133　特色的信用卡赢积分方式

每一家银行的积分兑换平台上的礼品各式各样，重要级的礼品也不少，但是如果让人通过购物刷卡来获得积分，却是要相当长的时间才有可能兑换一些东西。如果用户疯狂刷卡，又可能盲目消费，使自己陷入债务危机。

在这种情况下，特色的信用卡就成为了用户不用刷卡也可以赢得积分的一种重要方式。比如笔者喜欢在工作之余玩玩游戏，那么办理一张招商银行的英雄联盟信用卡，在游戏中进行对战获胜就可以获得积分。

图 7-22 为招商银行的英雄联盟信用卡赢积分活动说明。

即日起至2016年9月30日，凡成功办理英雄联盟信用卡的新户主卡持卡人（包含校园版客户），在申请时正确填写本人游戏账号(QQ号)，并于本页面完成本人身份证号绑定，卡片成功核发并开卡，即可享受"打比赛，赢招行积分"特权。

特别说明：

❶ 同一QQ号下所有大区的排位赛与匹配赛胜场均可累计积分。

❷ 每一胜场累计5个招行积分，每月赠送积分上限为500分。

❸ 卡片核发当月所有胜场（排位赛&匹配赛）均可累计，获赠积分在次月月底前录入

❹ 获赠积分永久有效。

注：申请时务必正确填写本人游戏账号QQ号哦！

办卡用户查询： 欢迎您

立即查询　　立即绑定身份证

时间

2016.05

2016.04

2016.03

2016.02

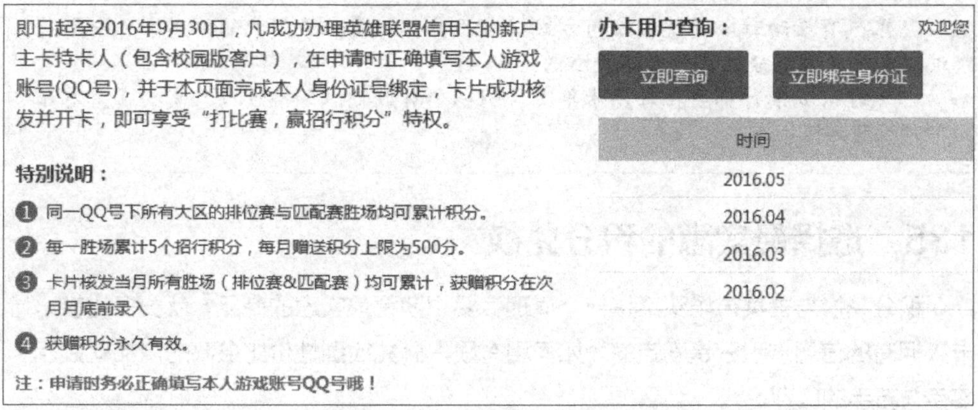

图 7-22　招商银行的英雄联盟信用卡赢积分活动说明

不要认为玩游戏得不了多少积分，要知道招商银行信用卡的积分是非常难刷的。按照正常的消费情况，用户需要消费 10 000 元人民币才可以得到 500 积分，而玩游戏一个月就可以得到 500 积分。

在招商银行的积分兑换平台上，2 000 积分就可以兑换到相当不错的商品，一年的免费杂志包邮也只需要 1 000 多积分。

🔹 **专家提醒**

用卡达人在选择信用卡时都会选择特色信用卡，主要原因在于这样能够让信用卡积分最优化，直接发挥较大的附加值。

热爱美食的用户可以选择美食信用卡，热爱游戏的用户可以选择游戏信用卡，根据需求而定。

134　及时兑换账户已有积分

及时兑换积分并不仅仅因为部分银行的信用卡积分有时间限制，还在于货币的贬值导致信用卡积分也不断贬值，一年前的一万积分可以兑换不错的礼品，一年后可能就只有兑换一盒牙膏了。

无论是哪种原因，用户及时兑换账户已有积分总是恰当的，除非是当时银行推出的积分兑换活动不符合用户的需求，这时用户可以再等一等，等商品更多的时候再兑换。

　　银行有活动时会通过短信的方式提醒用户，但是如果用户的信用卡积分即将过期，那么大部分的银行是不提醒的。

　　不过很多银行都会在每期账单上注明积分有效期限，持卡人只需要在查看账单时注意期限即可。

135　选择最实惠的积分兑换

　　积分兑换与去菜市场买菜是一个道理，要想获得最实惠的商品，就要多比较，持卡人拥有的信用卡积分是固定的，如何用有限积分兑换到性价比最高的商品就是用卡高手与新手的区别。

　　在诸多的信用卡中，笔者比较喜欢招商银行信用卡的积分兑换商品模式。在某一段时间，笔者的招商银行信用卡积分累积达到了 10 000 分，于是打算尽快在积分平台上兑换物品。

　　结合个人需求，笔者找到了好几种商品，然后通过淘宝平台和其他第三方平台，查询到了每一种商品的最低价格，最后选择了其中性价比与实用性最高的 3 样进行兑换。

　　图 7-23 为笔者的招商银行信用卡积分兑换记录。

图 7-23　笔者的招商银行信用卡积分兑换记录

　　笔者选择了小熊电炖盅、迅雷 VIP 会员月卡与《译林》杂志的一年订阅权，这些东西不仅是笔者所需的，而且是性价比较高的，非常实用，不需要笔者额外购买。其中小熊电炖盅花费了 6 390 积分，迅雷 VIP 会员月卡花费了 200 积分，《译林》杂志一年的订阅权花费了 2 800 积分。

> 💡 **专家提醒**
>
> 　　在换购前一定要先算账，一般情况下银行的信用卡积分礼品价值是按照刷卡额的 0.2% ~ 0.25% 制定的。
>
> 　　用户在换购前应先根据卡内积分算好账，然后在平台上选择换取最实用的礼品。

136 防止已累积的信用卡积分贬值

从信用卡积分的以往情况看，自 2013 年开始，各大银行的信用卡"积分"都在持续地贬值。几乎所有的银行都调整了信用卡积分的累计模式，这使得相同的一件礼品，兑换积分较之前有了大幅增加。

以招商银行为例，其与知名咖啡品牌星巴克合作，用户可以通过积分兑换一杯咖啡，2016 年时需要 799 积分，而在 2012 年只需要 660 积分，而且原本可以兑换大杯咖啡，现在只可以兑换到中杯的咖啡。

图 7-24 为积分兑换星巴克咖啡的活动界面。

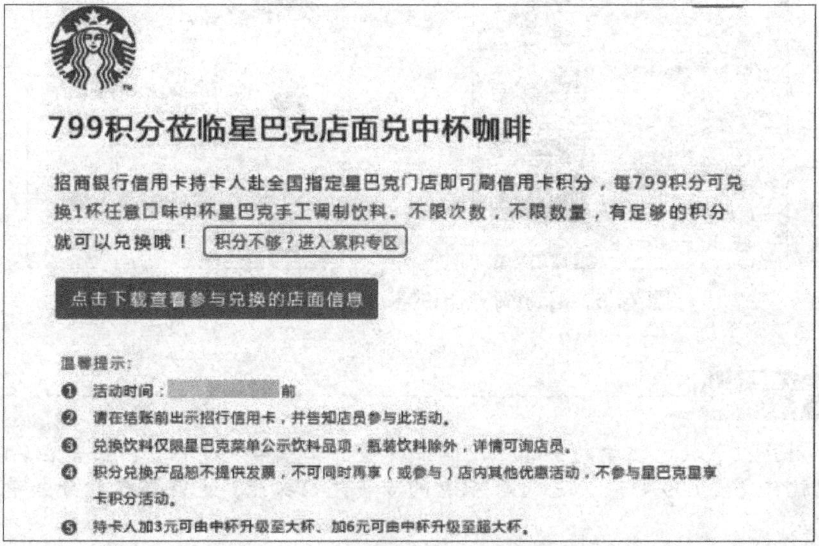

图 7-24　积分兑换星巴克咖啡的活动界面

积分换购所需数量的上涨，意味着信用卡用户需要花费比平时多很多的价钱，才能换购一杯咖啡，相当于星巴克的咖啡在几年内涨价了 21%。

137 提升信用卡积分的分量

有的银行的信用卡积分在稳定升值，但是有的银行的信用卡积分在快速贬值，不同银行之间的差距就逐渐拉开。

以兑换优惠券为例，同一种 1 元优惠券在信用卡积分分值高的银行只需要消费 500 元人民币，而在信用卡积分分值低的银行，则需要消费 1 600 元人民币。如此比较，两家银行信用卡积分的"含金量"就相差了 3 倍多。

在常用积分累积方式无法有效提升信用卡积分分量时，用户就可以通过其他方式来提升。比如手机银行 APP、微信银行等，各大银行为了吸引用户使用 APP 或者微信银行，经常会在这些平台上推出专属活动。

图 7-25 为招商银行推出的掌上生活 APP 的积分活动。

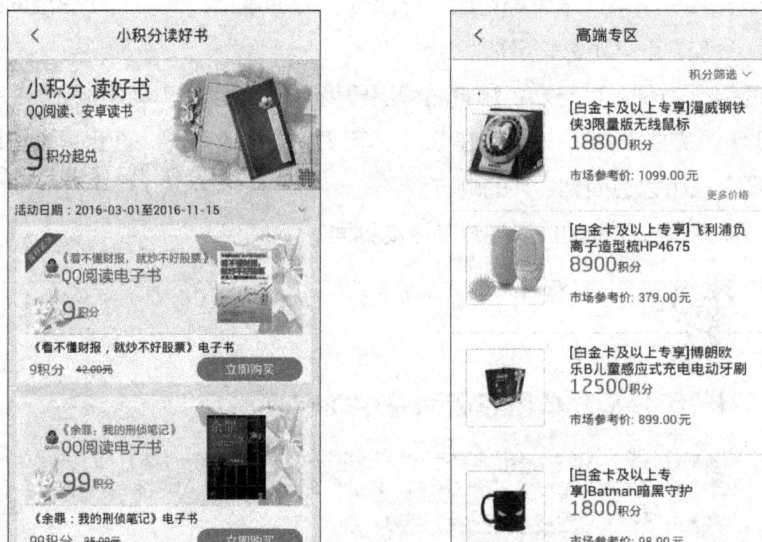

图 7-25 招商银行推出的掌上生活 APP 的积分活动

专家提醒

用户在个人电脑端的平台上换购一杯星巴克需要 799 积分，但是在 APP 端可能就只需要 699 积分，这就是 APP 的专属兑换功能，也是提升积分分量的一种方式。

几乎每一家银行的手机银行 APP 或者微信银行，都有专属的兑换功能，这需要持卡人根据自己手中的卡片仔细寻找。

138 超级翻倍积分等你来刷

与淘宝推出"双十一"活动打造品牌类似，部分银行也推出了品牌活动，其中广发银行推出的广发日非常有影响力，而且存在的时间已经非常久。

从 2013 年开始，广发日的活动内容进一步增加广发商城，将优惠品牌的覆盖范围进一步扩大，而且还向用户提供 10 倍积分或 5 倍里程的优惠，能够吸引到不少用卡者主动参与。图 7-26 为广发分享日活动的宣传界面。

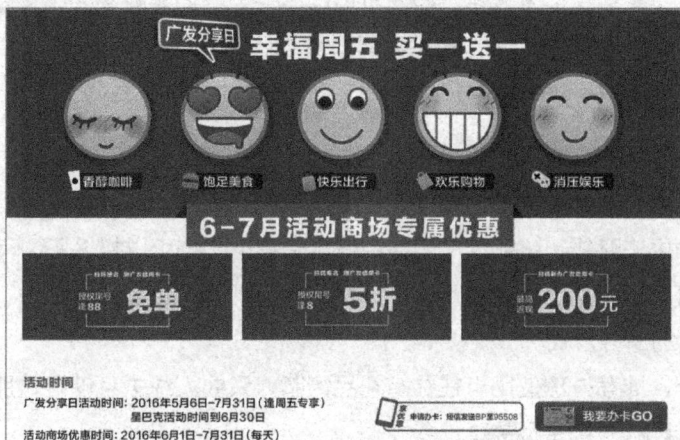

图 7-26 广发分享日活动的宣传界面

在活动期间，持卡人购买全场任意商品即可享受半价，也可以选择买一送一。除了价格，每期参与的商品不尽相同，衣食住行各个方面都有，可满足不同用户群体的购物需求。除了广发银行，其他银行也有推出超级翻倍积分的活动。图 7-27 为招商银行信用卡推出的境外购物 10 倍积分活动。

图 7-27 招商银行信用卡推出的境外购物 10 倍积分活动

139　如何通过信用卡赚到实惠

在信用卡领域，有一位公认的卡神杨女士的故事广泛流传，原因非常简单，她通过刷信用卡积分在 3 个月内就赚到了上百万元人民币。首先是刷信用卡购物，然后让别人将这些物品通过网络平台的正规渠道售出，自己再刷信用卡购买回来，通过不断刷卡来赚取积分。

当积分达到一定程度时，她将积分兑换成航空公司的头等舱机票等礼品，最后将这些礼品卖掉，实现无成本赚钱。由此可见信用卡积分的实际用处，其实信用卡积分能够换取很多高价值物品，只是用户没有找到刷卡渠道。

如果想通过信用卡赚到实惠，可以从以下 3 个方面入手。

1. 使用信用卡优惠与馈赠功能

信用卡优惠与馈赠是银行为了让用户使用信用卡而推出的基本功能，这种功能用得好可以帮助用户赚钱，比如用户用特色信用卡刷卡购物可以打 8 折，而其他人用平台信用卡只可以打 9 折，没有信用卡的不能打折，那么这种差价就成为了用户可以利用信用卡赚钱的一种方式。

除此之外，推荐办理信用卡往往有礼品馈赠，只要人缘关系够好，那么赚取银行赠送的礼品或者刷卡金轻而易举。

2. 以卡代现金进行消费

随着信用卡的推广，大部分购物都可以使用信用卡，在平时生活时，使用信用卡代替现金进行消费是非常有用的。

用信用卡进行消费既降低了现金被盗的可能性，又使信用卡积分得到了最大的积累，尤其是注意商家推出各种各样的活动，更能够让自己节省一些钱。总而言之，能够用卡消费的就不用现金。

3. 通过信用卡信贷进行投资

信用卡是具备信贷功能的，也就是用户可以先用信用卡的钱消费，而自己的钱则可以拿去投资，最后再把信用卡消费的这笔钱还上，这样就可以让省钱和赚钱两不误。

> 💡 **专家提醒**
>
> 事实上在现实生活中还有很多种通过信用卡赚钱的技巧，用户可以根据自己的实际情况，摸索出一些适合自己的赚钱小技巧。
>
> 只要有赚钱的智慧头脑，信用卡就能够成为赚钱的好工具。

第 8 章

维护信用，无形资产价值千万

学前提示

尽管大部分人对于信用系统的感觉并不深刻，但是随着未来个人征信系统的建设，个人信用将成为每个人的无形价值，而且非常重要，信用记录是否良好直接决定用户能否申请银行贷款，更是其他方面考核用户的重要依据。

要点展示

- ≫ 信用作用，从根本上影响用户
- ≫ 维护信用，多种技巧助力成功
- ≫ 杜绝污点，谨防出现不良信息

140　终身可用的个人信用

对于常与银行打交道的用户而言，"个人信用"一词已经早已接触。"个人信用"是"个人信用的历史记录"的简称，记录的内容主要是用户与银行往来时，在银行贷款、还款、逾期等方面的记录。

对于银行而言，这份个人信用报告直接决定银行是否愿意向用户借钱，以及借多少钱和借多久等问题。

在发达国家中，个人信用记录已经成为每个人在市场经济中都不可缺少的一部分，国内的个人信用记录出现速度较慢，但是发展速度很快，这种个人信用记录是终身可用的。

持卡人在使用信用卡消费时，要格外注意维护良好记录。图 8-1 为维护个人信用的 5 个基本技巧。

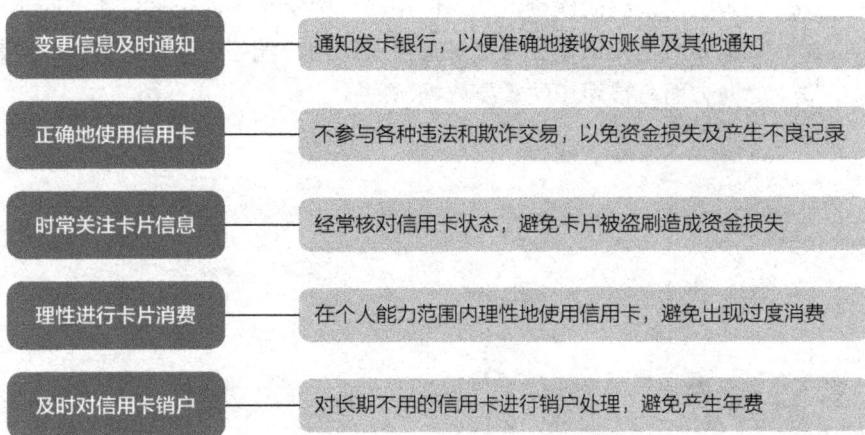

变更信息及时通知	通知发卡银行，以便准确地接收对账单及其他通知
正确地使用信用卡	不参与各种违法和欺诈交易，以免资金损失及产生不良记录
时常关注卡片信息	经常核对信用卡状态，避免卡片被盗刷造成资金损失
理性进行卡片消费	在个人能力范围内理性地使用信用卡，避免出现过度消费
及时对信用卡销户	对长期不用的信用卡进行销户处理，避免产生年费

图 8-1　维护个人信用的 5 个基本技巧

专家提醒

要维持优质的个人信用很难，只有长时间保持良好的信用卡使用记录才能够打造出优秀的个人信用记录。

不良的信用记录却非常容易出现，比如还款逾期就会出现信用卡不良记录，而且该记录会长时间影响用户申请信用卡的成功率。

141　杜绝出现个人信用污点

无论用户是向银行贷款买房、买车，还是申请信用卡，任何银行都会连接中国银行的征信中心来查看用户的信用档案。

从发达国家的个人信用系统成长经历来看，未来国内的个人信用报告应用领域也会逐渐扩展，比如求职、租房等方面都会需要用户提供个人信用记录。

在这种情况下，杜绝出现个人信用污点就成为了用户必须做到的事。下面分析如何杜绝出现个人信用污点的 4 个技巧。

1. 使用信用卡短时间多次提现

信用卡提现与刷卡消费不是同一种功能，但是大部分的信用卡都支持用户通过信用卡取现，取现的额度一般为用户信用卡可用额度的一半。

用户如果长期使用信用卡提现，并且次数过于频繁是有可能出现个人信用污点的，主要原因在于用户持有的为信用卡，而非储蓄卡，信用卡的主要功能是帮助用户预先消费。

> 💡 专家提醒
>
> 信用卡取现不仅需要收取利息，而且利率还不低。最为重要的是用户取现的资金是没有免息期的，银行除了要收取手续费，还要每天收取万分之五的利息。
>
> 对于大部分用户而言，不到紧急用钱的关卡不要用信用卡取现。

2. 通过 POS 机大额套现

POS 机已经成为大众生活中非常常见的一种工具，不少持卡人就利用各种办法通过 POS 机进行信用卡套现，尤其是制造虚假消费来换取现金。比起直接使用信用卡提现，这种方式要划算得多。

用户通过 POS 机大额套现会出现很多问题，比如个人信息泄露，出现盗刷风险，还有就是多次的大额套现会引起银行系统怀疑，进而对持卡人进行分析，一旦发现用户有大额套现行为，就会记录到个人信用报告中。

> 💡 专家提醒
>
> 信用卡套现属于标准的违法行为，持卡人的套现行为只要被发现，就会进入银行的"黑名单"中，用户不仅需要承担个人信用缺失的风险，而且向银行借款将再无可能。
>
> 提供 POS 机套现服务的商户，也会被要求承担一定的法律风险。

3. 销卡未定时检查

销卡是指用户不需要信用卡时就将卡片销毁，需要注意的是，并不是用户不用卡片或者将卡片剪短就是销毁。没有银行的认可，个人主动销毁信用卡是无效的。

如果用户销卡没有得到银行认可，那么信用卡上的逾期费用将持续累积。例如，用户在 2017 年 5 月欠款 0.01 元人民币，那么到 2027 年 5 月，用户需要支付的累计利息就可能超过 500 元，而且还需要支持信用卡的年费。最为重要的是，这个逾期记录还会进入用户的个人信用报告。

> **专家提醒**
>
> 　　个人信用记录非常重要，用户可以每年检查一次个人征信情况，以免出现意外的不良记录。
> 　　如果用户发现征信记录中的信息与事实不符，应当马上向征信机构和相应银行提出，并查实该信息的来源，及时修改。

4. 出现过度透支情况

用户刷信用卡过度就会导致透支情况出现，尤其是不能及时还款时会出现滞纳金。在这种情况下，用户连最低还款都无法支付，银行就会持续地收取利息，而且这种利息会非常高。

用户在长时间过度透支，就会进入银行的"黑名单"系统，严重逾期或者违约的用户就会产生不良信用记录。

142　逐步完善的社会信用制度

国家的《社会信用体系建设规划纲要（2014-2020）》的内容表明，在 2015 年，我国已经全面步入信用社会，信用体系正式建立。

个人征信系统建成之后，每个人都拥有自己的信用档案。在这种情况下，用户及时还款等记录会进入良好记录中，甚至每一次按时支付水、电、燃气和电话费都会积累成一笔信誉财富。

根据国家更长远的信用制度规划目标，在完善统一的社会信用代码制度下，我国每个公民在一生中都将拥有唯一的信用账号，与身份证类似，信用账户将成为公民的重要名片。

随着银行用户的快速增加，尤其是信用卡业务的快速增长，银行与用户间的信息存在越发严重的不对称、不透明与不真实。此外还有贷款违约、信用卡套现、赖债跑路等情况，导致银行每年的不良贷款数额高速增长，影响银行正常发展。

社会信用制度全面完善之后，银行只需要调取用户的信用报告，就能够对客户的信用、信息等一目了然，能够及时将有不良信用记录的客户拒之门外，同时也可以为用户提供最适合其的创新金融产品，实现用户与银行双赢。

建立社会信用制度不仅对个人产生影响，更对政府、经济与社会产生影响。表 8-1 为建立社会信用制度的广泛意义。

表8-1　建立社会信用制度的广泛意义

信用制度对政府的影响	信用制度的出现要求政府率先打造模范信用形象，要求政府对信息的透明度加大，进一步杜绝政府出现失信现象，尤其是不出现信用危机等情况，提升政府的公信力，成为信用制度的领导方
信用制度对经济的影响	信用制度有利于经济向安全、稳定的方面发展，比如食品行业，能够降低毒奶粉、瘦肉精等损害消费者利益的事件发生率。信用制度能够解决食品企业的信用危机问题，更能引导各个行业往长期发展的方向努力
信用制度对社会的影响	针对银行用户赖债跑路的现象，银行虽然采取了严厉的法律处罚，但是不治本，建设社会信用体系能够迫使这类用户不敢失信、不能失信和不愿失信，进而由政府营造出一个守信光荣、失信可耻的社会环境，使人人守信成为常态

> **专家提醒**
>
> 社会信用制度的完善不是一朝一夕的事情，对于国家而言，首先建立的是金融领域的信用制度，然后逐步纳入金融、工商登记、个人收支、税收缴纳、赡养负担、个人社保、物业缴费等各类信息，并且实现各部门的资源共享，打造全面信用社会。

143　优质个人信用的直接好处

优质的个人信用能够对个人的生活产生多个方面的影响，下面分析对个人信用的好处。

1. 提升整个家庭的信用度

当银行调查用户的征信记录时，一般是以用户所在家庭为单位的，尤其是遇到已婚人士需要贷款买房、买车等情况，如果夫妻任何一方有不良的信用记录，银行就会拒绝贷款申请。

良好的信用度不仅能够帮助自己获得更多的服务，而且能够帮助家庭获得更优质的银行服务，每个人与银行打交道都是不可避免的。维持优质的个人信用的好处会在未来的长期生活中逐步体现。

> **专家提醒**
>
> 在已经建立完善信用制度的国家中，流传着这样一句话："要像珍惜自己的生命一样维护个人的信用记录"。可见信用记录的重要性，随着信用记录制度的完善，用户尽早地了累积良好信用记录是非常有必要的。

2. 信用度不同导致差别待遇

如果持卡人拥有良好的信用记录，那么银行可能不需要用户提供物质抵押品，就能够获得银行的贷款。对于用户而言，良好的信用记录如同"信誉抵押品"，不同信用度的用户可以获得的资源是不同的。

💡 专家提醒

信用度不同的差别待遇，最明显的就是银行贷款。如果用户有不良记录，那么即使银行同意贷款，也会调高用户的利率。对于拥有长期良好信用的用户而言，就不需要付出这些资金。一份良好的信用报告将是个人的一笔无形资产。

3. 逐渐为用户积累信誉财富

信用积累不是一件快速的事情，用户越早建立良好的信用记录，就越能够对以后的生活产生帮助，最简单的方法是与银行发生借贷关系，比如用户在银行申请办理一张信用卡或一笔贷款。

用户还需要注意了解信用记录，由于一些无法避免的原因，信用报告中的信息可能会出错，用户要及时修改。

💡 专家提醒

用户不向银行借钱，或者没有历史信用记录并不是一件好事，因为没有信用记录，银行就失去了一个判断客户信用状况的便捷方法。在这种情况下，银行对用户提供的服务会非常有限，因为没有信用记录的用户往往对于金额的需求较低。

144　疏忽产生的不良信用记录

很少有用户会主动产生不良信用记录，比如赖债跑路，但是由于疏忽而产生的不良信用记录却很常见，这种不良信用记录不仅不光彩，而且会给用户申请贷款带来麻烦，所以持卡人在使用信用卡时需要注意一些细节，以避免因自己的疏忽而产生不良的信用记录。

1. 还款余额不能低于相应额度

用户在还款时一定要注意余额的零头，最好不要和还款数额有相差的情况，否则由此产生的利息会非常高。

图 8-2 为笔者中信银行信用卡的应还款额信息，其中本期应还款额为 927.41 元，那么需要还款 927.41 元，即使 0.01 元也不能少。

图 8-2　笔者中信银行信用卡的应还款额信息

2. 谨防睡眠卡的信用问题

银行为了推广信用卡，向用户推出办信用卡送礼品的活动是非常常见的，而部分用户就为了得到赠品而申请信用卡，当信用卡审批完成之后，用户却不去激活信用卡，这样的信用卡就是睡眠卡。

大部分银行的睡眠卡都是不需要交纳年费的，但是还有少部分银行的普卡或者高端卡片是收取年费的，用户如果不缴纳年费就会产生不良的信用记录。一旦出现这种情况，用户就需要及时与银行交涉，并且缴纳年费。

> **专家提醒**
>
> 对于因为喜欢赠品，而办理多张信用卡的用户，在获得银行下发的信用卡之后要及时注销。
>
> 这种方式不仅是为了不用缴纳年费，更主要是降低产生不良信用的可能性，维护好良好的个人信用记录。

3. 联系方式的变动未通知

因为联系方式的缘故而产生不良信用记录，是最为常见的产生不良信用记录的情况之一。

联系方式的变动主要有两种情况，分别是家庭住址变动与手机号码变动。无论用户是哪种变动，都要及时修改在银行的联系方式。图8-3为招商银行用户在网上银行修改账单地址的界面。

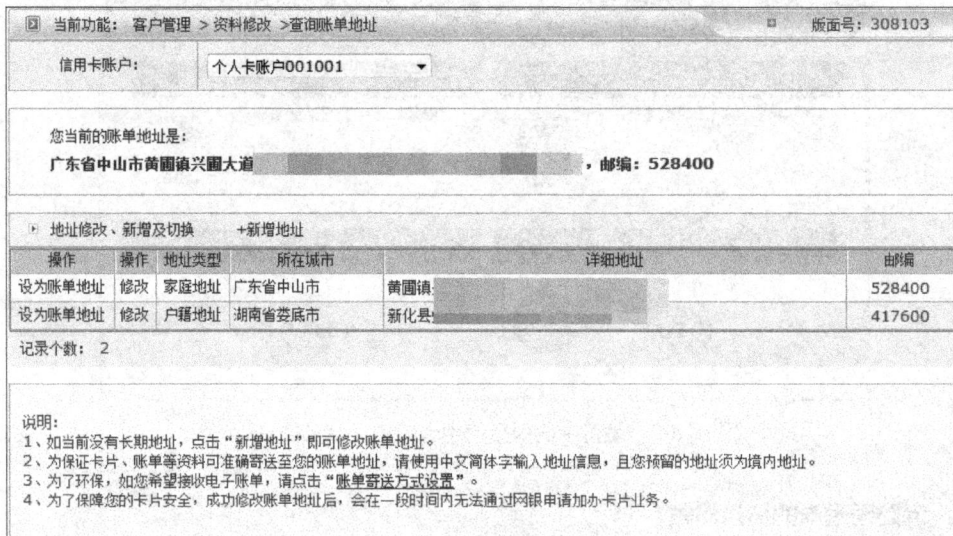

操作	操作	地址类型	所在城市	详细地址	邮编
设为账单地址	修改	家庭地址	广东省中山市	黄圃镇	528400
设为账单地址	修改	户籍地址	湖南省娄底市	新化县	417600

图8-3　招商银行用户在网上银行修改账单地址的界面

4. 遗失导致的个人资料盗用情况

信用卡只是一张小卡片，尤其当用户拥有的各类卡片很多时，出现信用卡遗失的情况并不少见，而信用卡遗失导致的用户身份信息被盗用的情况也越来越多，一旦个人资料被盗用，那么不良信用记录出现的概念会直线提升。

专家提醒

不是特殊情况，用户不要将个人身份证借给别人，而且在向他人提供身份证复印件时，在身份证的复印件上明确标注该复印件的用途也是预防资料被盗用的重要方式。个人资料被盗用会产生严重后果，用户要及时向银行报告。

145　打造不亮红灯的个人信用记录

个人信用记录就是个人的"第二身份证"，对于用户而言，如何打造不亮红灯的个人信用记录非常重要。

下面分析信用报告中经常出现的5种负面记录，了解不良记录产生的原因及方式。图8-4为5种产生负面记录的内容分析。

逾期记录	——	用户有按揭贷款的操作，但是没有按期还款
透支消费	——	信用卡透支消费但没有按时还款的情况
利率上调	——	用户按揭、消费贷款等的利率上调后，用户费用支付不够
手续缺乏	——	手机号码、个人地址等手续的缺乏导致欠费记录的出现
第三方担保	——	为第三方担保，但是第三方没有及时还款

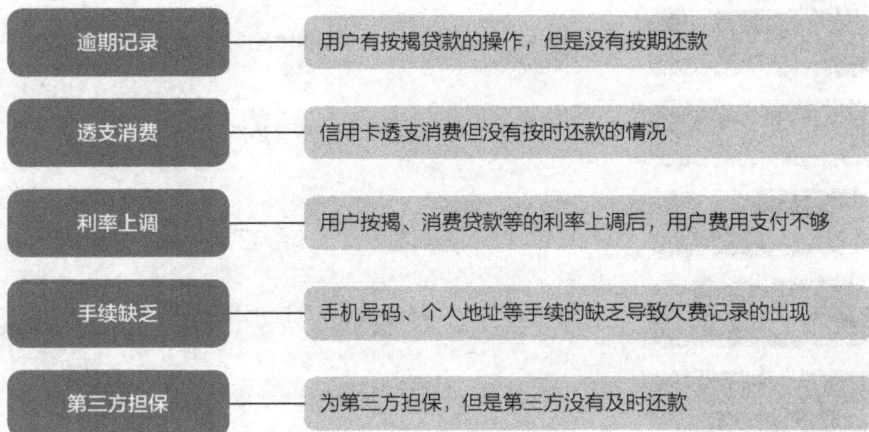

图 8-4　种产生负面记录的内容分析

💡 **专家提醒**

　　用户正确使用信用卡的重点是及时全额还贷，这可以提高持卡人的信用记录和信用额度。

　　持卡人还需要注意的是，即使出现了不良信用记录，也是可以按照正确的方法消除的，只是短时间内会有影响。

　　部分因为不慎而导致信用卡有不良记录的用户，会采用一种自以为是的方式处理，首先是还款，然后是销卡，希望这个不良记录也会随着卡片的消失而消失，但是这种方式其实不是最佳的。

　　用户如果销卡，那么不良信用记录会保持相当长的一段时间，国内为 5 年，国外为 7 年，在这个不良记录存在的时间阶段内，用户很难申请到新的信用卡，或者向银行申请贷款业务。

💡 **专家提醒**

　　根据国家银行信用记录的规则，用户消除不良信用记录的更好方式是在还清信用卡欠款之后继续使用信用卡，用新的良好信用记录覆盖原有记录。

　　国家规定的银行信用记录只记录 24 个月，也就是 2 年后，该信用卡的不良记录就会被覆盖，用户的个人信用会回归到正常状态。

146　个人信用报告包括的内容类型

　　个人信用报告是针对用户个人信息的客观记录，需要获得用户的认可才能够提取，个人信用报告包括 6 种内容类型，如图 8-5 所示。

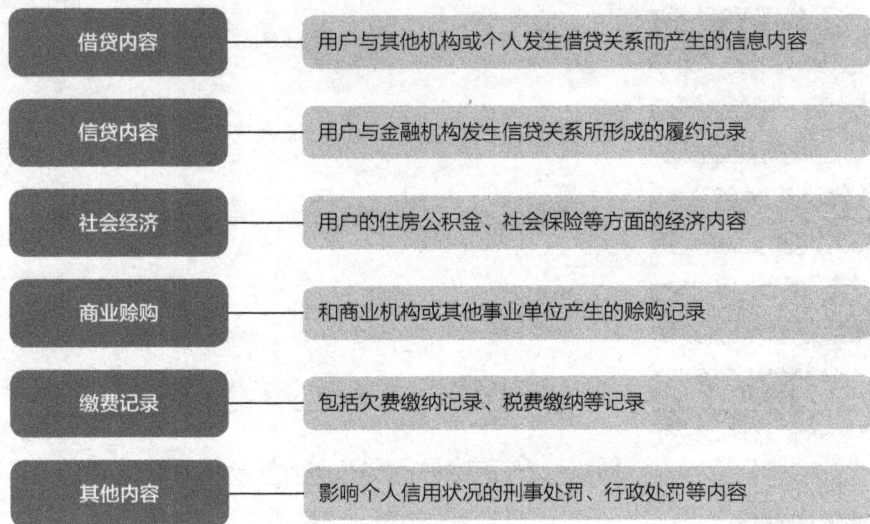

借贷内容	用户与其他机构或个人发生借贷关系而产生的信息内容
信贷内容	用户与金融机构发生信贷关系所形成的履约记录
社会经济	用户的住房公积金、社会保险等方面的经济内容
商业赊购	和商业机构或其他事业单位产生的赊购记录
缴费记录	包括欠费缴纳记录、税费缴纳等记录
其他内容	影响个人信用状况的刑事处罚、行政处罚等内容

图 8-5 个人信用报告的 6 种内容类型

专家提醒

用户在查询个人信用报告时，不一定会在报告中看到所有的以上内容类型，因为用户没有发生这方面的关系就不会产生记录，也就不会出现在信用报告中。

用户如果没有特殊要求，那么只需要在出现的个人信用报告内容中查看是否存在不良信息记录即可。

用户如果没有深入认识信用体系，那么可以先了解征信的基本知识，下面根据中国人民银行征信中心官网对征信相关知识进行概述。

特别需要注意的是，中国人民银行属于国家机构，其对征信相关知识点的说明具有法律效果，文字信息不容第三方修改。

1. 信用

指在交易的一方承诺未来偿还的前提下，另一方为其提供商品或服务的行为，是随着商品流转与货币流转相分离，商品运动与货币运动产生时空分离而产生的。信用既是社会经济主体的一种理性行为，也是一种能力体现。

2. 征信业务

指对企业、事业单位等组织的信用信息和个人的信用信息进行采集、整理、保存、加工，并向信息使用者提供的活动。

3. 征信机构

指依法设立，主要经营征信业务的机构。

4. 信用报告

是征信机构提供的关于企业或个人信用记录的文件。它是征信基础产品，系统记录企业或个人的信用活动，全面反映信息主体的信用状况。

5. 信用评分

是在信息主体信息的基础上，运用统计方法，对消费者或中小企业未来信用风险的综合评估。

6. 征信体系

指采集、加工、分析和对外提供信用信息服务的相关制度和措施的总称，包括征信制度、信息采集、征信机构和信息市场、征信产品和服务、征信监管等方面，其目的是在保护信息主体权益的基础上，构建完善的制度与安排，促进征信业健康发展。

7. 社会信用体系

指为促进社会各方信用承诺而进行的一系列安排的总称，包括制度安排、信用信息的记录、采集和披露机制、采集和发布信用信息的机构和市场安排、监管体制、宣传教育安排等各个方面或各个小体系，其最终目标是形成良好的社会信用环境。

> 💡 **专家提醒**
>
> 用户要想在银行营业厅查询个人信用报告，可以直接到中国银行办理，需花费的时间非常短。
>
> 用户在填好个人信用查询申请表、复印完身份证后，由工作人员进行查询操作，很快就拿到《个人信用报告》。

在个人信用报告中，主要内容包括 5 个部分，如图 8-6 所示。

> 💡 **专家提醒**
>
> 并不是所有的用户都能够在网络上进行查询，目前只有部分省（市）已开通网上查询个人信用报告功能，具体省（市）有江苏、四川、重庆、北京、山东、辽宁、湖南、广西、广东、浙江、天津、新疆、上海、湖北、河北等。

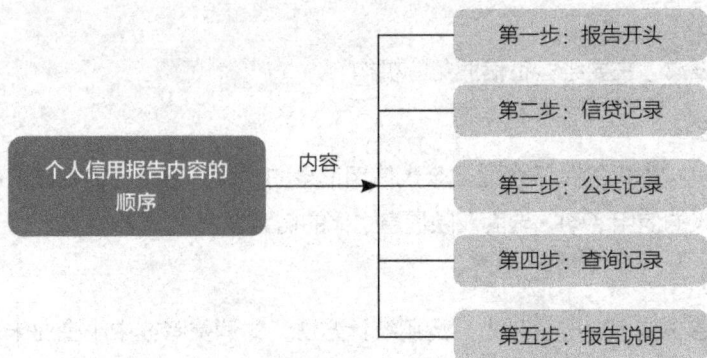

图 8-6　个人信用报告内容的顺序

147　个人信用报告有哪些版本

根据中国人民银行征信中心的信息显示，目前只有 3 个版本的个人信用报告，其中个人版是用户主要使用的信用报告，主要展示用户的信贷信息和公共信息，分为个人版和个人明细版。

除了个人版，还有银行版和社会版，其中银行版主要是方便银行进行查询，而社会版是供用户开立股指期货账户的版本。社会版的内容是最为全面的，包括 8 种内容，如图 8-7 所示。

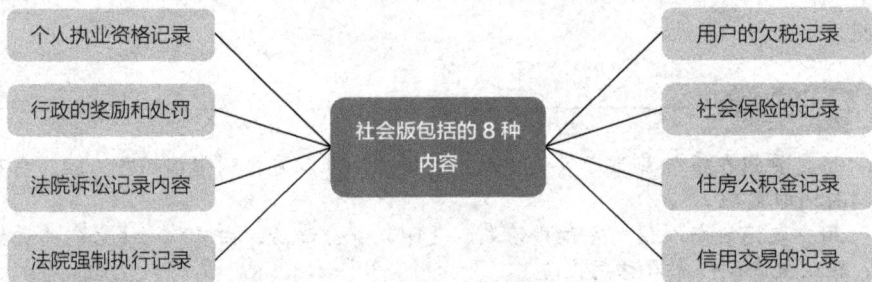

图 8-7　社会版包括的 8 种内容

148　查询信用报告是否收费

根据《征信业管理条例》和《国家发展改革委关于中国人民银行征信中心服务收费标准有关问题的批复》，从 2016 年 1 月 15 日开始，用户个人到银行柜台查询自身的信用报告，每年的前 2 次不收费，之后每查询一次收费 10 元。

如果用户使用计算机或手机进入中国人民银行征信中心进行自主查询，那么平台不收取查询费用，而且次数不限。

在全国不同的地区都可以通过营业厅或者网络进行查询，因为个人信用信息基础数据库的网络是覆盖各地的。

149 个人信用报告中的信息错误情况

当用户发现个人信用报告中的信息为错误时，可以向中国人民银行提出异议，相关手续较为简单。

用户本人亲自到中国人民银行营业厅办理业务，提出异议申请，带上用户的有效身份证件的原件及复印件即可。在进行查询时，用户还需要如实地填写个人信用报告异议申请表。

> 💡 **专家提醒**
>
> 根据中国人民银行征信中心的条例明确规定，用户在办理个人信用相关业务时个人有效身份证件包括：身份证、军官证、士兵证、护照、港澳居民来往内地通行证、台湾同胞来往内地通行证、外国人居留证等，其他证件无效。

150 快速查询个人信用记录的步骤

用户在网络上自主查询个人信用记录其实非常容易，下面针对用户查询记录的步骤进行分析。

步骤 ① 用户进入中国人民银行征信中心（http://www.pbccrc.org.cn/）的官网界面，如图 8-8 所示。

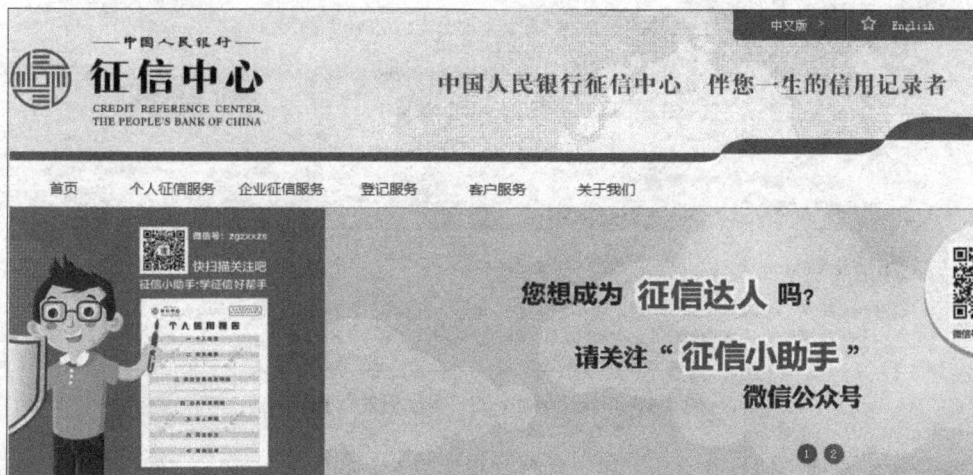

图 8-8 中国人民银行征信中心

步骤 ② 进入官网，选择并单击进入核心业务中的"互联网个人信用信息服务平台"，如图8-9所示。

图8-9 选择并单击进入核心业务中的"互联网个人信用信息服务平台"

步骤 ③ 进入个人信用信息服务平台，单击界面中的"马上开始"按钮，如图8-10所示。

图8-10 单击界面中的"马上开始"按钮

步骤 ④ 完成上述操作之后，进入注册与登录界面，如图8-11所示。如果用户已经注册账户，那么直接登录即可。如果没有注册，那么在该界面中注册。

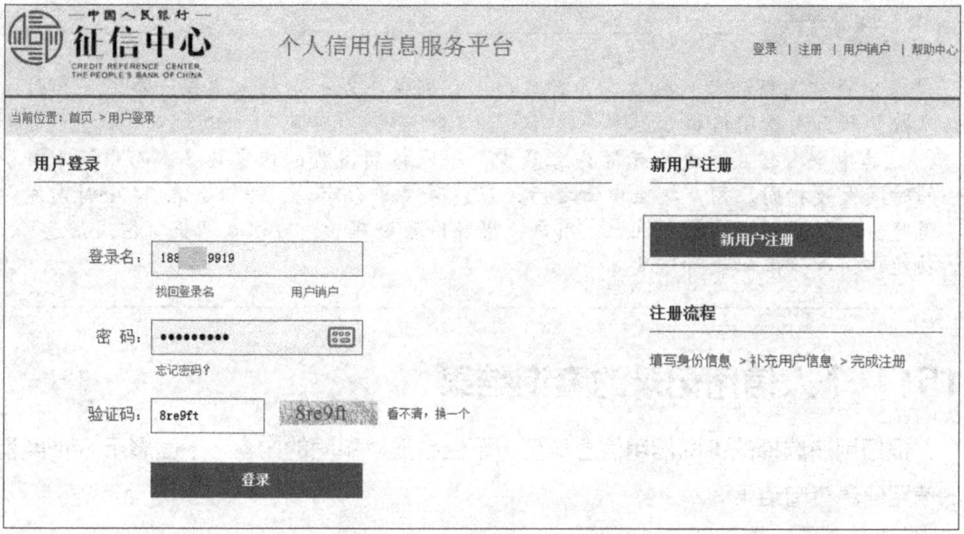

图 8-11　注册与登录界面

💡 专家提醒

　　新用户必须注册才能够使用征信查询功能，单击界面中的"新用户注册"按钮，然后按照注册流程进行操作即可。

　　首先是填写身份信息，然后是补充用户信息，最后是完成注册，整个注册过程不超过 5 分钟。

步骤 ⑤　登录后单击信息服务中的申请信用信息，系统会显示申请信用信息的类型，选择后验证手机动态码，然后单击"提交"按钮，如图 8-12 所示。

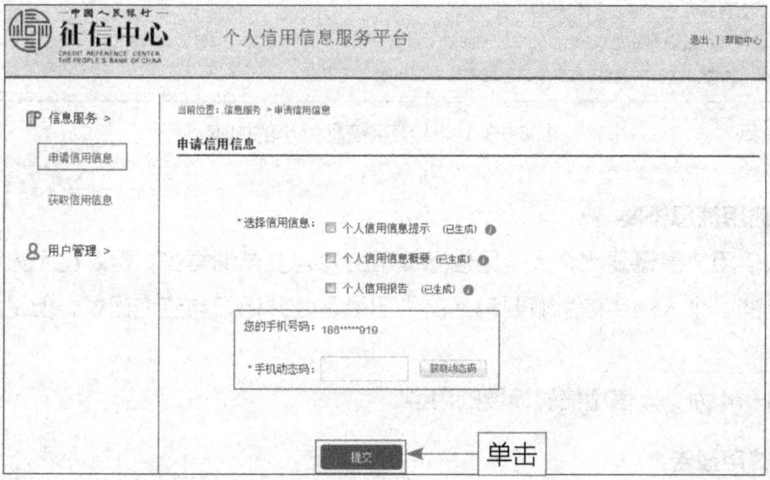

图 8-12　单击"提交"按钮

> **专家提醒**
>
> 　　用户可选择的信用信息有3种类型，分别是个人信用信息提示、个人信用信息概要和个人信用报告。
>
> 　　其中个人信用信息提示的内容最少，个人信用报告的内容最多，而申请审批的时间大致相同。用户提交申请之后，可以等待平台审批，平台会在24小时内发送身份验证码到用户的手机上。用户获得身份验证码后，可以在"获取信用信息"功能中输入验证码获得信息。

151　个人信用记录的查询结果

　　根据用户选择的不同信用信息类型，平台会提供不同的内容。下面展示3种类型的信用信息查询结果。

1. 信用

　　个人信用信息提示是指用户不需要繁琐的细节内容，只需要平台告诉用户是否存在贷款、逾期或者透支超过60天的记录。信息内容非常简短，图8-13为个人信用信息提示的内容。

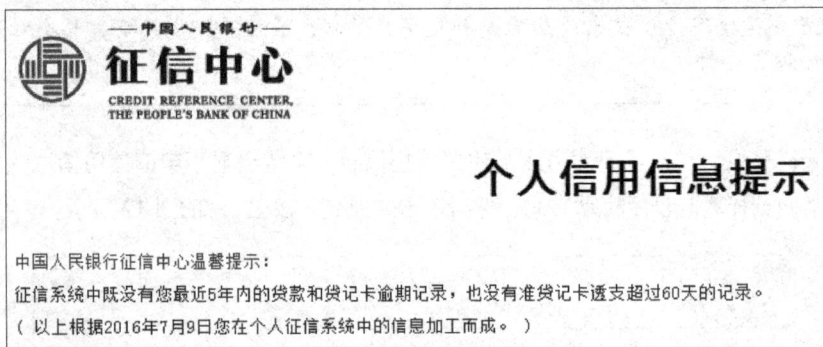

　　　　　　　　　　　　　　图 8-13　个人信用信息提示的内容

2. 个人信用信息概要

　　个人信用信息概要比个人信用信息提示的内容要详细得多，但是比个人信用报告要简单一些。个人信用信息概要包括信贷记录、公共记录与查询记录，但是内容较为简短。

　　图8-14为个人信用信息摘要的内容。

3. 个人信用报告

　　在所有类型的信用信息中，个人信用报告的内容是最详细的，也是用户查询时主要选择的查询对象。在个人信用报告中，第一栏是报告编号、查询时间、报告时间，第二栏是持卡人的基本信息，包括姓名、证件类型、证件号码、婚姻状况等。

个人信用信息概要

报告编号：20160709000029982633833　查询时间：2016.07.09 10:39:30　报告时间：2016.07.09 11:58:01

信贷记录

这部分包含您的贷款、贷记卡、准贷记卡及其他信贷记录。

您有10个贷记卡账户，其中10个尚未销户。目前没有逾期，最近5年内没有发生过90天以上逾期。

您有1个准贷记卡账户，其中1个尚未销户。目前没有逾期，最近5年内没有发生过90天以上逾期。

公共记录

这部分包含您最近5年内的欠税记录、民事判决记录、强制执行记录、行政处罚记录及电信欠费记录。

系统中没有您最近5年内的欠税记录、民事判决记录、强制执行记录、行政处罚记录及电信欠费记录。

查询记录

这部分包含您的信用报告最近2年被查询的记录。

1家机构贷后管理查询，1家机构贷款审批查询，6家机构信用卡审批查询，1次本人查询（临柜）。此外，2016年您通过互联网进行了7次查询。（其中通过信用信息服务平台进行了7次查询，通过网银进行了0次查询）

图 8-14　个人信用信息摘要的内容

图 8-15 为个人信用报告的部分内容。

个人信用报告

报告编号：20160709000029983318250　查询时间：2016.07.09 10:39:30　报告时间：2016.07.09 12:07:56

姓名：刘███　　　证件类型：身份证　　　证件号码：***************1951　　　未婚

信贷记录

这部分包含您的信用卡、贷款和其他信贷记录。金额类数据均以人民币计算，精确到元。

信息概要

逾期记录可能影响对您的信用评价。

	信用卡	购房贷款	其他贷款
账户数	11	0	0
未结清/未销户账户数	11	0	0
发生过逾期的账户数	0	0	0
发生过90天以上逾期的账户数	0	0	0
为他人担保笔数	0	0	0

购房贷款，包括个人住房贷款、个人商用房（包括商住两用）贷款和个人住房公积金贷款。

发生过逾期的信用卡账户，指曾经"未按时还最低还款额"的贷记卡账户和曾经"连续透支60天以上"的准贷记卡账户。

信用卡

从未逾期过的贷记卡及透支未超过60天的准贷记卡账户明细如下：

1. 　月1日中国民生银行发放的贷记卡（人民币账户）。截至2016年7月，信用额度5,000，已使用额度0。
2. 　月1日中信银行发放的贷记卡（人民币账户）。截至2016年7月，信用额度10,000，已使用额度927。
3. 　月30日广发银行长沙分行发放的贷记卡（人民币账户）。截至2016年7月，信用额度28,000，已使用额度████。
4. 　月30日浦发银行信用卡中心发放的贷记卡（人民币账户）。截至2016年6月，信用额度4,000，已使用额度1。
5. 　月30日平安银行信用卡中心发放的贷记卡（人民币账户）。截至2016年6月，信用额度25,000，已使用额度████。
6. 　月30日浦发银行信用卡中心发放的贷记卡（人民币账户）。截至2016年6月，信用额度折合人民币4,000，已使用额度0。
7. 2016年5月30日平安银行信用卡中心发放的贷记卡（美元账户）。截至2016年6月，信用额度折合人民币25,000，已使用额度0。
8. 2015年11月17日交通银行发放的贷记卡（人民币账户）。截至2016年6月，信用额度15,000，已使用额度████。
9. 2013年12月6日招商银行发放的贷记卡（人民币账户）。截至2016年7月，信用额度23,000，已使用额度0。
10. 2013年12月6日招商银行发放的贷记卡（美元账户）。截至2016年7月，信用额度折合人民币23,000，已使用额度0。
11. 2011年3月25日中国银行湖南省分行发放的贷记卡（人民币账户）。截至2012年3月，信用额度0，尚未激活。

图 8-15　个人信用报告的部分内容

> **专家提醒**
>
> 　　在个人信用报告中根据用户情况的不同，用户可以查看到的内容不同，越是经常与银行有信贷关系的用户，在个人信用报告中可以看到的相关信息越多。
>
> 　　各项内容都非常详细，比如用户可以看到机构查询记录，以及个人查询记录的明细情况。

152　谨防预借现金造成的不良信用

预借现金是造成不良信用记录的主要原因之一，但是预借现金与信用卡取现是不同的，信用卡取现是用户直接通过信用卡在 ATM 上取到现金，而预借现金是需要向银行申请的。

只有在银行的信用记录非常好，而且使用信用卡时间较长的信用卡用户，才具备申请预借现金的资格。

图 8-16 为招商银行的预借现金成功通知。

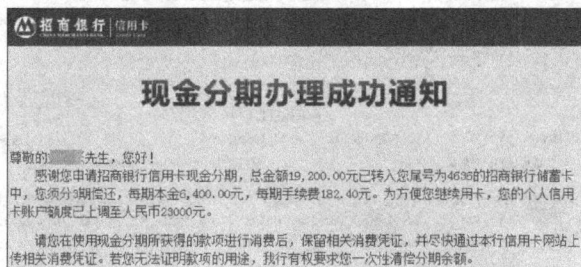

图 8-16　招商银行的预借现金成功通知

预借现金模式与信用卡取现的最大不同在于额度，预借现金模式的可用额度会接近于信用额度的 100%，如果用户的信用特别优秀，银行还会临时为持卡人上调额度，再预借出一定比例的现金。

预借现金业务的特色还体现在"免息"，用户使用信用卡提现后，银行将按照一定比例的日利率收取用户的利息，但是如果用户使用信用卡预借现金，那么持卡人只需要向银行支付不同分期的手续费即可。

> **专家提醒**
>
> 　　由于预借现金的金额较大，用户需要按时还款，如果出现逾期，那么会造成严重的不良信用后果。
>
> 　　相比于信用卡消费逾期 60 天才会进入不良记录不同，预借现金的要求较高，用户需要在还款时限到来时准时还款。

153   维护信用记录的 5 个技巧

个人信用报告是各金融机构，特别是银行判断个人信用情况的主要参考。有效维护良好的信用记录非常有必要。如下为用户维护信用记录的 5 个技巧。

1. 至少达到最低还款要求

最低还款往往是用户没有资金还款时的主要选择，用户只要还款一小部分即可，但是最终还款的总金额会加大。

一般情况下，最低还款额度为信用卡已使用额度的十分之一，并且是自动计算的，平台会自动计算用户的已还款金额，如果该金额不足银行规定的最低还款额，3 天之后就会产生不良的信用记录。

2. 保持查询信用报告习惯

绝大部分用户有个习惯，就是除非与银行发生业务关系，否则用户不会主动查询个人信用报告。

用户通过网络查询个人信用报告，其实花费的时间非常少，只需要几分钟就能够完成，而在线下营业厅办理会更麻烦。笔者建议，用户一年内至少查询一次，就能够有效地帮助用户及时发现一些问题。

如果用户发现信用报告存在问题，那么及时向中国人民银行提出异议。如果发现个人信用报告中确实存在不良信用记录，那么要及时补救。

3. 办理贷款等情况要谨慎

与信用卡刷卡支付然后还款的模式一样，用户在办理贷款等情况时要量力而行，切勿不顾后果办理贷款，以免因为用户无法偿还贷款欠款而影响个人信用记录，甚至触犯法律底线。

银行在用户提交贷款申请时也会查询用户的个人信息记录，充分考虑用户的条件，进而提供给用户一个适当的贷款数额。用户通过银行办理贷款相比而言较为安全，但还是要谨慎对待。

4. 让新的使用记录覆盖旧记录

信用卡的使用信息在每个月都会更新，所以用户每个月的信用卡消费信息都会体现在个人信用报告中，具体内容主要包括信用卡的可用额度、已用额度、还款情况等。

用户产生不良信用记录后，要持续地使用信用卡，按时还款，通过不断滚动更新信用卡的使用信息来覆盖旧记录。

5. 已办理贷款的用户及时还款

用户贷款的方式非常多，比如国家助学贷款是由商业银行发放的，从银行发放贷款之时，银行就将这些信息报送到了个人信用数据库中。

信用记录一旦产生，那么无论持卡人毕业后在哪个城市工作，只要不按时归还国家的助学贷款，就属于违背了借款人向金融机构借款时签订的合约约定，长时间后就会在用户的个人信用报告中产生负面的信用记录，会持续影响个人将来的经济金融活动。

154　不容忽视的睡眠信用卡问题

睡眠信用卡一般是指申请下来之后没有开通的信用卡，比如在笔者的个人信用报告中就有一张睡眠信用卡。

图 8-17 为个人信用报告中睡眠卡的记录。

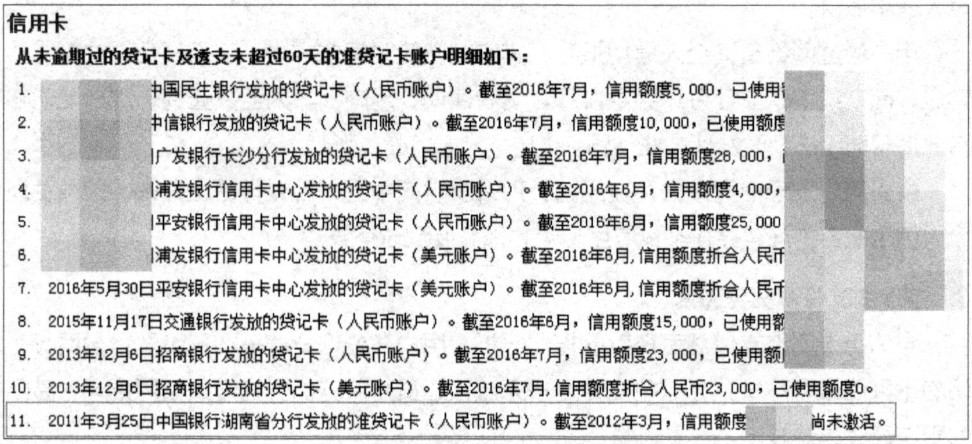

信用卡

从未逾期过的贷记卡及透支未超过60天的准贷记卡账户明细如下：

1. 　　中国民生银行发放的贷记卡（人民币账户）。截至2016年7月，信用额度5,000，已使用
2. 　　中信银行发放的贷记卡（人民币账户）。截至2016年7月，信用额度10,000，已使用额度
3. 　　广发银行长沙分行发放的贷记卡（人民币账户）。截至2016年7月，信用额度28,000，
4. 　　浦发银行信用卡中心发放的贷记卡（人民币账户）。截至2016年6月，信用额度4,000，
5. 　　平安银行信用卡中心发放的贷记卡（人民币账户）。截至2016年6月，信用额度25,000
6. 　　浦发银行信用卡中心发放的贷记卡（美元账户）。截至2016年6月，信用额度折合人民币
7. 2016年5月30日平安银行信用卡中心发放的贷记卡（美元账户）。截至2016年6月，信用额度折合人民币
8. 2015年11月17日交通银行发放的贷记卡（人民币账户）。截至2016年6月，信用额度15,000，已使用额
9. 2013年12月6日招商银行发放的贷记卡（人民币账户）。截至2016年7月，信用额度23,000，已使用额度
10. 2013年12月6日招商银行发放的贷记卡（美元账户）。截至2016年7月，信用额度折合人民币23,000，已使用额度0。
11. 2011年3月25日中国银行湖南省分行发放的准贷记卡（人民币账户）。截至2012年3月，信用额度　　　　尚未激活。

图 8-17　个人信用报告中睡眠卡的记录

这种睡眠信用卡的记录会持续存在，信用卡的信息中明确显示为尚未激活，对于这类信用卡，用户可能就需要支付一定的年费，笔者是在 2011 年获得该信用卡的，长达 5 年的时间没有注意到这张信用卡的信息。如果信用卡要收取年费，那么 5 年的年费也是数百元人民币。

除了这种未激活的信用卡，还有一种睡眠信用卡是指用户申请之后使用了一段时间，但是在之后就没有再使用的信用卡。大多数银行刷卡在 6 次左右，就可以免除次年年费，但是有的银行或特殊卡片却要求刷卡高达 18 次。在这种情况下，睡眠卡产生的年费问题非常严重。

> **专家提醒**
>
> 　　睡眠卡的出现与银行和用户个人都有直接关系，用户不要申请太多的信用卡，以免刷卡次数不达标产生年费。
> 　　银行也应该提高信用卡的发卡门槛，不仅仅是为了瓜分潜在市场的利润蛋糕，就直接为用户提供信用卡进行消费。

155 善于控制信用卡额度的透支

　　信用卡的最大优势在于可以透支，但是最大的缺点也在于可以透支，尤其是年轻人不考虑长期后果，经常使用信用卡周转资金来渡过难关。

　　用户要想得到长期的发展，需要善于控制信用卡额度的透支，并借此提升信用额度，打造良好的信用记录。如下为如何控制信用卡额度透支率的3个建议。

1. 尽可能降低透支消费情况

　　控制购物欲望是降低透支情况的主要方式，用户一定要根据自己的实际情况来安排信用卡的透支额度。

　　对于已经产生透支的信用卡，要按时还款，而且避免再次使用信用卡进行冲动消费，直到信用卡的欠款全部补齐，用户再使用信用卡进行适当的消费。为了避免冲动消费，用户可以将信用卡放在家中，不要携带出门。

2. 养成良好信用卡透支习惯

　　信用卡用户一定要注意不要成为"卡奴"，申请信用卡是为了获得更多、更优质的服务，而不是被信用卡所控制，成为银行的利润来源。

　　在日常生活中，用户要根据个人情况，尽量避免一些奢侈品和非理性的消费，合理地对开销进行规划，保证信用卡的透支额度在信用卡可用额度的一半以内，这样可用确保还款金额在个人的还款能力范围内。

　　用户在透支信用卡时，最好将信用卡对应的消费账目记录下来，或者通过某些第三方平台自动记录，然后及时地总结，让整个消费过程控制在自己能够承受的范围之内。

3. 向银行争取更高可用额度

　　信用卡额度越高，可以享受的服务越多，甚至可以申请高端信用卡，而且卡内可用的周转资金也越多，所以用户应该努力向银行争取更高的可用额度。

　　要想达到这个目标，首先是用户在申请信用卡时要提供详细的资产证明，然后在长时间的用卡过程中保证用卡质量，多用信用卡进行消费，利用提额技巧进行提额，这样信用额度才会慢慢提升上去。

> **专家提醒**
>
> 　　用户使用信用卡理财也是一个重要方面。
> 　　持卡人在每月还清信用卡的账单之后，在有结余的情况下，可以开始进行一些基金的小额理财计划，让个人资金逐渐累积起来，这样能够为今后的生活提早做一些准备。

156　通过提醒功能来免除信用污点

　　提醒还款功能是很多与信用卡相关的平台都具备的，例如，笔者习惯使用邮箱提醒功能。每个月信用卡的账单会自动发送到邮箱，并在邮箱的信用卡管理界面中出现，而邮件发送到邮箱时会提醒用户。

　　图 8-18 为 QQ 邮箱中的信用卡账单界面。

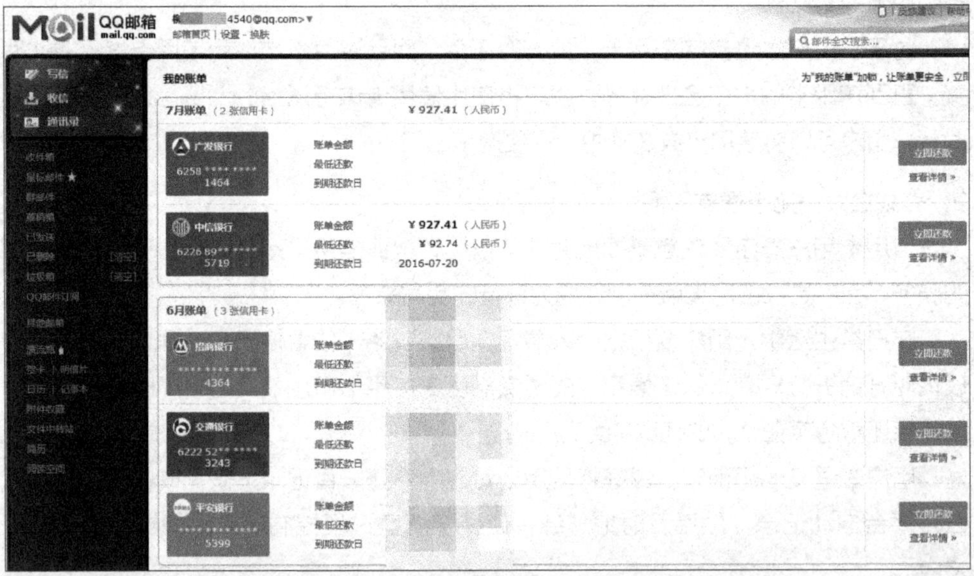

图 8-18　QQ 邮箱中的信用卡账单界面

　　在网上银行中，用户一般可以为信用卡账户设置余额短信提醒服务，也可以直接将储蓄卡与信用卡绑定，开通自动还款功能。提醒的最终目标是确保用户的还款按时进行，不会出现逾期的情况。

关于信用卡余额短信提醒服务，部分银行的用户需要主动开通才行，而部分银行只需要用户绑定信用卡即可。

银行信用卡账户的余额短信提醒服务，能够在每个月提前告知用户的还款金额和最后还款日。

157 信用卡还款违约的严重后果

造成信用卡还款违约的情况很多，这些违约都会给用户带来严重后果，下面分析用户可能遇到的还款违约后果。

1. 出现不良信用记录

用户一旦出现还款违约，那么除了会在中国人民银行征信中心内的个人信用报告中留下不良记录外，还会在银行的系统中留下不良记录。

中国人民银行征信中心的个人信用报告等级很高，而且不良信用记录的保留时间非常长，会持续影响用户。

每个银行都会自动在系统中针对用户生成一份"信用报告"，这个信用报告是用户无法查询的，但是信用报告中的"污点"不容忽视，它会影响用户在该银行申请贷款的成功率，更会影响到求职、海外留学等情况。

2. 承担银行高额罚息

银行的高额罚息是非常高的，比如用户一个月的欠费额度为 1 000 元，还款 900 元，那么 100 元的逾期费用在 1 个月的时间里利息会持续增加，用户最终需要支付的罚款可能超过 300 元。

根据银行的相关规定，用户在信用卡违约后，需要支付的罚息费用主要分为循环利息费用和滞纳金。

首先是循环利息费用，部分银行是按日进行收费的，比如超过还款日 15 日内按日息万分之 5 计算，超过 15 日按日息万分之 10 计算，超过 30 日按日息万分之 15 计算。这种情况下用户拖欠时间越久，罚息金额越高。

还有部分银行直接按照日息万分之 10 计算，罚款金额的增加速度会非常惊人。

💡 **专家提醒**

除了利息还有滞纳金，滞纳金是指用户还款时连最低还款都没有达到，那么银行会自动扣除滞纳金。

一般情况下，滞纳金是按照最低还款额未还清部分的5%来计算的，但不同银行的规定有所不同。

3. 产生严重法律纠纷

信用卡还款违约严重的情况是违法的。根据《刑法》规定，对恶意透支信用卡5 000元以上，而且银行在三个月的催收之后还没有归还的用户，如果情节严重，那么确定为诈骗罪，要追究用户的刑事责任。

如果真的产生严重法律纠纷，那么对于违约客户来说，首先会给自己名声带来严重的长期影响，还会因此而损失更多的资金。用户除了要缴清银行的欠款外，还需要承担诉讼的费用。

158 关于最低还款额的 3 个问题

最低还款额就是用户还款时需要还款的最低额度，如果连最低额度都没有达到，那么用户会被银行加入"黑名单"，并追究法律责任。

下面分析最低还款额的 3 个问题。

1. 还了最低还款额不需要支付利息

大部分信用卡用户都认为只要还了最低还款额，就不收滞纳金，也就不会计算账单的利息，这种想法是错误的。

用户还了最低还款额，银行还是会对整个账单的金额收取利息，而且是每天都收取，直到用户将所有账单还款。笔者建议，有钱就全额还款，只有在资金不够的情况下，持卡人才可以选择最低还款。

2. 分期还款与最低还款的对比

信用卡用户如果能够保证在短时间内还款，那么进行最低还款是可行的。

如果用户在短时间内无法还款，就可以选择分期还款。相比于最低还款，分期还款虽然也有手续费，但是利息总额还是要低于最低还款模式。

3. 外地服务导致的应还金额问题

不少银行都提供"异地外币刷卡，本地人民币还款"等服务，这类外地服务让用户的生活更加便利，但是用户需要支付的费用就成为了必须注意的方面。尤其是外地消费产生的账单中，每个月的最低还款额度往往存在较大变化。

无论是普通信用卡还是高端信用卡，持卡人在外地或者出国使用信用卡之前，必须了解信用卡所在银行的相关服务的手续费。清楚了解异地刷卡带来的还款后果。

159 恰当使用临时额度功能

临时额度是银行给信用卡持卡人临时调整的信用额度，过了规定时间后信用额度会自动调回原来的信用卡固定额度。

图 8-19 为部分银行调额成功后的短信提醒。

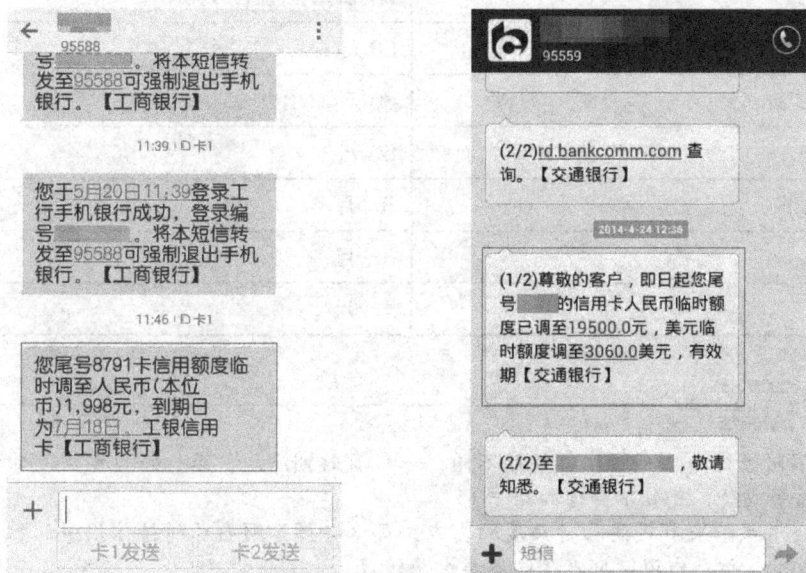

图 8-19 部分银行调额成功后的短信提醒

临时信用额度不是每个人都能够提的，但是并不意味着临时额度属于"免费午餐"，用户需要知道临时额度不享受循环信用。如果用户逾期未还，那么银行会按比例收取超限费，费用会比较昂贵。

> 💡 专家提醒
>
> 不同银行调整临时额度的政策不同，比如中国银行、中国农业银行、中国工商银行、中国建设银行、交通银行等，用户可以主动申请调高临时信用额度。另外有银行会主动为客户提高临时可用额度，比如招商银行、广发银行、浦发银行等。

用户在使用临时额度时，一定要注意各银行临时信用额度的不同有效期。表 8-2 为部分银行信用卡临时额度的有效期。

表 8-2　部分银行信用卡临时额度的有效期

信用卡所在银行	临时额度有效期
广发银行	20 天到 50 天
招商银行	不超过 1 个月
兴业银行	不超过 1 个月
中信银行	下期账单日往后 20 天
中国银行	60 天
中国工商银行	60 天
交通银行	60 天
中国建设银行	3 个月
中国农业银行	3 个月
华夏银行	1 个月

💡 专家提醒

不同银行的临时额度有效期不同，一般有效期满后，银行将自动恢复为调整前的信用额度，并且不会通知用户。

持卡人如果有提高临时额度的需求，那么必须了解自己所持信用卡的临时额度有效期，防止出现逾期产生的各类欠费情况。

160　账单日与还款日的重要意义

账单日和还款日都是用户在使用信用卡时需要特别注意的，如果疏忽，用户很容易就会欠下银行的大额利息，而且会影响个人的信用记录。

下面分析账单日和还款日的意义。

1. 账单日

信用卡账单日是可以修改的，但是一般情况下如果用户没有特别说明，那么银行会在固定的时间下发账单。

账单日中的内容主要是账户当期发生的各项交易，以及产生的各类费用等，银行对所有账单明细进行汇总结算，并计算利息。向用户提供当期总欠款金额和最低还款额，通过邮寄或者邮件的方式寄送对账单。银行发送账单的日期就是账单日。

账单日的时间一般会在银行下发信用卡时告知用户，图 8-20 为某用户收到的信用卡资料页。

图 8-20　某用户收到的信用卡资料页

> 💡 专家提醒
>
> 　　信用卡的到期还款日一般是在账单日后的第 18 天左右，具体以账单显示的时间为准，到期还款日的后 3 个自然日为银行的还款宽限期，3 日内还款不算违约。
> 　　不同银行的信用卡还款日与账单日不同，同一银行的信用卡还款日和账单日也是不同的，用户在使用信用卡时一定要注意。

2. 还款日

还款日主要分为免息还款日和最后还款日两种。

免息还款日是指持卡人到该日期还款时，可享受免息待遇的时间段，需要注意的是，这种免息不包括取现等交易。

比如，某用户在 2016 年 11 月 11 日消费，账单日是 2016 年 12 月 1 日，最后还款日是 2016 年 12 月 20 日，用户就享受了从 11 月 11 日到 12 月 20 日的免息还款期，共计 40 天。

在银行发送给用户的账单上，一般都有到期还款日。图 8-21 为笔者招商银行信用卡的账单。

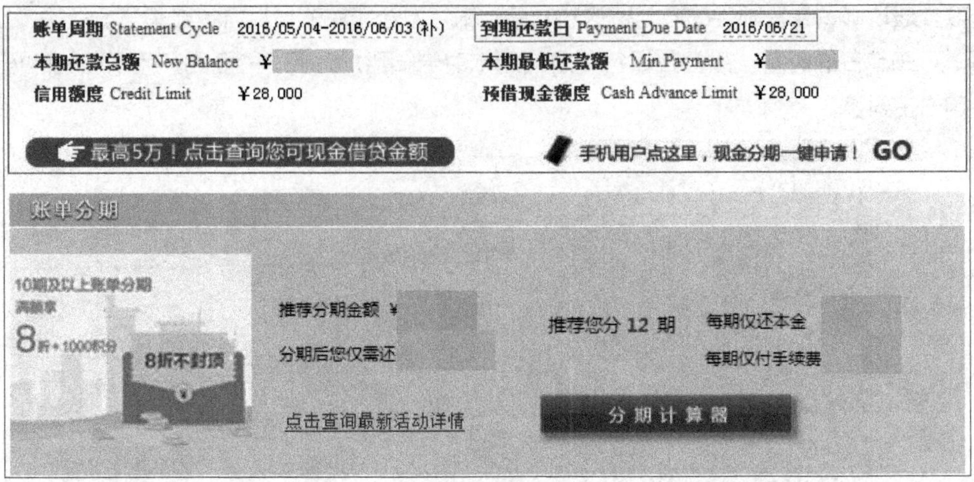

账单周期 Statement Cycle	2016/05/04-2016/06/03 (补)	到期还款日 Payment Due Date	2016/06/21
本期还款总额 New Balance	¥	本期最低还款额 Min.Payment	¥
信用额度 Credit Limit	¥ 28,000	预借现金额度 Cash Advance Limit	¥ 28,000

☞ 最高5万！点击查询您可现金借贷金额　　　📱 手机用户点这里，现金分期一键申请！ GO

账单分期

10期及以上账单分期
满额享
8折 + 1000积分
8折不封顶

推荐分期金额 ¥

分期后您仅需还

推荐您分 12 期　　每期仅还本金

每期仅付手续费

点击查询最新活动详情　　　分 期 计 算 器

图 8-21　笔者招商银行信用卡的账单

💡 专家提醒

　　充分利用到期还款日来获得最长的免息期，是用卡高手的基本要求，比如柏先生有两张账单日分别是 5 日和 25 日的信用卡，那么假如现在是 6 日，柏先生用信用卡消费时应首选账单日为 5 日的信用卡，如果现在是 26 日，应首选账单日是 25 日的那张，这样错开进行消费就能够最大限度地享受信用卡的免息期。

　　除了免息还款日，还有最后还款日。发卡银行规定的持卡人应该偿还其全部应还款或最低还款额的最后日期就是最后还款日。一般情况下，最后还款日就是还款日的后 3 天，如果超过 3 天还没有还款，那么银行会进行电话询问。

161　影响个人信用的超限费

　　在信用卡使用中，超限费也是需要注意的。超限费是指信用卡持卡人在信用卡的账单周期内，所有使用的信用额度超过的信用卡可用额度的部分。一旦出现超限费，该信用卡账户内的所有应付款项就不能享受免息还款的待遇，信用卡的持卡人必须对超额的资金部分按一定比例缴纳超限费。

　　图 8-22 为超限费产生的 3 个原因。

💡 专家提醒

　　用户在急需用钱时，可以向银行申请提高临时额度，当临时额度到期后，用户如果不能继续申请临时额度，那么信用卡额度将恢复到原有信用额度。

　　账户中仍然会有超出原信用额度的部分，银行会按比例收取这部分资金的超限费，临时额度过期是最容易产生超限费的。

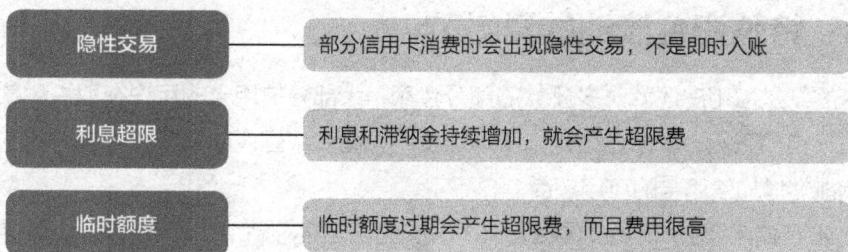

图 8-22　超限费产生的 3 个原因

162　导致信用污点的滞纳金

滞纳金属于一种经济制裁手段，一般是在用户没有按时还款的情况下，银行根据滞纳天数收取一定比例的滞纳金。

图 8-23 为某信用卡账单中的滞纳金情况。

以下是您的还款、退货及费用返还明细				
交易日期	记账日期	交易说明	交易币种/金额	清算币种/金额
		人民币账户明细		
2016/06/20	2016/06/20	部分自动还款成功 部分自动还款成功（到期还款日还款）	RMB 0.61	RMB 0.61
		主卡 卡号末四位 3243		
2016/06/23	2016/06/23	网银贷记还款 - 人行网关 招商银行股份有限公司	RMB 8400.00	RMB 8400.00
以下是您的消费、取现及其他费用明细				
交易日期	记账日期	交易说明	交易币种/金额	清算币种/金额
		人民币账户明细		
2016/06/25	2016/06/25	滞纳金	RMB 1.33	RMB 1.33
2016/06/25	2016/06/25	本期利息		

图 8-23　某信用卡账单中的滞纳金情况

> 💡 专家提醒
>
> 需要注意的是，信用卡免息还款日的后 3 天为最后还款日，但是这 3 天同样是要被银行收取滞纳金的。
>
> 信用卡用户最好是在免息还款日之前缴纳费用，不要产生滞纳金，长期出现滞纳金情况会被银行列入"黑名单"。如果用户的账户产生滞纳金，而用户长时间不还，就会产生信用污点，计入信用报告。

163 特殊资金流动的溢缴款

溢缴款是指用户还款时多还款的部分金额，大部分信用卡的用户在取溢缴款时需要支付一定的费用，少部分信用卡不收取费用，比如中国民生银行、广发银行。用户溢缴款能够增加信用卡的可用额度。

比如某信用卡持卡人只欠银行 10 000 元，但还了 11 000 元，那么多存的那1 000 元就属于溢缴款。

表 8-3 为部分银行的溢缴款取现收费标准。

表 8-3　部分银行的溢缴款取现收费标准

所在银行	柜台取现	同行 ATM 取现
中国银行	免费	免费，一天最多 5 000 元
招商银行	手续费为 1%，最多 50 元人民币	每次手续费为 1%
交通银行	免费	免费，一天最多 20 000 元
中国建设银行	免费	免费，一天最多 2 000 元
浦发银行	免费	每次手续费为 0.5%，最低 5 元
中国民生银行	免费	免费
广发银行	免费	免费
中国工商银行	免费	免费，一天最多 5 000 元

164 深入了解信用卡的年费问题

为了避免产生太多的睡眠卡，部分卡片无论是否开卡都要收取年费，尤其是高端信用卡，如金卡、白金卡等。

几乎所有的普卡都可以通过刷卡次数来免交年费，但是部分特殊卡不行，比如建设银行的龙卡汽车卡就必须缴纳年费。普卡的年费一般比较低，在 50 元到 100 元左右，而金卡、白金卡的年费就相对较高，从几百到几千元不等，最为尊贵的黑卡年费最低为 16 000 元，而且通过任何方式都不可免交。

附属卡与主卡的额度是共用的，而年费也是由主卡缴纳的，拥有附属卡的用户需要特别注意。用户在申请高端信用卡时一般可以申请主卡和附属卡。图 8-24 为某信用卡的申请界面，其中办理类型中有同时办理主附卡选项。

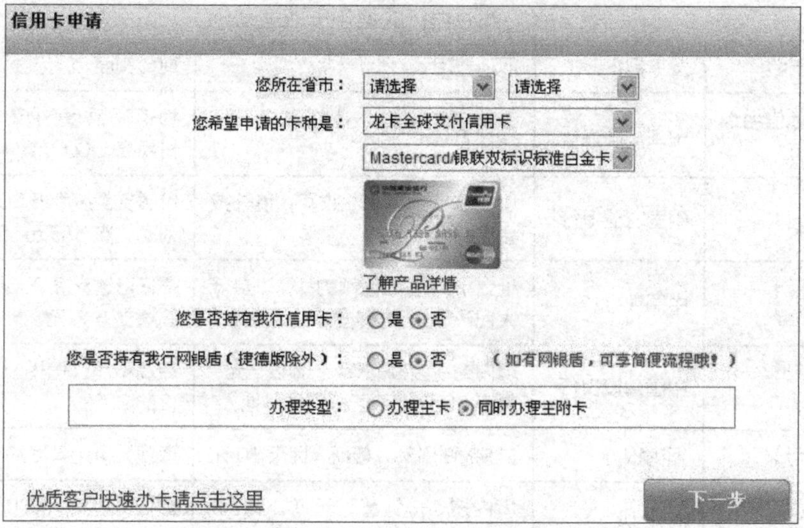

图 8-24 某信用卡的申请界面

165 救急不救穷的信用卡套现

信用卡套现一般是救急不救穷的，信用卡本身并没有发财致富的功能，但是如果用户需要使用大额现金，那么信用卡还是可以帮助用户暂时渡过难关的。

笔者不推荐用户通过中介机构套取信用卡资金，一方面这种方式属于违法操作，另一方面用户需要支付较高的套现手续费，而且有可能会造成用户个人信息泄露，使信用卡被"盗刷"。

一旦持卡人的套现行为被发现，就会被列入信用报告的"黑名单"，用户将承担个人信用缺失的法律风险，在很长一段时间里向银行借贷将非常困难。

> **专家提醒**
>
> 信用卡套现往往与恶意透支联系在一起，主要是指持卡人以非法占有为目的，超过信用卡的规定限额或者规定期限透支现金或消费，并且不归还金额。
> 这种恶意透支会受到银行的加息处罚，而且会遭到法律的制裁。

166 银行不同，信用卡取现费用不同

当用户陷入现金危机时，通过信用卡取现也是转危为安的一种方法。不同银行对信用卡取现费用的规定是不同的。部分银行的信用卡取现费用如表 8-4 所示。

表 8-4　部分银行的信用卡取现费用

信用卡卡名	发卡银行	取现费用	现金额度
牡丹国际信用卡（双币）	中国工商银行	跨行 ATM 取现 2 元 / 笔	为信用额度的 50%，每日最高 2 000 元
金穗贷记卡	中国农业银行	境内按金额的 1% 收取，境外按金额的 3% 收取	可透支额度为 5 000 元，最高透支 5 万元
中银信用卡（双币）	中国银行	柜台境内本行金额的 1%，最低人民币 10 元或 1 美元	最低可透支 2 000 元，最高透支 5 万元
龙卡贷记卡（双币）	中国建设银行	境内交易金额的 5‰，最低 2 元，最高 50 元，不区分同城异地	最高不超过信用卡可用额度的 30%
招行信用卡	招商银行	交易额的 1%，最低人民币 30 元	取现为可用额度的 50%
太平洋贷记卡（人民币）	交通银行	境内按 1% 计算，最低 10 元。同城跨行 ATM 取现，每笔 2 元	最低可透支 2 000 元，最高透支 5 万元
兴业银行信用卡（双币）	兴业银行	手续费 5%，最低人民币 30 元或 3 美元，不分同城异地	取现额度为信用额度的 30%

167　不可取的"卡奴"式还款生活

"卡奴"式还款生活，是用户通过信用卡分期付款买高档车、用信用卡分期付款装修高档住房、用信用卡透支买时尚电器等导致信用卡还款出现问题，用户不得不办理其他银行的信用卡，然后提取现金来还款。

这种拆东墙补西墙的方式非但不会让用户的债越还越少，反而会出现更多的债务，唯一的好处是短时间内用户不需要支付过多的还款金额，可以在长时间内慢慢还款。

图 8-25 为"卡奴"出现的 3 个方面原因。

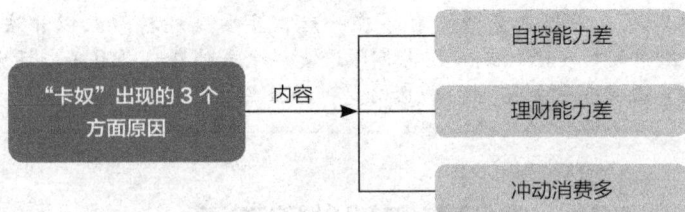

图 8-25　"卡奴"出现的 3 个方面原因

尤其需要注意的是，大部分持卡人认为自己的收入会不断增加，或者会维持在同样的水平，所以先用信用卡消费，但是如果出现财务困境，一旦用户的资金链断裂，用户就会沦为"卡奴"。

> **专家提醒**
>
> "卡奴"式的用户需要支付的费用除了信用卡的账单费用之外，还有数十到上百元不等的年费、日息万分之五的透支利息以及月息5%滞纳金、超限费等。
>
> 除此之外，很多的消费项目还是按月收取复利的。在这种情况下，用户的信用卡债务会像"雪球"一样越滚越大。

168　对付不良信用记录的多种方式

不良信用记录是指用户在生活中因为种种原因而出现的不良信用事件，再由事件产生的记录。

避免出现不良信用记录是每个持卡人的基本修养，用户在日常生活中一定要注意养成良好的意识和习惯，从根本上避免出现不良信用记录。使用信用卡时一定要选择合适的还款方式，谨慎对待还款的分期资金问题，采取有效的提醒措施，一定要确保每一笔贷款和欠款账单都能够按时还款。

信用卡用户在查看个人信用报告时，会看到各类符号，主要有"/""N""*""C""G"等。图8-26为各类符号的意义。

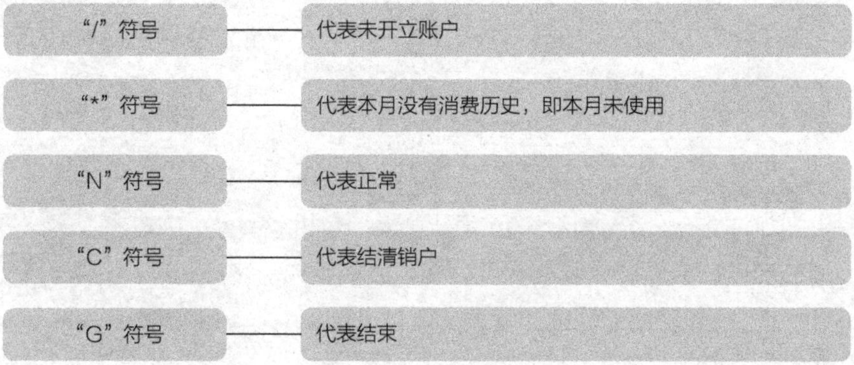

符号	意义
"/"符号	代表未开立账户
"*"符号	代表本月没有消费历史，即本月未使用
"N"符号	代表正常
"C"符号	代表结清销户
"G"符号	代表结束

图8-26　各类符号的意义

用户的个人信用报告中出现不良记录后一定不能心急，因为所有的信用记录在征信系统中都有一定的保存期限。一般金融领域的不良记录只保留5年，刑罚不良记录只保留7年。

尤其需要注意的是，负面记录与信用并不能完全画等号。银行在处理相关事项时，还是会关注用户的整体信息。所以用户有了负面记录后，首先要避免出现新的负面记录，然后是采取相应的措施对记录进行修复，比如重新建立良好的信用记录。

为了尽快消除不良记录，用户需要有意地进行消费并且坚持做到按时还款，重新累积自己的信用记录。

下面对如何对付不良信用记录进行总结，图 8-27 为对付不良信用的 3 招秘诀。

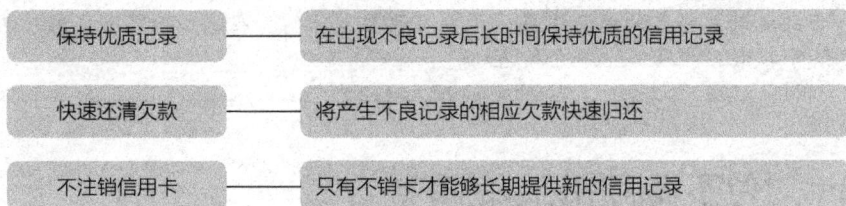

保持优质记录	在出现不良记录后长时间保持优质的信用记录
快速还清欠款	将产生不良记录的相应欠款快速归还
不注销信用卡	只有不销卡才能够长期提供新的信用记录

图 8-27　对付不良信用的 3 招秘诀

💡 专家提醒

　　对付不良信用记录其实没有特别的方法，主要还是通过重新建立良好的信用记录来提升个人的信用能力。

　　相比于出现不良信用记录后的补救，用户在出现之前就保持良好的信用记录会更加有用。

第9章

额度攻略，快速提额的技巧说明

学前提示

关于信用卡提额，每一个信用卡持卡人都会有一定的了解。很多人都认为信用卡提额很困难，其实不然，只要掌握相应的技巧，信用卡提额会变得很简单。不过快速提额是建立在持卡人信用良好的基础上的。本章主要学习如何快速提升额度。

要点展示

>>> 提额时间，关注各个银行提额信息

>>> 避免误区，防止非法提额走入歧途

>>> 把握细节，全面认识提额技巧问题

169　了解信用卡额度百科

新手用户拿到信用卡，首先是了解信用卡额度的相关信息，具体分为可用额度、永久额度和临时额度 3 个方面。

图 9-1 为关于信用卡额度 3 个方面的内容分析。

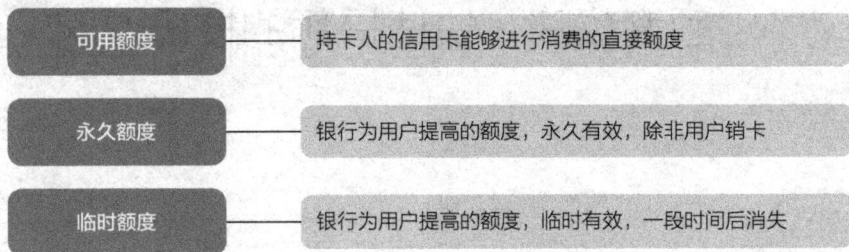

可用额度	持卡人的信用卡能够进行消费的直接额度
永久额度	银行为用户提高的额度，永久有效，除非用户销卡
临时额度	银行为用户提高的额度，临时有效，一段时间后消失

图 9-1　关于信用卡额度 3 个方面的内容分析

可用额度是银行第一次审核用户信息，给用户下发的信用卡额度，一般根据用户的自身条件和薪资能力而定。

用户使用信用卡一段时间之后就可用申请额度，银行会根据持卡人消费情况调整额度，调整临时额度还是永久额度由用户决定。

> 💡 专家提醒
>
> 一般情况下，用户提供新的资产证明，银行会提升永久额度，如果用户只是需要购物或者其他消费，那么银行会提升临时额度。
>
> 永久额度对用户的好处更大，能够帮助用户获得更多的服务以及更好的服务质量，而临时额度主要是临时的资金救急。

170　影响信用卡提额的 5 个因素

影响信用卡提额的因素有很多，比如持卡人的年龄、学历、经历、消费潜力、经济状况、信用记录等，但是最主要的因素有以下 5 个方面。

1. 持卡人经济因素

银行在考察持卡人的经济因素时，会查看持卡人是否拥有自己的固定资产，比如房产或者汽车，也可以是有资产证明的理财产品；其次是查看稳定的收入来源情况，如果用户没有大额储蓄，但有稳定的收入来源，那么用户提额很容易；最后是银行有大额储蓄，哪怕用户什么都没有，但是银行存有 100 万，而且存的时间已经超过 3 个月，那么申请提升该行的信用卡额度是可以获得通过的。

2. 持卡人住房因素

信用卡能否提额的重要因素之一，就是住房情况。如果信用卡申请人名下有住房，那么说明持卡人有经济基础。

只要有住房，提额就容易，如果用户能够提供高级住房的相关资料，那么银行会经常主动增加永久额度或者临时额度。

3. 持卡人信用因素

只要持卡人出现过不良的信用记录，而且时间很近，那么提升额度是不大可能的，甚至申请信用卡都不会被通过。

现在各行的信用记录都有联网，用户一旦产生不良信用记录就会被银行查知。如果用户没有不良信用记录，那么持卡人申请提额时，银行会酌情考虑，但至少不会因为信用问题而拒绝提额。

4. 持卡人婚姻因素

很多人觉得有没有结婚与信用卡申请或者提额没有关系，但是事实上这是影响银行评测的核心环节。

在银行的自动评审系统中，两个条件完全一样的用户，已婚人士可以获得比未婚人士整整一个级别的信用提升，无论是信用卡额度还是等级。如果未婚人士可以拿金卡，那么已婚人士就可以拿到白金卡。

在银行看来，已经有家庭的人会在生活上更加稳定，而且信用卡的偿还能力也有更大保障，这类用户是银行的优质客户。

5. 工作状况

工作领域的不同直接影响提额的成功率，比如工程师、经济师、会计师、教师、律师等用户进行提额，银行系统会优先考虑提供更高的额度，无论是固定额度还是临时额度。

这种稳定性较高的行业从业人员同样属于银行的优质客户，其不仅具有较强的消费能力，而且具备较强的偿还能力。

171　招商银行信用卡提额技巧

各大银行信用卡的提额方法存在一定的相似度，但是具体而言还是有一定区别的，比如招商银行提额最喜欢查看用户的消费次数。这种刷卡消费并不一定要是大额交易，只要是刷卡次数多，消费额达到一定的程度就可以。

招商银行信用卡持卡人如果需要提升额度，直接致电客服热线（400-820-5555）就可以自行申请。从成功率考虑，持卡人用卡 3 个月以上再提出提额申请会更容易通过，如果招商银行信用卡持卡人还能够提供房产、车产等证明，那么提升额度的申请会更容易被批准。

> 💡 专家提醒
>
> 如果用户持有的信用卡是双币卡，那么用户在进行提额说明时，可以说是境外消费，需要提升美元额度，那么银行提升美元额度时，人民币额度也会相应提升。即使人民币额度没有提升，美元额度提升带来的等值人民币额度也是提升的。

172　中国工商银行信用卡提额技巧

与其他银行相比，中国工商银行的信用卡用户如果申请 10 万元以下的提额，那么申请被通过的可能性是很大的。

要想更进一步提升成功率，那么需要持卡人的工行账户为六星等级。中国工商银行用户最可行的方式就是购买中国工商银行推出的步步为赢理财产品。哪怕用户是重复地买与卖，都能够提升账户等级。

一把情况下，当用户的账户达到双六星后，用户提出永久额度申请，银行都会将额度调至 5 万元人民币左右。

173　中国建设银行信用卡提额技巧

中国建设银行信用卡提额技巧与中国招商银行信用卡提额技巧类似，银行喜欢用户多次刷卡，哪怕额度不高，如果用户还会偶尔进行分期还款，那么正常情况下 6 个月就可以提永久额度一次。

中国建设银行信用卡提额的额度每次在 50% 以下（含 50%），其中普卡和金卡属于同一个等级，最高提额为 10 万元人民币，如果用户需要继续提额，就需要申请白金卡或其他高端信用卡。

> 💡 专家提醒
>
> 中国建设银行信用卡持卡人有提额的需求时，可以随时拨打客服热线申请。
> 除此之外，持卡人也可以通过网银、微信银行、手机银行等方式提交提额申请。如果是客服热线，那么客服人员会先听取客户自身的目标额度，然后进行审核，最后根据客户用卡情况批准一定的额度。

174 中国农业银行信用卡提额技巧

中国农业银行的信用卡发行量并不算多，但是在提高额度方面，中国农业银行信用卡是最实用的。比如中国农业银行推出的 QQ 联名信用卡，不仅终身免年费，而且提额是没有上限的。

只要用户持续使用中国农业银行信用卡，那么每隔一段时间申请一次提额，无论是固定额度还是临时额度，银行都会或多或少地提升信用额度，这对很多人来说都是很方便的事。

175 中国银行信用卡提额技巧

对于用卡达人而言，中国银行的信用卡提额方式也是相当简单的，主要是将临时额度和固定额度相结合。

首先用户使用信用卡一段时间之后，再向银行申请临时额度，可以通过申诉将额度提得高些，然后再申请一张新卡，银行发给你的新卡的永久额度就是你之前信用卡的临时额度。

专家提醒

根据网络上的技巧说明，学这种方法失效或者不灵时，用户可以不断地申请新卡，然后注销旧卡，中国银行信用卡额度会逐步小幅度上升。

用户保持良好的使用记录是非常有必要的，没有良好的使用记录，没有对信用卡长时间的使用，在任何银行提额都是不太可能的。

176 交通银行信用卡提额技巧

交通银行发行的信用卡是大众较为喜欢的信用卡之一，其提额的方法有多种，大家可以自由选择使用。

第一种是以销卡为由，持卡人通过电话跟银行客服联系，说明要销卡，那么客服会说持卡人为银行的优质客户，并且努力说服持卡人不要销卡，过几天有银行工作人员会联系持卡人进一步说明，再过几天就会发现自己的信用卡提额了，而且一般是永久额度。

第二种是长时间不用，其他银行两三个月不用就有可能提额，但是交通银行的信用卡得半年或者一年不用，额度才会增加。当然这是建立在用户之前使用信用卡次数较多的情况下。

> **专家提醒**
>
> 一般情况下，交通银行信用卡中心会在账单日时对信用卡持卡人进行自动系统测评。
>
> 这种系统评测主要是核定其消费与还款情况，如果达到提升额度的标准，那么银行会自动给用户提升额度。

177 广发银行信用卡提额技巧

广发银行的全称是广东发展银行，是国内较早组建的商业银行之一，也是信用卡审批较为容易的银行。

广发银行的信用卡提额是自助式的，一般情况下，用户使用信用卡达到额度的80%～90%，等到出了信用卡账单之后，用户进行全额还款即可申请提额，提额申请一般都会通过。

> **专家提醒**
>
> 广发银行的提额速度是非常快的，只要持卡人的用卡时间大于半年，那么每过三个月就可以自助去银行申请提额一次，这种提额可以获得 100% 的额度提升。此外用户可以先分期，然后再提额，这种方法也是有效的。

178 中国光大银行信用卡提额技巧

中国光大银行的信用卡提额申请是立刻测评的，如果用户是通过客服来申请提额，那么客服系统会立即为持卡人进行测评。需要注意的是，只要客户在当月或当年有还款逾期记录，申请就会被直接拒绝，一年内的提额申请都不会批准。

对于中国光大银行而言，用户在境外消费，会给自己的信用卡留下良好的使用记录。尤其是用户在境外消费的额度较高，次数较多时，银行通过提额申请的可能性非常大。

> **专家提醒**
>
> 预先存款也是提额的核心手段，如果持卡人需要提额，可在申请提额之前，先存几万元人民币的定期存款在银行。
>
> 这种定期存款不需要提前几个月存入，只要在申请提额时存有即可。用户向银行提出申请，一般都会提额，而且提额与用户存入的金额有关，用户可以等提额成功后再取走存款。

179 准确把握各大银行的提额时间

用户在不同银行申请提额的必需时间是不同的，申请临时提额和永久提额的时间也是不同的，下面对各大银行的提额时间进行整理。

1. 提升临时额度的周期表

每一家银行都会参照自己的相关标准来制定用户的额度，表9-1为各大银行信用卡提升临时额度的周期表。

表9-1　各大银行信用卡提升临时额度的周期表

所在银行	第一次临时额度	第二次临时额度
招商银行	随时	随时
中国工商银行	随时	1个月后
中国建设银行	2个月后	1个月后
中国农业银行	随时	随时
中国银行	有还款记录	随时
交通银行	银行邀请	银行邀请
广发银行	6个月后	6个月后
中国光大银行	3个月后	3个月后

💡 专家提醒

在大部分情况下，用户用卡时间超过半年之后，持卡人向银行提出调高额度的申请会较容易通过。

具体能否被通过，还是在于持卡人的刷卡频率是否较高，平时的刷卡额度是否较大，信用记录是否良好等方面。

2. 提升永久额度的周期表

提升永久额度的要求比提升临时额度的要求高得多，用户如果没有频繁使用信用卡，而且按时还款，那么是不可能在短时间内提升永久额度的。表9-2为各大银行信用卡提升永久额度的周期表。

表 9-2　各大银行信用卡提升永久额度的周期表

所在银行	第一次永久额度	第二次永久额度
招商银行	3 个月后	3 个月后
中国工商银行	6 个月后	6 个月后
中国建设银行	6 个月后	6 个月后
中国农业银行	6 个月后	随时
中国银行	6 个月后	3 个月后
交通银行	银行邀请	银行邀请
广发银行	6 个月后	6 个月后
中国光大银行	6 个月后	6 个月后

💡 专家提醒

　　良好的信用卡刷卡还款记录是用户提升永久额度的前提，除此之外，用户消费金额可以尽可能地多，半年内的消费额度在 30% 以上为好，次数也要多，每月至少 10 笔以上，达到 20 笔更好，消费的商户类型也需要尽可能地多。

180　坚决避免的 2 个提额误区

　　信用卡提额是有误区的，尤其是用卡新手必须了解这两个误区才能够更高地使用信用卡。

1. 不能盲目刷卡

　　刷卡可以获得信用卡积分，也可以提额，但是过度刷卡对于还款能力有限但信用额度较高的工薪阶层而言非常不划算。

　　盲目刷卡的风险越久越大，利息会让用户成为"卡奴"一族，而且羊毛出在羊身上，持卡人刷卡获得的好处最终还是有可能通过其他方式返回给银行。

　　刷卡最有可能带来三大风险分别是信用风险、财务风险和法律风险，用户要克制消费冲动，适度地使用信用卡。

2. 不能相信中介

　　信用卡中介非常多，有些中介完全就是骗人的。图 9-2 为中介收费的陷阱流程图。

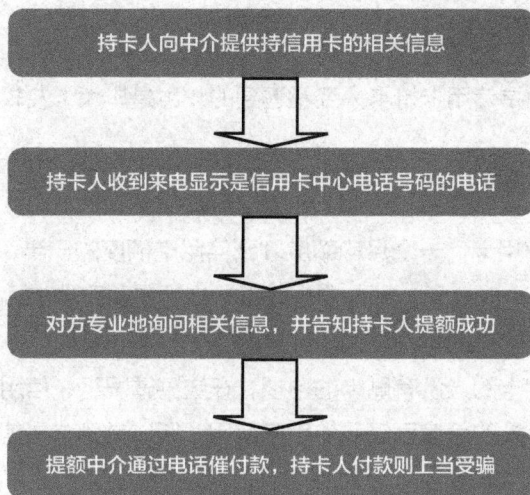

图 9-2　中介收费的陷阱流程图

💡 专家提醒

　　尽管申请信用卡有一定的技巧，但是提额是没有任何人能保证百分之百成功的。

　　部分违法分子假借以帮助持卡人提额的名义，借机获得持卡人的信用卡信息，也可能骗取不存在的手续费等。

181　提额过程中注意 2 个细节

持卡人要想在最短的时间内提升信用卡的额度，主要是注意提额过程中的两大细节。

1. 申请方法

不同银行对信用卡额度的上调方式各不相同，比如用户在网上银行申请提额，一般能在原基础上浮 10% 的额度。通过客服电话进行提额，一般能在原基础上浮 10% ~ 50% 的额度。

2. 自动调额

银行在某些时候会为不少信用记录良好、消费频繁的持卡人提高临时额度，额度最高达 50%，比如黄金节假日时间。

这种临时额度是有时间限制的，用户一定要特别注意额度的最终还款时间，以免出现还款误差，导致逾期。一般情况下，节假日提升的额度不会是永久额度。

182　剖析提额被拒的 4 个原因

信用卡提额被拒是信用卡持卡人经常遇到的，也是广大卡友较为关心的问题，下面剖析这个问题。

1.　所用的额度较低

如果用户使用信用卡，一个月的额度才到信用卡额度的一半，比如 10 000 元人民币的信用卡只用了 1000 元，那么要想让银行提额是不可能的，因为用户所用额度太低，都没有达到银行的最低标准。

很多申请了信用卡的人没有刷卡的习惯，在这种情况下，信用卡的额度很难有所提升，银行会视为审批的额度已经足够用户使用，所以常刷卡是信用卡提额的重要因素。

2.　使用的时间较短

大部分银行对于使用信用卡时间较短的用户是不提额的，一般情况下，开卡使用半年才可申请提额。

半年之后，银行会根据用户在这半年内的用卡情况来判断能否提额，用户使用时间越长越好。

3.　网上消费比例大

大部分人并不在乎的一个方面就是网络消费，但是信用卡对于网络消费是不太认可的，尤其是支付宝、微信支付等。

这种原因的出现不仅在于支付宝和微信抢占了银行的利润蛋糕，还在于网络支付会产生非法套现等情况，所以每月的账单出来时，如果用户的网络支付比例比较大，是会影响用户提额的。

4.　逾期还款的出现

个人信用是信用卡出现的根本原因，没有信誉就没有信用卡。用户申请提额时，如果有逾期导致的罚息问题，那么所有的良好用卡记录都化为乌有，提额的申请一定会被拒，用户必须重新累计使用记录。

183　让银行主动提额的核心方法

要想让银行主动提额，必须在刷卡的持续性和频繁性方面下功夫，要坚持长期刷卡消费，最好连续数个月都有刷卡的消费额度产生，另外刷信用卡的次数和商家对象越多越好。

这两点是银行查看用户的信用卡活跃指数时直接关注的，除此之外，还有部分用户因素也是银行主动提额的关键。

图 9-3 为银行主动提额的相关要素。

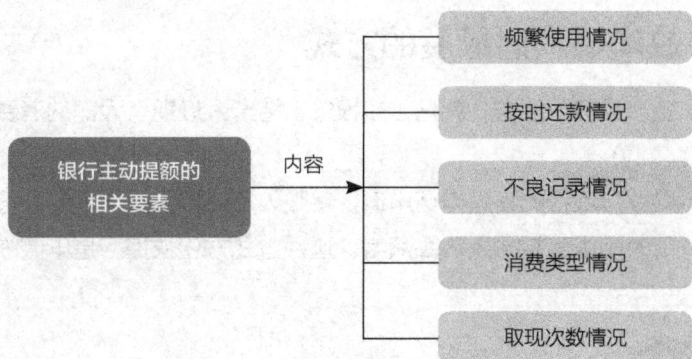

图 9-3　银行主动提额的相关要素

184　信用卡提额的 3 个技巧

信用卡提额其实还有一些大部分用户并不知晓的小技巧，下面分析这些技巧。

1. 刷卡额度影响成功率

能够证明持卡人有提额能力的事实，就是用户使用信用卡支付的金额越来越大，而次数也是银行关注的一个方面，但是额度更为重要。

一般来说，每月产生账单消费情况至少是信用卡总额度的 30%，持卡人才会被银行认为具备提额能力。

2. 坚持进行提额申请

提额申请一般向客服提交会更好，而持续的电话提额申请，不同的客服会对用户的申请进行不同的处理。

因为每个人的情况都不同，不同的客服或者工作人员在处理申请时的依据有所不同，所以就会出现上一次通不过，这一次就通过的情况。还有就是用户在账单日或者信用卡刚使用过时申请更容易通过。这会让银行的工作人员觉得用户是真的有提额的直接需求。

3. 曲线提升整体额度

曲线提额也是用卡高手常用的一种方式，尤其是在某些特殊卡片出现时，其操作方式就是指用户不断地申请同一银行的信用卡。新发的信用卡一般与用户原有额度一致，甚至比原有的固定额度还要高。

申请了多张信用卡最后下发之后，用户的个人总额度就达到了原有信用卡不能达到的高度。比如一张信用卡额度为 20 000 元人民币，那么 5 张信用卡的额度总和就达到了 100 000 元人民币。

185 有效申请临时额度的方式

申请临时额度最有效的方式就是告知银行，持卡人近期有大额的消费需求，需要银行提高额度。

持卡人可以拨打银行的客服电话申请，客服人员在核实持卡人的身份以及提额需求后，会在一段时间内为持卡人提高额度。这种方式方便快捷，是申请临时额度的首选方式。

> 💡 **专家提醒**
>
> 通过网上银行申请，一般比客服申请到的额度要低，是在原基础上调 10% 左右的额度。
>
> 用户也可以直接前往银行营业厅申请，但需要持卡人提供资产证明等信息，提升的额度根据资产证明而定。

186 同一银行的信用卡适量为好

如果用户申请提额被拒，但是有良好的使用记录，那么用户申请同一银行的信用卡不仅能够获得新的额度，而且原来的卡的额度也是有可能上升的，但是从用户的长期使用而言，同一银行的信用卡数量还是适量为好。

> 💡 **专家提醒**
>
> 在提额方面，所有的方法都不一定是直接见效的，银行在考察时需要依据的方面非常多，不是只看一个方面。持卡人要想提额，就应该多注意提额的技巧，然后尽可能多地使用信用卡。不要事到临头时，才想着去银行给信用卡提额来购买自己喜欢的东西。

187 经常使用银行电话进行申请

经常使用银行电话申请提额，会让用户的记录进入银行的系统中，银行对于有迫切提额申请的用户也会酌情考虑。

无论如何，持卡人主动出击才是王道。持卡人在申请卡片时的额度，往往与后来的收入、资产等方面的信息有着较大区别，这也是用户可以提升固定额度的一个原因。

使用电话申请需要持卡人有持之以恒的精神，对于提额的迫切性不强的用户，选择这个方式也是不错的。

> 💡 **专家提醒**
>
> 需要用户注意的是，虽然不同的客服对于用户的申请有不同的处理方法，但是系统测评的大致信息是不变的。
>
> 持卡人各方面记录的良好性是前提条件，如果有不良记录，那么客服是会做另类处理的。

188 外汇交易次数多也是因素

外汇交易的市场非常庞大，根据相关数据统计，每天有超过 1.5 万亿美元的资金在市场中流动。

外汇交易没有具体地点，而是用户在国外进行消费的一种方式，比如通过银行、企业和用户间的网络进行交易。

> 💡 **专家提醒**
>
> 如果用户有条件出境消费，那么不要犹豫，在国外尽可能地用信用卡多刷几次。
>
> 当然这种信用卡必须是双币信用卡，单币信用卡在国外是不可用的。只要用户的交易次数足够，那么提额非常容易。

189 停用一段时间，银行会提额

现在大部分银行都在努力提升用户数量，用户数量越多，活跃的信用卡越大，那么银行的利润越高。

在这种情况下，银行对于处于"睡眠"期的信用卡会进行提额，因为用户没有使用信用卡，银行就没有利润，最终目的就是让用户重新使用信用卡。这种奖励式的提额也能被用户利用，比如有意停用信用卡一定时间就有可能提额。

> 💡 **专家提醒**
>
> 银行获得一个用户并不容易，不然也不会推出各种各样的新用户活动或者推荐办卡活动来吸引用户。
>
> 费精力获得的客户，银行不会那么容易就放手，所以当持卡人有心提额却没有成功时，就可以通过暂停一段时间的方式来迫使银行主动提额。当然如果用户停卡时间太久，银行显示用户没有对银行提供帮助，这种客户就会被银行放弃了。

190 深入分析申请提额的时间

申请提额的时间在前面的内容中已经有所提及，下面针对整个提额的时间进行整理和深入分析。

图 9-4 为用户可申请提额的时间。

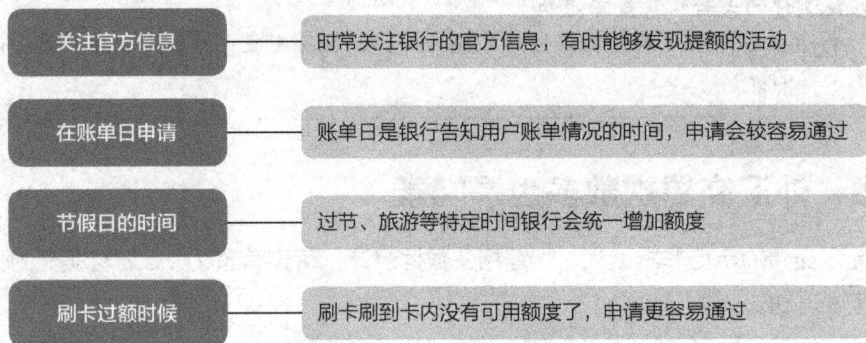

关注官方信息	—— 时常关注银行的官方信息，有时能够发现提额的活动
在账单日申请	—— 账单日是银行告知用户账单情况的时间，申请会较容易通过
节假日的时间	—— 过节、旅游等特定时间银行会统一增加额度
刷卡过额时候	—— 刷卡刷到卡内没有可用额度了，申请更容易通过

图 9-4　用户可申请提额的时间

💡 专家提醒

　　不管是什么事情，抓住时机都是使得事情成功的关键，信用卡提额更是如此。
　　用户只有做好充分的准备工作，才能够在申请时利用恰当的时间、恰当的方式获得自己想要得到的结果。

191 详细的个人资料不可缺少

个人资料一般分为两种，分别是基本个人资料和详细个人资料。

基本个人资料一般包括姓名、籍贯、出生日期、性别、民族、学历、地址等信息，对银行的直接作用不大，重点在于详细个人资料，比如用户的婚姻状况、积蓄情况、住房情况、购车情况等，这些资料无论什么时候都是银行最为关注的内容，都是有利于用户提额的。

💡 专家提醒

　　从银行的角度而言，详细的个人资料能够帮助银行快捷、方便地认识用户，帮助系统判断是否提额。
　　尤其是资产证明，能够让银行相信持卡人可以按时还款，不会出现逾期等现象，银行最为担心的就是逾期，如果用户使用一千万的额度，都能够按时还款，那么再高的借款银行也会借的。

192 连续数月使用信用卡保证有账单

持续的消费是银行在短时间内为用户提额的依据，只要用户每个月都有消费，不管消费额度是多少，都属于银行喜欢的潜力客户。

持卡人刷卡最好不要中断，除非是通过其他方法不能提额，那么可以使用暂停使用的方式来迫使银行提额。

图 9-5 为笔者的信用卡账单持续情况，每个月都有稳定的刷卡消费。

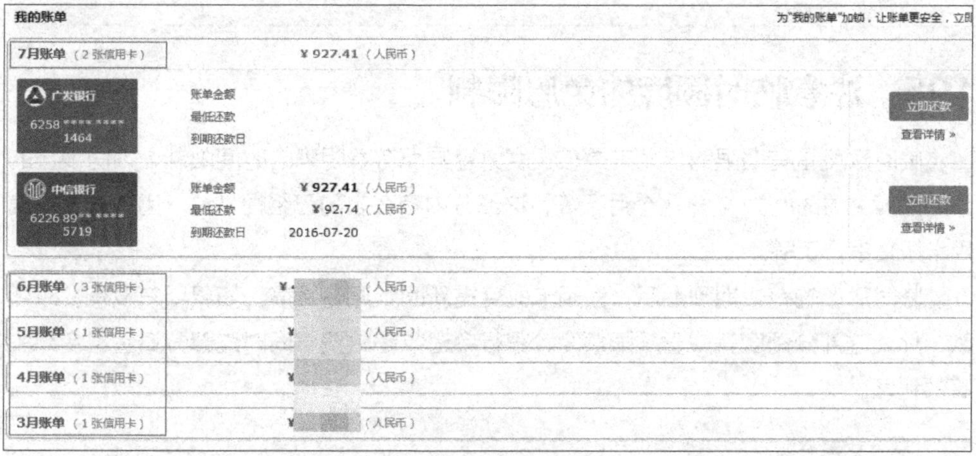

图 9-5　笔者的信用卡账单持续情况

193 向银行直接说明消费的原因

在房价不断上涨的今天，很多人都提倡尽早买房，但是买房是一笔很大的支出，那么怎样才能让银行通过持卡人的提额申请呢？这个时候，就可以选择实事求是的方式，告诉银行你最近需要用钱，并付出利息。

> **专家提醒**
>
> 遇到这种情况，银行方面一般都会酌情提高持卡人的信用卡额度，具体提升多少，不同银行的标准不同。
>
> 只要有稳定的工作和稳定的收入，让银行相信你可以按时还款，银行就会给用户提升信用额度。

194 量力而行的节前提额方式

大部分银行都会在节假日时对信用良好的用户进行提额，但是使用这种额度需要用户量力而行。

尤其是遇到银行主动调额时，用户要马上弄清楚是固定上调还是临时上调，以及上调的期限与上调额度为多少。

> 💡 专家提醒
>
> 与银行主动调额类似，还有的银行会主动为持卡客户的卡片升级业务，比如从普通卡升级为金卡。
>
> 金卡用户可以获得更多服务，但是也要承担不少的金卡年费，遇到这种情况，用户也要量力而行。

195 注意临时额度的免息限制

临时额度是有期限的，尤其是在额度免息方面有着明确的时间限制，不同银行的临时额度免息时间为 1 ~ 3 个月不等，这部分内容在之前已经提到过，用户需要向信用卡所在银行了解。

临时额度的有效期到期后，信用卡额度重新回到原有额度，如果用户没有及时还款，那么这部分额度就属于超限额度，银行会追收超限费，同时这部分资金也会产生高额利息。

> 💡 专家提醒
>
> 信用卡的临时额度始终不属于银行提供给用户的免费午餐，持卡人要用之有度。
>
> 相比于银行主动提额，用户申请临时额度的方式较为繁琐，所以除非是有资金压力，否则最好不要过多使用。

196 临时信用额度的最长使用期

笔者在前面已经介绍过各大银行的临时额度有效期，最长不会超过三个月，最短的银行只提供 20 天有效。

要想充分利用临时额度进行消费，在申请调高临时额度时，一定要先了解所持信用卡的相关时间期限，避免因为搞错有效的日期而产生额外费用。

> 💡 专家提醒
>
> 不同的持卡人向银行提出申请后，银行给的额度有所不同，正常情况下额度会有30% ~ 50% 的提升。
>
> 如果用户在之前的刷卡量较大，而且个人信用的状况非常良好，那么持卡人可以获得翻倍的额度。

197 银行调高额度不一定是好事

临时增加的信用卡额度不一定是好事，之前已经针对临时额度的一些相关信息进行说明。

比如临时提额的有效时间和相关费用，临时额度需要在免息期内还款，尤其需要持卡人注意的是，有些银行在提高用户的临时额度后，会降低免息期时间，甚至部分特殊活动的优惠时间也会降低。如果持卡人并不知晓，就有可能出现多花钱的情况。

在大部分情况下，银行调高了用户的信用卡额度，会通过短信通知持卡人，也有部分银行不会说明，用户要注意额度时间问题。

198 不要采用非法手段提额

虽然很多持卡人因为有消费需求，所以都希望尽快提升自己的信用额度，更有甚者为了提高自己的信用卡额度而陷入不法分子的圈套。

笔者郑重提示，非法手段提额对用户会造成严重后果，用户要格外注意。不少的不法分子会在网络上发布信息，通过各个渠道让用户联系他们，但是他们本人不会提供个人信息，以免被警察查到。

这类不法分子骗取持卡人的信任后，就会从持卡人那获取信用卡的卡面信息，利用网上消费或者 POS 套现。

其实信用卡额度适用即可，持卡人在提升额度时要量力而行，更不要试图以"歪门邪道"的方式来提升信用卡额度。

199 个人财力决定最高额度

高额信用卡的申请无论在哪个银行都非常难通过，如果用户的信用卡额度只有 1 万元，想让银行提额到 5 万元，也几乎没有可能。

个人财力可以体现在工作单位、职务等情况上，比如用户的工作单位越稳定越知名，那么提升的额度会越高。

银行最喜欢的就是机关事业单位、大型国企以及世界 500 强的企业员工。至于职务方面，职务越高，额度越高，尤其是公务员的额度往往会非常惊人。

> 💡 **专家提醒**
>
> 个人财力并不一定是在某个银行储蓄的现金，当然有储蓄的现金更好。
>
> 除了现金之外，用户的收入账单、房屋产权、汽车产权和有价证券凭证等都属于个人财力的表现。

200 利用节日申请临时提额

节日提额通过率高的原因，在前面的内容已经提到。当家庭聚会和外出消费的机会变多时，银行就会提高额度，便于用户消费。

需要注意的是，节日是有时间限制的，往往就只有一两天，最多也就五天左右，而用户申请临时额度后还需要注意审批所需的时间。如果用户申请的提额幅度较大，那么需要系统和人工进行深入分析，审核最多需要 2 个工作日，所以以用户在节日申请时，要注意提前一定的时间提交申请。

为了吸引用户，银行会尽可能地满足用户的刷卡需求，所以节日时的提额申请一般都会被通过，只是额度高低不同。

201 建立完善的信用卡使用记录

根据银行的系统评测，每一个用户都有一个专属的财务结构，在健康的财务结构中，用户的债务与收入的占比应在 25% 左右，超过 50% 就说明用户的债务过多，为了防止银行出现财产损失，这类用户会上银行的黑名单。

一旦出现这种财务结构，那么用户向银行申请新的贷款，银行是不会通过的。所以完善的信用卡使用记录非常有用，用户在生活中尽可能地使用信用卡支付，这种消费记录会说明用户每个月都有相对稳定的消费额，如果用户还按时还款，那么用户建立的信用卡使用记录会非常漂亮。

第 10 章

分期消费，用卡高手的用卡之道

信用卡的分期消费模式是用卡达人最为喜欢的，也是信用卡提供的主要附加服务之一。这种方式满足了那些想要提前消费，但是钱还不够的用户。比如年轻人买车，就喜欢用信用卡分期消费。本章对信用卡的分期消费进行全面分析。

>> 贷款分期，缓解资金压力
>> 分期付款，抢先购买商品
>> 付款技巧，获得更好服务

202　信用卡贷款的详细说明

信用卡贷款属于银行推出的一种用户业务，与信用卡有关，用户通过信用卡可以向银行申请贷款。

表10-1为信用卡贷款的业务信息。

表10-1　信用卡贷款的业务信息

具体业务	具体说明
业务特点	首先是手续非常简便，办理过程较为快捷，用户无需抵押物品，而银行的授信额度可被用户循环使用。到账的速度很快，能够解决用户的燃眉之急
业务条件	首先是年龄条件，必须是21到55周岁，而且用户要有稳定的收入，使用信用卡至少半年时间，信用记录良好
额度问题	信用卡额度的100%
期限问题	不同银行的期限不同，最长为3年
利率问题	不同银行的利率不同，一般比基准利率要高些
还款问题	按照用户选择的分期方式按月偿还

💡 专家提醒

信用卡的持卡人可以申请的贷款额度根据信用卡的额度而定，一般为2万～20万元人民币。

用户选择分期的方式最快可以是7天，但只有部分银行提供这个功能，更常见的是12个月、24个月、36个月。

203　关于分期付款的介绍

分期付款就是分成一定的期限，对贷款所欠的费用或者购物时的费用进行还款。以中信银行为例，用户在第三方平台购物支付时，可以直接选择分期付款方式，付款金额＝订单总金额＋分期手续费。

大部分银行都提供分期付款功能，图10-1为中信银行在信用卡账单中提供的某商品分期购买功能。

通过这种模式，可以将总价平均分成3期、6期、12期等情况，先购买再慢慢还款。

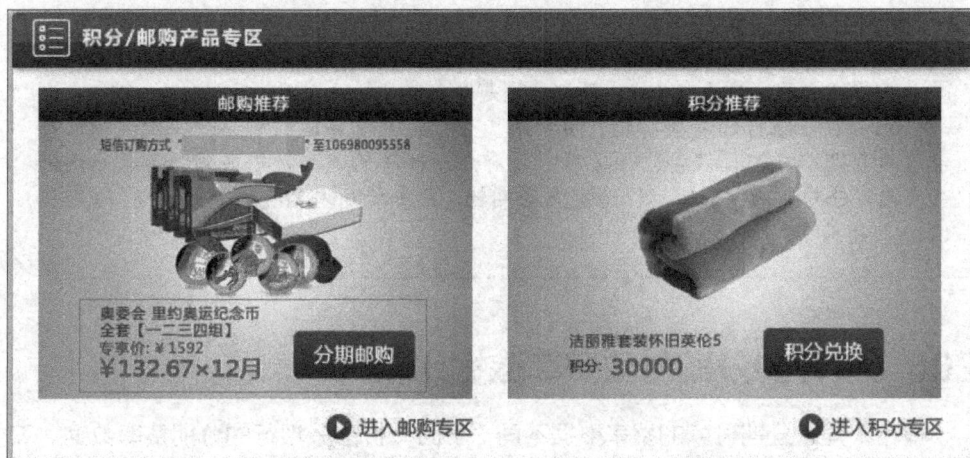

图 10-1　中信银行在信用卡账单中提供的某商品分期购买功能

204　贷款与分期付款的区别

从本质上说，贷款与分期付款都是一个意思，就是今天花明天的钱。用户贷款会产生分期付款，而分期付款的购物需求又催生贷款的出现，就是因为买东西可以先用再还钱。

用户通过贷款或者分期还款可以先住上新房、开上汽车，剩下的款项通过几年甚至更久的时间来还。有些分期付款会免息，但是在银行贷款是不可能免息的。

> **专家提醒**
>
> 在具体的运作方式上，贷款是一次性向银行申请大额资金，然后慢慢还，而分期付款是先付一定的首付款，然后慢慢还。
>
> 贷款的还款对象只能是银行，而分期付款的还款对象可以是银行，也可以是商家。

205　认识分期期数与手续费

分期付款对于大部分人并不陌生，今天买电脑用分期付款，明天买手机可能又用分期付款。

分期期数就是用户选择分成多少次来付款，期数越少，手续费用越低，期数越多，手续费用越高。不同银行推出的分期期数不同，而贷款和分期付款可选择的分期期数也不同。

> 💡 **专家提醒**
>
> 　　用户还需要注意展期功能，展期功能是在分期付款的基础上再分期的功能。
> 　　比如农业银行的展期功能，用户进行分期付款交易时只能办理一次，对已经申请的分期期数进行调整，如果用户之前分期选择的是期数最多的，那么无法进行展期。分期期数少则可以分为更多的期数，比如将原本的3期分为6期、9期、12期，甚至24期等。

206　银行的分期付款费率数据比较

　　银行不同，分期付款的费率数据不同，下面分析部分银行的分期费率数据。表10-2为7家银行的信用卡分期付款费率数据。

表10-2　7家银行的信用卡分期付款费率数据

	3期费率	6期费率	9期费率	12期费率	24期费率
中国银行	1.95%	3.60%	5.40%	7.20%	14.88%
中国工商银行	1.65%	3.60%	5.40%	7.20%	15.60%
交通银行	2.16%	4.32%	6.48%	8.64%	17.28%
中国光大银行	1.50%	3.00%	4.50%	6.00%	12.00%
华夏银行	1.50%	3.00%	4.50%	6.00%	12.00%
中信银行	1.95%	3.60%	5.40%	6.60%	14.40%
招商银行	2.61%	4.20%	—	7.20%	—

　　并不是所有银行的分期都分为3期、6期、9期、12期、24期的，所以表10-2中的部分银行在某一期上没有费率说明。用户如果要查看更加具体的费率，可以进入信用卡所属银行的官网，查看分期付款的相关说明。

207　分期付款不一定适合每个人

　　每一个信用卡用户都应该知道，如果使用分期付款，那么最后总支出是大于一次性付款金额的。

　　因为分期付款的金额包括该笔资金的应付利息，所以对于部分用户而言，这种方式非常不适合其购物，原因在于多花了钱。从用户的角度考虑，信用卡分期付款不需要用户抵押物品，操作非常方便，所以这个服务主要针对收入不高的年轻人，此外部分中高端客户也常常采用分期付款的方式购物。

> 💡 **专家提醒**
>
> 　　分期付款尽管看起来非常可行，但是对于收入不稳定的用户而言，分期付款很容易导致其未来生活出现资金压力。
> 　　比如用户的分期支出占到收入的三分之一，可用收入就受到了非常大的限制，如果不能及时还款就会出现不良信用记录。

208　高手的 100 天免息期技巧

　　100 天免息是很多用户都不知道的信用卡刷卡技巧，但是实际上却是可行的。用户要想获得 100 天免息，可以通过两个步骤达到目标。

　　首先是调整还款日，为了管理账单，便于还款，银行为用户提供调整账单日和还款日的功能，比如用户还款日为 20 日，那么向银行客服打电话申请更改信用卡还款日，银行会提供几个日期，用户选择最长的日期就可以延缓还款的时间。

　　其次就是分期付款，需要注意的是，大部分银行的分期处理会将本期的金额分开，从下个账单日重新计算，也就是这个账单日是不需要还款的，这样就可以获得整整一个账单日的免息时间。

> 💡 **专家提醒**
>
> 　　例如某行的信用卡账单日为每个月的 6 日，假如持卡人在 6 月 7 日消费一笔金额，并于本月 27 日成功更改账单日为每个月 26 日，那这笔金额将会于 7 月 26 日出账单。然后申请分期，再获得最长 50 天的免息期，那么总共有 100 天的免息期。

209　选择免息的分期付款商品

　　每一家银行都跟很多商户有合作的关系，信用卡的持卡人在这些商户消费可以享受到多方面的优惠政策，其中免息服务就是最为重要的一个功能。

　　一些价格较高的商品，比如洗衣机、液晶电视、冰箱、高档数码相机、新品手机等上市时，为了打开市场，会与银行合作，图 10-2 为招商银行与某手机品牌的联合营销。

> **¥ 免息分期付款服务**
>
> 招商银行信用卡用户可申请 3 期至 12 期免息分期付款服务。
>
> 查看所有 iPhone

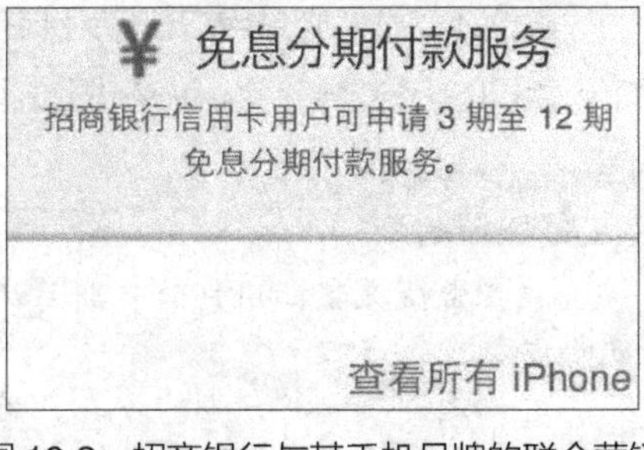

图 10-2　招商银行与某手机品牌的联合营销

> **专家提醒**
>
> 　　这类免息购物的条件普遍较高，有些时候会由商家提供特定的产品目录，持卡人只能在目录中选购。
>
> 　　持卡人只有选择这类商品才可以享受免息分期付款的功能，尽管是免息付款，但是用户消费时还是要量力而行。

210　注意免息不免费的情况

　　免息和免费是两个不同的概念，即使用户购买商品时免息，也不一定是分期免费的，因为还有分期付款的商品手续费需要支付，分期手续费的标准一般根据分期的期数来确定。

　　从实际出发，信用卡任意分期付款业务，一般免除用户按时付款时的利息，只有用户没有还款，才会产生利息，但是手续费是不免的，尤其是未付款导致的滞纳金等费用更是不免费。

　　信用卡购物分期还款的期限最常见的是 3 个月、6 个月与 12 个月。其中分 3 期手续费率最高的是招商银行，达到了 2.6%，最低是工商银行，只需要 1.65%。在这种情况下，一件 10 000 元的商品，如果用户申请 3 个月的分期，分别选择招商银行和工商银行，那么手续费最高为 10 000×2.6% = 260 元，最低为 10 000×1.65% = 165 元，两者每一期的手续费就相差 95 元。

211　最低还款与分期还款的分析

　　最低还款和分期还款都是在用户无法直接还款时可以选择的还款方式，那么两者有什么区别？下面分析两种方式。

　　分期还款在一般情况下不需要利息，但需要手续费，各大银行规定的手续费率高低各有不同。

　　"最低还款额"则是用户在信用卡的还款日可以按照最低还款额进行的还款，一般为规定还款日的十分之一。当用户按照最低还款额还款后，银行会收取较高的利息费用。

> **专家提醒**
>
> 　　在正常情况下，用户的长期大额欠款适合做分期，短期小额欠款可用最低还款的方式。
>
> 　　无论选择哪一种分期的方式，用户在选择之前都应该详细了解该分期对应的相关成本及银行关于提前还款的相关规定，目的是避免用户盲目地选择了不必要的付款方式。

212 使用信用卡购车的方法

信用卡买车主要有分期付款和现金分期两种方式，具体分析如下。

1. 分期付款模式

信用卡购车时选择分期付款，只能在银行指定的经销商购买家用汽车，当用户与经销商达成协议之后，银行进行审核并核准，购车金额由持卡人在约定的期限内按月进行还款，需要缴纳手续费。

大部分银行推出的信用卡购车分期付款业务，都不会向用户收取利息，不过需要一次性收取手续费，手续费用在 5% 左右，如果用户购买的是促销型的车款，甚至可以免手续费。

2. 现金分期模式

信用卡现金分期付款不需要用户购买银行指定经销商的汽车，购车对象没有任何限制。

信用卡现金分期是持卡人向银行申请，然后银行将一定金额转入持卡人的储蓄卡，由客户自由支配，客户需要在一定时间内归还款项。需要注意的是，部分银行是需要用户提供购车凭证的。

图 10-3 为招商银行的用户办理现金分期后的银行提示。

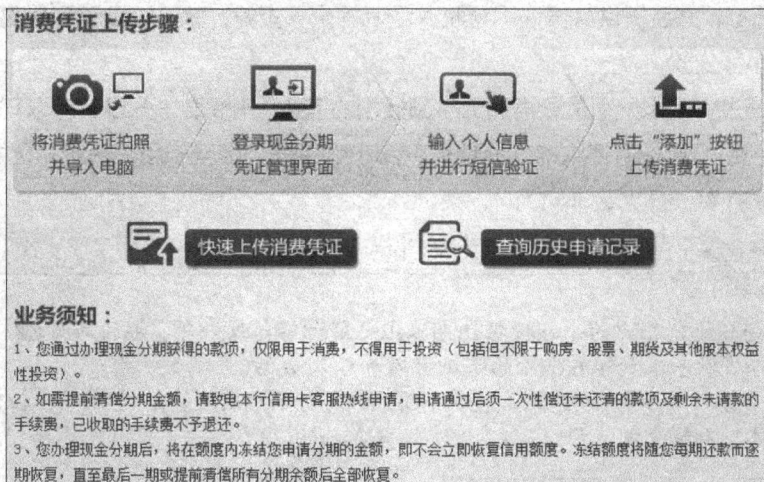

图 10-3　招商银行的用户办理现金分期后的银行提示

213 分期购车和刷卡购车不同

分期购车是银行推出的服务，无论是分期付款还是现金分期，用户的自主度受到银行限制，而刷卡购车在自主度上由用户自己决定。

问题在于购买一辆车的费用往往不是一张普通的信用卡可以支付的，比如招商银行的普卡最高额度为 6.5 万元人民币，用这笔钱购买一辆中档次的车还不够。至少需要是金卡、白金卡，甚至钻石卡等高端信用卡才可能用信用卡刷卡。

如果用户持有最高等级的黑卡，那么直接用黑卡刷卡买一辆 1 000 万元人民币的车都没有问题。

> 💡 专家提醒
>
> 如果用户能够刷卡购车，那么通过刷卡的方式更好，因为银行有免息期，如果用户使用一定的技巧，还可以延长免息期。
>
> 分期购车则是在一开始就需要用户缴纳手续费，而且大部分银行都要求先交首付款。

214　分期付款结合小额授信购车

小额授信是大部分银行都具备的功能，就是当用户有信用卡时，不需要办理现金分期，就可以向银行借款。

以中信银行为例，用户可以申请商用房按揭贷款、住房按揭贷款等，申请人只需要满 21 周岁，并且提供身份证明与收入证明等个人资料，就可以申请到最高 30 万元人民币的小额贷款。

用户通过信用卡分期付款再加上小额授信的借款，不需要一分钱就可以马上购车，当然之后还是需要按月还款的。分期付款和小额授信，相当于用户每个月需要支付这两种模式的还款，压力会非常大。

> 💡 专家提醒
>
> 大部分银行推出的小额授信在期限上一般都不超过一年，年利率为 8%~11%，在一年期贷款基准利率 6.65% 的基础上增加 30% 左右。
>
> 尽管银行的小额授信手续费并不低，但是与通过典当、小贷公司、担保公司融资相比仍有较大的优势。

215　信用卡分期付款购车的流程

信用卡分期付款购车是部分用户购买汽车的主要模式，其优势在于审批的速度较快，而且手续相对简单，用户向银行提供身份证及信用卡信息即可。

图 10-4 为用户通过信用卡分期付款购车的流程。

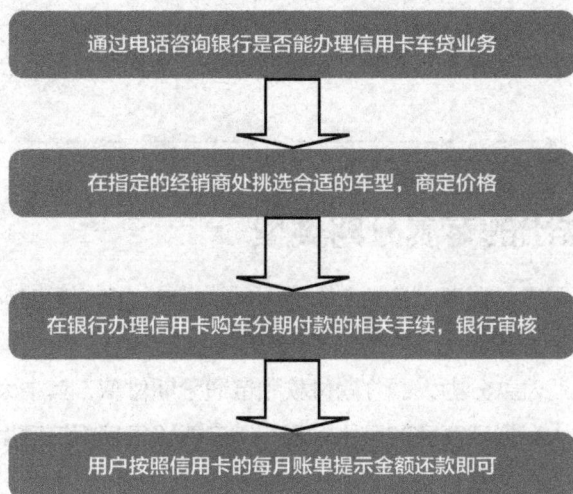

图 10-4　用户通过信用卡分期付款购车的流程

> 💡 专家提醒
>
> 　　持卡人在选择车贷时，首先要了解银行手续费的利率，然后考虑个人的偿还能力，最后选分期付款的期限。
> 　　只有充分了解贷款方案的细节，才和银行、经销商确定车型、价格与其他方面，选择适合个人的方案。

216　信用卡分期付款的其他应用

　　信用卡消费已经无处不在，其分期付款功能可以应用于大部分领域，比如最常见的家电、车房、手机等。事实上还有更多的方面可以应用分期付款功能，如买车位。

　　根据北京市市工商局的规定，开发商可以按个和按车位面积两种计算标准进行收费，而用户可以一次性付款，也可以分期付款，甚至贷款付款等方式，具体由消费者与开发商协商。

　　与购买其他商品类似，不同的偿还时限对应的手续费不同。一般情况下，在一年内还清，手续费为贷款额的 4%；在三年内还清，手续费为贷款额的 12%，信用卡持卡人需要在每个月都按期还款。

💡 **专家提醒**

不同小区的停车位付款模式不同，具体需要用户与开发商协商而定。

需要注意的是，在停车位分期付款的协议中，用户可用停车位时间最好不要超过 20 年。

217　银行推出的专属分期类型

银行为了吸引用户，会推出各类专属分期付款模式。比如招商银行就推出了"家装易"分期付款，这是招商银行消费信贷服务的内容之一。

"家装易"分期付款分为大额分期付款和普通分期付款，其中大额分期付款是指招商银行提高持卡人在指定商家的可用额度，用户能够直接将该额度分期，满足用户先进行家装的需求。

除了招商银行，其他银行也推出了类似的活动。比如中国建设银行推出了"龙卡信用卡安居分期付款"，与招商银行的"家装易"分期付款相比，其零利息、最低零手续费、最长时限和最高额度都较为突出。持卡人带好相关资料就能够到银行直接申请，当然也是只能选择特定的家装公司。银行审核之后，会给持卡人的信用卡中增加特别额度，用户可用特别额度在家装公司的 POS 机上刷卡。

💡 **专家提醒**

银行推出的专属分期比较适合于现金流稍微吃紧的持卡人，用来缓解用户购买材料时的压力。

用户使用专属分期功能只能在银行指定的商家，在购物自由度上比较受限。

218　"房奴"的分期买房策略

买房与买车类似，是信用卡分期购物的主要对象。以光大银行信用卡为例，用户可自选分期买房，如果用户选择 12 期分期，那么在每个月都需要缴纳千分之五的手续费。如果总额度为 15 万元，那么一年的手续费高达 9000 元。

对于这类大额的费用，用户最好还是选择申请银行的贷款购买，然后分期还款，因为信用卡的分期付款手续费远远高于银行的贷款利息。

不过银行的贷款并没有那么容易被批准，尤其是在信用卡额度不高的情况下。面对银行贷款难题，部分用户可以选择信用卡分期付款，也可以通过借贷民间资金来实现购房梦。

219　越早办信用卡用处越大

要解决燃眉之急，当然要预先就有准备，而信用卡的使用更是如此，没有长久的使用记录，要想让银行借钱给你，那是不可能的事情。

用户在现实生活中想要借 10 万元人民币买房，估计得动员不少亲戚朋友，还得有人际关系。

如果用户持有信用卡，尤其是高端信用卡，而且使用时间较长，比如有 7 年的良好消费记录和信用情况，那么信用卡的可用金额至少都会达到 5 万，这就能够解决买房资金紧张的问题。

220　在还款日分期付款

要想利用信用卡最大限度地省钱甚至赚钱，那么在还款日时进行分期付款是个不错的选择。

因为用户选择还款日分期，那么金额费用会直接进入下个月的还款中，用户也就可以享受近两个月的最长免息期。

大额账单分期还款是银行非常希望看到的，所以大部分时候都会推出分期付款有礼的活动，这种方式也可以帮助用户获得一些实惠的好处。

> 专家提醒
>
> 信用卡分期还款业务的出现，使得持卡人每月可以根据自己的实际收入还款，多的可以还几千元，少的甚至可以仅还几百元。
>
> 用户适当将大金额消费分期还款，还有助于提高用户的信用卡可用额度。

221　根据需求选择分期模式

分期模式除了可以按照期数来分之外，还可以根据分期的对象来分，主要有商场分期、邮购分期和账单分期 3 种模式。

商场分期就是用户在购物场所购物时，持有该商场支持分期的信用卡说明需分期付款，然后收银员会按照用户的需求进行分期处理，需要注意的是，在商场分期中，一般分为 3 期是免手续费和利息的，但需要在特定的 POS 机上刷卡。

邮购分期由银行邮购特定的商品手册给用户，用户进行挑选。随着网络的发展，用户也可以在银行的网上分期商城中选择。用户选择好商品，通过网上订购、打电话或者快递分期申请表等方式向银行提出申请。需要注意的是，邮购分期一般没有手续费，但是价格会相对较贵。

常见的账单分期，用户消费之后再向银行提出分期申请，这种模式在之前的内容中已经多次提及。

222　谨慎使用分期付款模式购物

与临时额度类似，分期付款也不是免费的午餐。用户在使用信用卡分期服务时，要充分考虑分期付款的费率。

持卡人要理性消费，这是使用信用卡的基本条件。另外分期付款购买的商品不一定便宜，比如信用卡商城里可分期购买的家电、电器甚至饰品等商品，在标价上都是要更贵一些的，这是信用卡商城的不成文行规。所以，银行虽然为用户提供了分期付款的便利，但是用户花出去的钱并不少。

分期付款的低手续费具备一定的诱惑力，但是如果用户没有还款，那么逾期产生的高额利率就是银行为你准备好的陷阱。

223　提前还款不一定靠谱

用户选择账单分期还款时一定是因为资金不足，暂时没有足够的资金，那么用户在还款的过程中有了足够的资金，想要提前还款，是否就一定可以免除后面几期的手续费呢？

这是不可能的。其实用户提前还款，一是手续费免不了，二是可能还要加收手续费。比如用户申请24期分期还款，每期还款1000元，其中每期手续费66元。等到12个月之后用户有钱了想直接还款，那么用户会发现不仅要还剩下12个月的手续费，还要加一定额度的提前还款手续费。

> 💡 专家提醒
>
> 银行这么规定的原因非常简单，用户通过分期还款可以增加一个月的免息时间，如果用户下个月全额还款不需要缴纳手续费，那么银行不就没有赚钱了。除此之外，用户申请部分银行的分期付款时，银行是会要求用户一次性缴纳所有手续费的。

224　分期付款的年化分期手续费率

信用卡的年化分期手续费率就是指用户一年所需要付出的手续费，相比于按月的手续费计算方式，这种按年计算会让用户更容易了解自己需要在一年内为分期付款付出多少手续费。

除了这个计算功能之外，还有就是部分银行推出按年还的手续费率，最低为 6%，大部分银行在 8% 左右。

以消费 20 000 元为例，如果用户采用一年期的分期付款，那么需要支付的手续费为 20 000×6%=1 200 元，如果按照每月还的分期付款，那么用户贷款一年共计支付的利息为 20 000×6.31%/12×13/2=683.58 元，要低于一年期的手续费。

在这种情况下，银行推出消费贷款的利率越大，采用分期付款越有利，而消费贷款利率越小，采用一年期的手续费率越有利。

225　分期付款的展期事项

展期就是用户将原本定的 3 期还款改为 6 期还款甚至更多期，但是这种信用卡分期付款的展期是有代价的。

用户申请展期需要向银行支付手续费，银行每期还会按照未出账单金额的一定比例来增加手续费。以中国农业银行信用卡的展期功能为例，用户申请分期付款展期，银行会另外收取用户 100 元的分期付款展期费，同时每期的手续费增加 0.6%。

226　退货时不退已收手续费

用户用信用卡刷卡购物非常常见，但是遇到退货的情况，问题就来了，尤其是用户选择分期付款却要退货时。

用户对商品不满意或商品有质量问题需要退货，大多数银行已收取的手续费不退还，无论银行是一次性收取的手续费还是分期收取的手续费，其中中国农业银行的分期付款退货，提前结束的期数免收，中国工商银行分期付款若退货，则全额退还手续费。

第11章

严格控制还款，决不成为"卡奴"

学前提示

　　信用卡最为重要的就是申请、办理、使用、积分以及还款，随着科技的不断进步，信用卡还款方式也越来越多。与传统的柜台还款相比，现在的便捷还款更加适合于用户，本章学习信用卡的还款方式和还款注意事项。

要点展示

>>> 网银还款，安全便捷的方式
>>> 电话还款，省时省力的功能
>>> 平台还款，便于管理的操作
>>> 还款事项，全面认识还款

227　了解不同卡片的还款日期

逾期还款不但会让用户的信用卡账户上增加一笔滞纳金，更为重要的是，用户的信用记录将受到影响。

如果是一人持多卡的现象，那么用户了解和记录不同卡片的还款日期就非常重要，用户可以在本子上记下每张卡的最后还款日期与还款金额等，也可以通过第三方平台的 APP 来管理。

图 11-1 为 51 信用卡管家的信用卡管理界面，用户可以看到不同卡片的还款日期。用户了解还款日期后，要提前一周做还款准备。

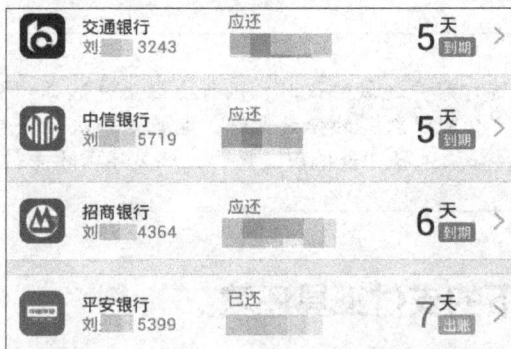

图 11-1　51 信用卡管家的信用卡管理界面

228　可选择传统柜台还款

在银行营业厅柜台还款是基础的还款方法，也是长久以来大部分信用卡持卡人的还款方式。

用户可以在所在城市中找到银行的线下营业厅，到柜台向工作人员说明情况，并直接用现金实现对信用卡的还款。

这种还款方式接受他人代还和无卡还款，而且还款是立刻到账的，不需要用户额外支付手续费。

> **专家提醒**
>
> 　　用户在柜台还款，可以分为两种方式，分别是本行柜台还款和他行柜台跨行还款。
> 　　与本行柜台还款的时间不同，他行柜台跨行还款的到账时间一般为 2 天左右，而且部分银行会收取一定的手续费，还款金额入账后恢复信用卡额度。用户如果要追求稳妥，那么提前 3 天还款最好。

229　运用自动还款功能还款

自动还款分为两种模式，一种是银行提供的自动还款功能，只需要用户自己的信用卡在同一家银行办理一张储蓄卡即可，让银行将储蓄卡与信用卡绑定。还有一种是通过第三方平台设置自动还款，还款款项的来源可以是任何银行的储蓄卡。

如果用户选择银行方面的自动还款，那么从第二个月开始的还款日，银行会自动从用户的储蓄卡中全额扣除信用卡的欠款。这种模式让用户享受了还款的便利性，用户不需要到银行排队还款，也免除了利息问题。但是储蓄卡账户需要保持有足够的资金，以免无款可扣。

💡 专家提醒

　　用户在与银行签订账户还款协议时，银行会让用户选择"全额还款"和"最低额还款"，选择"全额还款"的模式更好，也就是一次性全部还款，这能够更好地避免利息问题。如果选择"最低额还款"，那么还需要支付一定的利息。

230　使用线下的支付工具还款

随着互联网技术的发展，线下支付工具也越来越多。比如银联推出的智能支付电话、拉卡拉和富友推出了刷卡支付工具等。用户可以使用这种支付工具信用卡还款功能对信用卡进行还款操作。

图 11-2 为使用线下支付工具还款的操作流程。

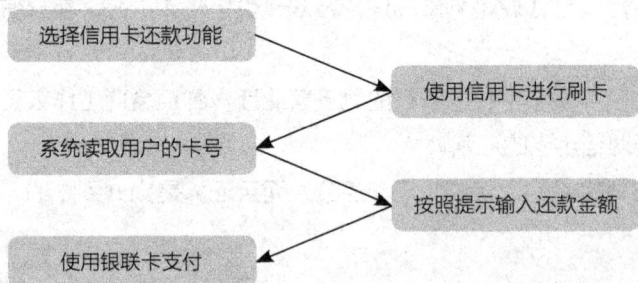

图 11-2　使用下线支付工具还款的操作流程

如果出现"交易失败，请确认转出卡"或"交易失败，请咨询发卡行"等情况，用户可以通过支付工具上的联系电话查询，有可能用户所持有的银行卡卡种、功能、类型对线下支付有限制。

　　使用这种支付工具，用户只需要用一张储蓄卡，就能够及时还款，而且除了向同行的信用卡还款外，还可以向其他行的信用卡还款，还款过程不产生手续费。

　　这种自助刷卡终端还提供信用卡余额查询、手机充值、查看账单等其他服务项目，功能非常实用。

231　通过电视遥控器还款

　　电视遥控器还款是一种新型的还款方式，2013 年，中信银行长沙分行与中国银联湖南分公司合作，正式上线电视支付业务。

　　这种电视支付业务是以湖南有线电视网的智能电视终端为基础进行的，用户通过智能电视上的支付通道，进入支付业务操作界面，该业务支持信用卡和储蓄卡，分为无磁无密、无磁有密等模式。

　　从长远来看，电视支付业务的潜力非常大，用户只需要在家里就可以通过电视机遥控器来办理业务。

　　除了信用卡还款，智能电视终端还提供移动、联通、电信的手机话费充值，有线电视缴费等各类支付业务。

232　时尚省时的微信还款功能

　　用户通过微信还款可以分为微信银行还款和微信功能还款两种，关于微信银行的相关操作步骤在之前的章节中已经详细介绍，下面主要介绍使用微信功能还款。

　　在微信的个人中心单击"钱包"按钮，进入钱包中心，然后选择信用卡还款功能。通过微信还款需要先绑定信用卡，绑定之后直接单击信用卡进入还款界面，输入还款金额，单击"还款"按钮就能还款，到账速度也非常快。

　　除了还款功能，用户还可以在微信上设置还款日提醒，邀请好友帮忙还款等操作，也可以绑定微信银行的公众号，查看更多信息，如详细账单等。

　　图 11-3 为微信信用卡还款的相关界面。

图 11-3　微信信用卡还款的相关界面

233　打个电话就能快速还款

电话还款是银行为了进一步服务用户而推出的便捷功能，也是诸多信用卡还款方法中最简单、最方便的方法。

需要还款时，只需要拨打银行信用卡客服电话，即可轻松还款。图 11-4 为电话还款的操作流程。

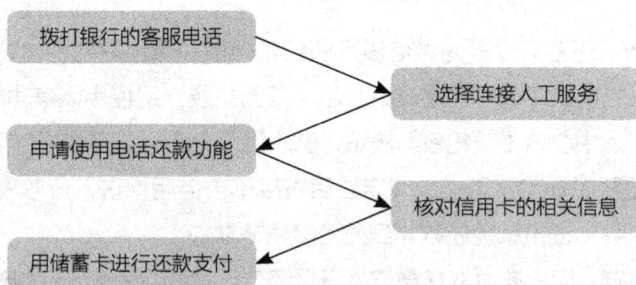

图 11-4　电话还款的操作流程

大部分银行都提供电话还款业务，其本质上与银行推出的自动转账功能类似，但是电话还款的自由度更大，也更适合用户进行快速还款，而且这种还款方式可以选择还款时间、还款金额等。

234 最快到账的网银还款模式

没有哪一种信用卡还款方式会比网银还款更快，无论是操作方式还是到账速度，网银还款都非常突出。

图 11-5 为网银还款的操作流程。

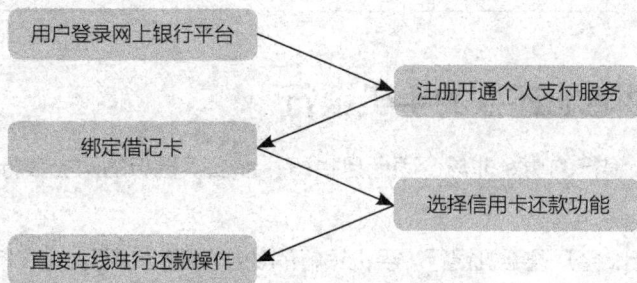

图 11-5 网银还款的操作流程

💡 专家提醒

只需要绑定一次，用户以后还款就可以快速进行，甚至半分钟就能够完成还款操作。

用户支付的还款费用是实时到账的，不会出现过了几天才到账的情况。如果用户是跨行还款，那么需要 2 天左右才能到账。

235 存款机器也是还款的工具

通过在发卡行的 ATM 还款，是大部分信用卡用户不知道的还款方式，但是随着 ATM 的普及，越来越多的人正在使用这种方式。ATM 还款的本质就是现金存储与转账功能，用户向信用卡中存入现金就是还款。

图 11-6 为 ATM 还款的操作流程。

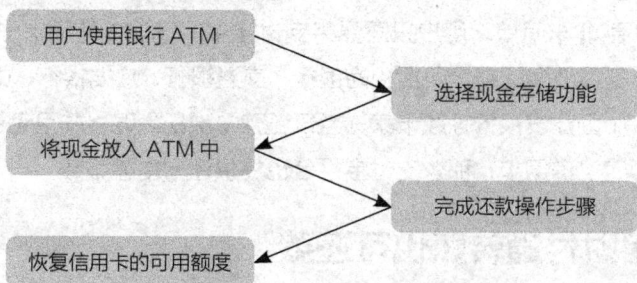

图 11-6 ATM 还款的操作流程

💡 专家提醒

与其他还款方式相比，ATM还款的操作步骤有些多，而且现金还款是根据银行的规定要收取一定手续费的。

使用ATM也可以跨行转账，分为同城跨行、异地跨行两种方式，银行会收取一定的费用，而且资金到账时间比较慢。

236 随时随地还款的手机银行

如果说网上银行的功能非常全面而且省事，那么手机版的网上银行在功能操作上就更加便捷。

所有的银行都会开通手机银行，手机银行的功能与网上银行类型，特点非常突出，如快捷查询信用卡账单、查询银行网点信息、进行智能记账等操作，最主要的还是随时随地实时还款功能。

用户不用打电话、不用跑网点、不用开计算机，就能够通过手机随时随地进行还款操作，而且也不分周末和节假日，资金实时到账。

💡 专家提醒

部分银行要求持卡人在柜台开通手机银行功能，用户在开通时务必要使用本人的手机号码。

用户的手机银行账户和密码等个人信息不要轻易告知他人，如果手机丢失或更换个人号码，要注意注销或者修改相关信息。

237 用支付宝还款的主流趋势

随着网上购物的兴盛，越来越多的人拥有支付宝账户。作为以支付为核心的支付宝，其提供的还款功能也被越来越多的用户使用。

用支付宝还款非常简单，用户只需要将支付宝中的钱汇入信用卡账户中即可。支持支付宝信用卡还款业务的银行包括招商银行、交通银行、广发银行、中国工商银行、中国农业银行、中国建设银行等数十家，当日还款，次日到账，并且免费。

用户如果绑定了信用卡，那么支付宝平台也提供还款提醒服务。

238 使用财付通转账也可还款

财付通是腾讯旗下的在线支付平台，还款方式与支付宝类似，而财付通和支付宝都属于第三方支付平台。

图 11-7 为财付通还款的操作流程。

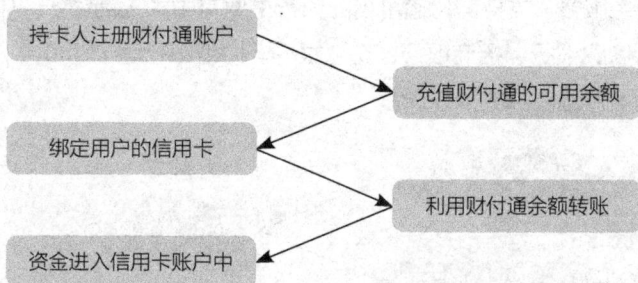

图 11-7　财付通还款的操作流程

💡 专家提醒

通过财付通转账，不同银行的到账时间是不同的。财付通支持的银行及到账时间为：兴业银行（实时到账），中国工商银行、招商银行、广发银行、交通银行、中国建设银行、光大银行、中国民生银行、平安银行、深发银行、浦发银行、中国农业银行、中国银行、上海银行等1个工作日到账。

239　快钱还款支持的银行较多

快钱平台与支付宝和财付通类似，属于国内的第三方支付企业，为用户提供电子支付服务。

与其他平台相比，快钱平台支持的银行数量遥遥领先，在支付产品丰富度、覆盖程度上也较为突出。图 11-8 为快钱还款的 3 个优势。

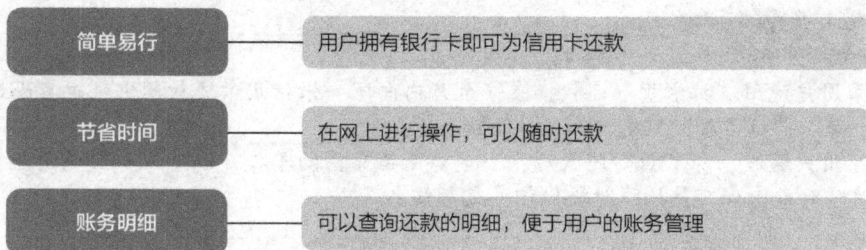

图 11-8　快钱还款的 3 个优势

240　可急速到账的盛付通还款

盛付通属于用户较多的第三方支付平台，其用户要进行信用卡还款，不需要开通网银，只要用户有银行卡和手机就能够完成。

盛付通平台推出了"10 秒钟到账"的快捷功能，让用户真正体会到"随时随地，想付就付"的特色服务。支持盛付通平台的银行主要有中国工商银行、中国建设银行、中国银行、中国农业银行、招商银行、交通银行、中信银行等。

图 11-9 为盛付通还款的操作流程。

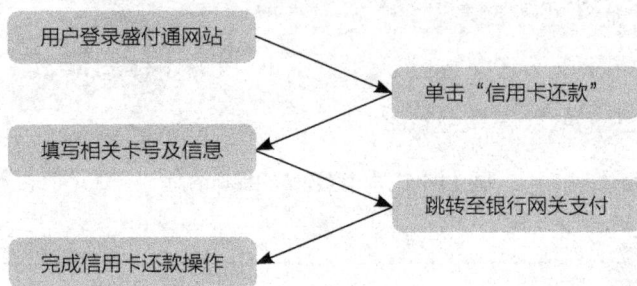

图 11-9 盛付通还款的操作流程

盛付通平台的到账时间为工作日当天，但如果用户是在 17:00 后进行的操作，那么会第二天才到账，但是节假日暂不入账。

241 拉卡拉提供便捷终端服务

拉卡拉是一种便捷的设备终端，持卡人可在便利店、银行网点等地方使用"拉卡拉"，通过这个终端设备，持卡人可以完成信用卡还款、手机充值、账单支付等相关业务的操作。

与其他的还款方式相比，使用"拉卡拉"还款的到账时间不算稳定。用户一定要提前几天进行还款操作，以免不能及时到账而产生还款利息和不必要的滞纳金。

> 💡 专家提醒
>
> 　用户使用"拉卡拉"还款，在一个月内向同一张信用卡还款的次数是有限制的，并且"拉卡拉"只支持人民币还款。
> 　用户通过"拉卡拉"还款后，一定要保留交易的单据，以防设备出现问题需要对账时或出现交易故障时提供相关交易信息。

242 所有还款方式的对比分析

从省钱和省时方面考虑，最适合的还款方式还是第三方平台还款，比如前面所说的支付宝、财付通、快钱等。

下面分别从特点、便利程度、时效程度和安全程度方面分析各种还款方式，如表11-1所示。

表11-1 所有还款方式的对比分析

还款方式	还款特点	便利程度	时效程度	安全程度
银行柜台还款	传统方式	一般	非常高	非常高
自助 ATM 还款	较便捷	较高	较高	较高
自助终端还款	无障碍	较高	较高	较高
网上银行还款	到账快	非常高	较高	较高
第三方平台还款	最便利	非常高	较高	较低
账户自动还款	最省事	较高	非常高	非常高

243 境外消费的外币还款技巧

有部分用户申请的是双币信用卡，那么信用卡中的美元账户账单该怎么还款呢？这其实也涉及一定的还款技巧。

在用户还款的过程中，中国工商银行、中国银行、浦发银行等银行有规定，用户还款的金额会优先用于归还人民币账户的欠款，只有在人民币账户存在溢存款时，溢存款部分才能用于归还美元账户或其他货币账户的欠款。

除此之外，还有部分银行只提供归还美元账户账单功能，但是需要用户在申请信用卡时选择。

具体规定各个银行有所不同，但一般都是通过购汇的方式还款，也就是人民币按照当日的汇率购买美元，再用美元还款。

> 💡 **专家提醒**
>
> 需要注意的是，双币卡信用卡并不意味着用户可以直接使用人民币还外币的账单，持卡人在办卡之前就要询问清楚。
>
> 在个人信用报告中，双币卡信用卡分为人民币信用卡和美元信用卡两种，也就是分为两张信用卡区别对待。

244 特殊情况没还款联系银行

当用户实在是没有办法还款时，可以用最后一种方法，就是跟银行联系，因为多数银行都是可以商量的，银行发行信用卡的目的是盈利，而不是为了让用户逾期产生不良信用记录。

用户千万不能完全不管信用卡的还款时间，造成逾期记录，这种情况是银行最不喜欢的。

只要用户主动联系银行，同时态度非常诚恳，表明自己一定会还款的坚定决心，银行还是会酌情给持卡人一定周转时间的。

💡 **专家提醒**

在大部分情况下，银行会综合考虑客户的用卡情况，然后决定是否受理用户的延期还款申请。

即使银行通过了申请，用户可延期还款时间也不会太久，最长不会超过下期的出账单日，而且持卡人最多只可以用一次这种服务。

245　以卡养卡的模式最不可取

以卡养卡是"卡奴"的标准配置，一旦出现这种情况，就说明持卡人的资金已经出现了断裂，极有可能造成逾期记录。

对于"卡奴"而言，每个月发的工资几乎都要用于信用卡还款，在这种情况下，用户已经无法通过工资进行其他的正常消费了。

"卡奴"之所以会出现，在于用户难以控制消费的欲望，导致不停地刷卡，然后不停地还款，这种恶性循环会使债务逐渐增加，最后就会出现用一张信用卡去还另一张信用卡的最低还款额度的情况。

💡 **专家提醒**

以卡养卡已经是最危险的时候了，一旦用户的资金链断裂，一张信用卡的最低还款额都无法达到，就会产生连锁反应，导致所有信用卡都无法还上。持卡人一定要尽量避免陷入这种信用卡用卡的模式中。

246　还款金额的尾数不可忽视

用户在还款时，欠款往往不是一个整数，而是一个带有尾数的数字，比如2 865.03元人民币，如果用户还款2 865元，但是0.03元没有还款，那么银行会认为用户欠款未还，会对持卡人处以一定的罚款，同时还要加上整个欠款的全额利息，用户需要还款的金额会非常高。

用户对信用卡还款时，一定要记住全额还款，不然账单金额会以5%的速度增长，这5%就是银行的逾期利息费率。

247 退款与还款两者并不相同

信用卡购物的退款与信用卡的还款两者没有关系，只有在特定情况下，用户购物失败的退款才刚好补全了信用卡的还款。

比如用户用3 000元购买一台平板电脑，用信用卡刷卡之后，用户实际操作觉得价格不太合适，就选择退货，商家没有异议，于是完成退款操作，但是到下个月的账单日时，用户可能就会看到账单上多了一笔平板电脑的3 000元消费。

出现这种原因主要是用户的账单日和还款日时间问题，因为商品退款往往是一个相当漫长的时间，一旦退款时间超过了还款日，那么之前的消费就计入上个月的账单中。

💡 专家提醒

大部分银行都采取同一种处理方式，也就是用户取消消费时产生的退款。若是在账单日后产生，大多不能抵扣当月的欠款。

如果在当月账单中有这笔消费欠款，那么用户必须在下个月的还款日前还上，而之前的退款有可能作为还款，也有可能作为溢缴款。

248 基金金额可以还款信用卡

部分银行的基金金额是可以用来还款的，比如用户在交通银行签约了"快溢通"服务，而且设定一定的留存金额下限。那么用户的账户余额只要超过了该金额下限，多出的部分就会进行货币基金投资。

这种功能主要是让账户内的闲钱得到最大化的利用，如果用户同时开通了"快溢通"信用卡自动还款业务，那么到了信用卡的还款日时，银行会用用户已经购买基金的资金进行还款。

持卡人在交通银行的营业厅或者网上银行，都可以签约"快溢通"业务，也可以办理信用卡自动还款业务。

下面以交通银行网上银行的"快溢通"业务签约流程为例进行分析，用户首先登录交通银行的个人账户，进入"基金超市"之后，选择"快溢通"选项，选中"快溢通签约申请"单选按钮，如图11-10所示。

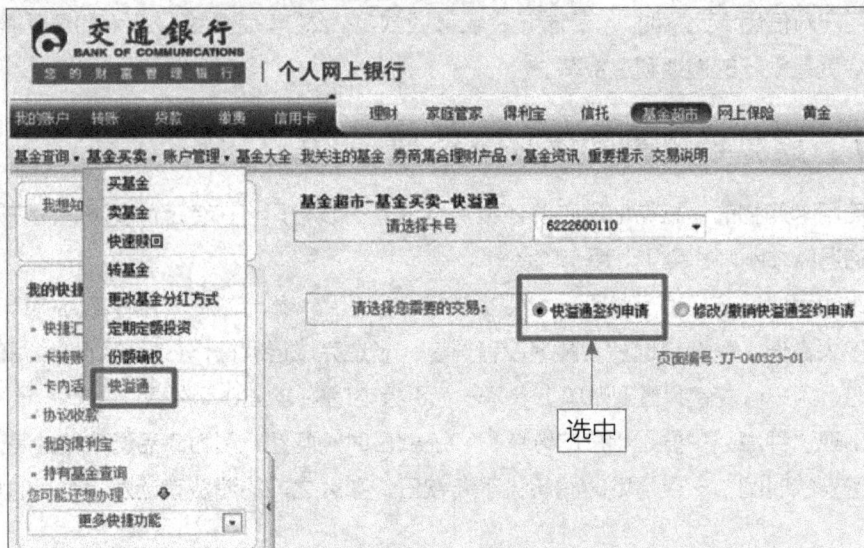

图 11-10　用户的操作界面

进入"快溢通"业务的详情界面后，选择签约的货币基金，然后输入账户备用金限额等相关信息，并选择关联信用卡卡号，最后提交申请即可。

249　银行还款服务的逐渐更新

随着信用卡还款金额的尾数等问题引起广大用户不满，银行逐渐改善还款的相关服务，比如推出了信用卡还款"容时容差"功能，容许用户在时间和金额上有低程度的相差。

这个功能在部分银行已经实行，但是还有一些银行并没有动静，甚至一直就没有就此有任何表示。下面分析部分银行在"容时容差"方面的处理。

首先是各大银行在"容时"服务方面的差异：表现较为突出的是中国银行、兴业银行和招商银行，这些银行提供的宽限时间均为 3 天，用户也不用申请，银行自动处理，也就是用户的还款日到期后，用户可以再推迟 3 天进行还款。

其他银行有此项服务，但是需要持卡人申请，可以是电话申请，也可以是网上银行申请。至于交通银行，用户需要支付一定的费用，购买"信用保障"服务，才能够延期还款，而且不是每个月都能用。

其次是各大银行在"容差"服务方面的差异：表现较为突出的有招商银行、兴业银行等，其推出的标准是用户还款差额在 10 元以内就不算逾期还款，而中国银行推出的标准是欠款金额的 1%，非常适合用户的还款操作。中国光大银行推出的标准是本金的万分之五，还有部分银行没有推出"容时容差"功能。

第 12 章

确保安全，防止信用卡资金损失

学前提示

　　使用信用卡不能不关注的问题就是安全性，一旦用户的卡被人盗刷使用，那么不仅用户会受到资产的损失，银行也会产生负面影响。从信用卡面世开始，信用卡的安全问题就受到各方关注。安全用卡是使用信用卡应该注意的。

要点展示

　　≫　密码签名，打造双重防护系统

　　≫　风险需知，了解相关安全问题

　　≫　挂失操作，清楚环节避免损失

250　密码与签名的双重保护

在国际上，信用卡消费主要采用签名消费的方式，但是在国内一般采用"密码＋签名"的方式来进行信用卡刷卡消费。

信用卡密码就是指信用卡的交易密码，与查询密码只具备电话查询或者网银查询的功能不同，有了交易密码，信用卡可以实现无卡支付。如果持卡人在办理信用卡并且激活时，设置了属于自己的信用卡交易密码，进行消费时就需要输入密码才能够完成交易。

签名是指信用卡背面的签名，只有持卡人才能够在签名条上签名，用户进行消费时可以直接签名消费，不需要交易密码。图 12-1 为平安银行某信用卡的背面持卡人签名处。

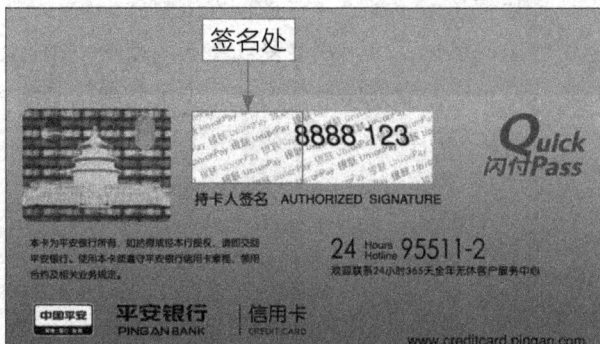

图 12-1　平安银行某信用卡的背面持卡人签名处

💡 专家提醒

用户在申请信用卡时可以设置交易模式，比如设置为需要签名才能交易，或者需要交易密码才能交易，还可以设置为"密码＋签名"的方式，一般情况下以设置交易密码进行交易为主。

尽管用户一般不使用签名进行交易，但还是在拿到新卡后在卡背面签上名字，而且最好字体有特色，他人不易模仿。

251　极重要的信用卡安全码

安全码就是 CVV（Card Verification Value）码，一般是由卡号、有效期和其他信息生成的 3 位数字，就是信用卡背面签名区数字的后 3 位数字。比如在图 12-1 中，安全码就是 123，而 8888 是该信用卡的后 4 位数字。

安全码非常重要，原因很简单，盗刷者可以通过信用卡的卡号和安全码来修改用户的交易密码，甚至将用户原定的签名交易模式取消，也可以直接用卡消费，这样整张信用卡的所有额度就归盗刷者所有了。

安全码提供一种无磁无密的支付通道，用户不需要用信用卡刷卡，也不用检验交易密码，直接通过卡号和安全码就能够完成支付。这种功能被称为"无卡支付"，常见于电话支付模式中。

> 💡 **专家提醒**
>
> 保护安全码不被盗取是非常必要的，但是信用卡在刷卡时别人是可以看到安全码的。
>
> 在这种情况下，用户首先是要避免让别人看到安全码，其次是保护自己的个人信息，因为用户使用"无卡支付"时，银行一般要求用户提供个人信息，比如持卡人的生日、手机号码、信用卡有效期等。

252 短信通知刷卡交易功能

为了防止信用卡被盗用，所有银行都提供短信通知服务，但是不同银行的服务政策有所不同。表 12-1 为部分银行的短信通知服务对比。

表 12-1　部分银行的短信通知服务对比

	线下消费	网上消费	取现消费	账单情况	收费情况
中国银行	免费	免费	免费	免费	免费，可自行设置金额
中国工商银行	免费	免费	免费	免费	免费，可自行设置金额
中国农业银行	免费	免费	免费	免费	免费
招商银行	免费	免费	免费	免费	100 元以上交易免费通知
交通银行	免费	免费	免费	免费	每月 4 元，部分卡免费

> 💡 **专家提醒**
>
> 为了让用户更舒适地体验银行的服务，部分提供免费短信提醒服务的银行采取了更加灵活的措施，也就是推出自行设置金额的功能。
>
> 持卡人可以通过网上银行、手机银行等平台，自行设置个人短信提醒的金额范围，这种高度的自主性更有利于用户持续用卡。

253 信用卡套现的安全性低

中介拿卡消费取现，用户的所有个人信息以及信用卡信息都会被中介得知，用户除非销卡，否则不可能阻止中介盗用信用卡进行消费。

> **专家提醒**
>
> 　　管理好自己的信用卡非常有必要，尽量不要采取套现方式使用信用卡。
> 　　这种行为一旦被抓到，用户损失的不仅是个人信用，还会在一定程度上违反法律，给自己带来诸多麻烦。

254　信用卡网络借贷有风险

　　网络借贷平台随着互联网的兴起而兴起，一般是由具有一定影响力的第三方公司作为中介平台。具体的操作方式是借款人在平台上发放借款标，其他人通过竞标来向借款人提供资金。

　　网络借贷从金融的发展趋势来看是没有问题的，比如资料、资金、合同、手续等都由网络实现的模式非常符合未来的金融发展。国内较有影响力的网络借贷平台有陆金所、宜人贷和红岭创投等。

　　从借贷本身而言，这是金融市场的组成部分。但是随着网络借贷P2P投资的兴起，信用卡领域也结合网络借贷形成了信用卡P2P投资。图12-2为信用卡P2P投资的基本流程。

> **专家提醒**
>
> 　　信用卡P2P投资的风险非常大，主要有平台风险、不良信用记录风险、额度降低风险、信用卡的偿还风险与信用卡套现的法律风险。
> 　　一旦平台或项目发生风险事件，投资者就没有足够资金偿还信用卡欠款，就会面临信用卡的利息与逾期风险。

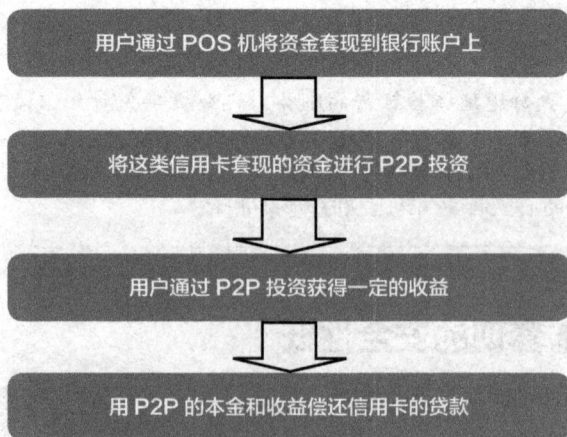

用户通过POS机将资金套现到银行账户上

↓

将这类信用卡套现的资金进行P2P投资

↓

用户通过P2P投资获得一定的收益

↓

用P2P的本金和收益偿还信用卡的贷款

图12-2　信用卡P2P投资的基本流程

255 丢失信用卡尽快挂失

随着诈骗手段层出不穷，信用卡丢失和被盗用的问题逐渐突出。对于用户而言，泄露信用卡信息甚至是完全没有自主意识到的，比如被人偷看、被人骗取、无意间告知他人、使用简易密码等。

信用卡丢失后，用户面临的资金风险是非常大的，所以在丢失后第一时间进行挂失处理非常重要。

下面介绍两种挂失方法，一种是电话挂失。用户直接打电话给银行客服办理挂失申请，需要注意的是，大部分银行还是要求用户在规定时间内去营业厅办理正式挂失才能生效，电话挂失只有 24 小时的有效期。

用户还可以选择到附近的银行营业网点进行挂失操作，任何一个网点均可完成。信用卡的持卡人要在银行填写挂失申请书，提供身份证件复印件，并缴纳挂失费和补卡费。

如果持卡人办理挂失后又要取消挂失，那么可以在营业厅办理撤销挂失申请，但是用户已缴纳的费用是不退还的。

💡 **专家提醒**

相对而言，用户丢失信用卡后先采用电话挂失的方式更好，因为有 24 小时的有效期，如果用户在这段时间内找回信用卡，就不需要去银行营业厅办理挂失申请。

部分银行推出了"失卡保障"功能，也就是信用卡丢失后，用户可以立即挂失，银行会对持卡人在挂失信用卡前的短期时间内被盗刷的信用卡资金进行一定的补偿。这种功能只有少部分银行有。

---

256 挂失所需费用不容忽视

信用卡挂失的费用和补办卡的费用不同，信用卡的挂失费与储蓄卡也是不同的，一般情况下，信用卡的挂失费用在 50 元左右。如果用户一次性丢失了 5 张信用卡，那么挂失费用都在 250 元左右，再加上某些信用卡的办卡费用，那么也将是一笔不小的支出。

不同的银行收取的挂失费和补办费不同，表 12-2 为各大银行的挂失费用和补办费用情况。

表 12-2　各大银行的挂失费用和补办费用情况

所在银行	挂失	补卡
中国工商银行	白金卡免费，其他 20 元	无
中国建设银行	50 元	无
中国银行	40 元	15 元
中国农业银行	金卡、普卡 50 元，白金卡免费	无
招商银行	60 元	无
交通银行	50 元，公务员卡免费	无
中信银行	60 元	无
兴业银行	50 元	25 元

💡 专家提醒

　　每家银行的信用卡挂失手续费不同，不同的信用卡类型也区别对待。

　　用户在大部分银行挂失后无需缴纳补卡费，但是在中国银行、兴业银行等银行挂失后，还得再缴纳一定的补卡费。如果用户持有的是 VISA、万事达等国际信用卡，那么用户挂失的操作和相关程序会更加繁琐。

257　要了解各银行保障标准

　　为了挽救用户因为丢卡而遭受的经济损失，银行推出的"失卡保障"一般都有时间限制，目前大多数银行推出的措施为 48 小时，也有部分银行的安全保障时长为 72 小时，还有部分银行没有"失卡保障"。

　　需要注意的是，这种保障的对象主要是由 POS 机刷卡产生的消费的赔偿，而通过网络、ATM 等产生的盗刷是不在赔偿范围内的。下面介绍部分银行的失卡保障时长和失卡保障额度。表 12-3 为部分银行保障标准的内容。

表 12-3　部分银行保障标准的内容

所在银行	失卡保障时长	失卡保障额度
中国建设银行	挂失前 48 小时	普卡 5 000 元，金卡 10 000 元
中国银行	挂失前 48 小时	普卡 5 000 元，白金卡 20 000 元
中国农业银行	挂失前 72 小时	普卡 5 000 元，白金卡 50 000 元
招商银行	挂失前 48 小时	普卡 10 000 元，金卡 15 000 元
交通银行	挂失前 48 小时	每张卡每年 20 000 元

　　在这些主流银行之外，还有部分银行，比如华夏银行，无论是在失卡保障时长，还是失卡保障额度上，都比较有特色。

　　华夏银行的失卡保障时长高达 120 小时，而且华夏银行的白金信用卡最高失卡保障额度为 10 万元人民币。不过从整体上，绝大部分银行的普通卡保障额多在 5 000 元至 1 万元，金卡在 1 万元至 3 万元。

258　防盗与防刷的技巧分析

　　信用卡信息是很容易被人盗取后进行盗刷的，那么是否有防止信用卡被人盗刷的技巧呢？下面结合网络资源与实际操作介绍防止信用卡被盗刷的 7 个技巧。

　　（1）用户收到银行发来的信用卡信封时，要当场检查信封的全好程度，如果信封有被人打开的痕迹，要马上向银行反馈。

　　（2）使用信用卡进行交易时，用户要尽快输入密码，可以用手遮挡，以防密码信息被人窃取。

　　（3）要妥善处理交易回单，尤其是不要随意丢弃，确保信用卡的账号信息不会泄露出去，也就不会给不法分子伪造卡片提供机会。

　　（4）重要证件不要放在一起，尤其是出门办事时，将信用卡与身份证分开放置，如果信用卡和身份证都被盗取，那么信用卡资金不保的可能性非常大。

　　（5）在公共场需要注意个人物品，比如玩乐度假时，不要遗漏信用卡等私人物品，防止出现遗失等情况。

　　（6）出现危急时，要马上联系银行，先通过电话跟信用卡客服进行初步挂失，然后再寻找信用卡。

　　（7）如果有信息更改，那么必须及时告知银行。即使出现盗刷，用户也可以通过短信交易记录了解情况，进而快速挂失，防止损失进一步扩大。

259　不要进入陌生网络链接

　　随着互联网的发展，无论是在计算机端还是在手机端，都有一些不法分子利用电子邮件、软件或者终端设备，来引诱持卡人单击虚假的网络链接，进而盗取用户的卡号、密码等个人信息。

　　针对这种情况，用户在网上进行支付或者使用网银时，不要轻易单击陌生的链接，还有登录时要注意查看网站的名称、网址等信息是否正确。从安全角度出发，最好不要在网吧等地方的计算机上进行网银操作或者网上交易。

对于有个人计算机的用户，可以将正确的银行官网地址添加到浏览器的收藏夹中，以备以后使用该平台。

260　涉及安全性的虚假诈骗

用户在使用 POS 机和 ATM 时，有可能会遇到不法分子的虚假诈骗，主要有 3 种形式，分别是虚假的银行告示、虚假的吞卡情况以及虚假的工作人员。持卡人要加强防范，以免中招。

图 12-3 为 3 种虚假诈骗的模式分析。

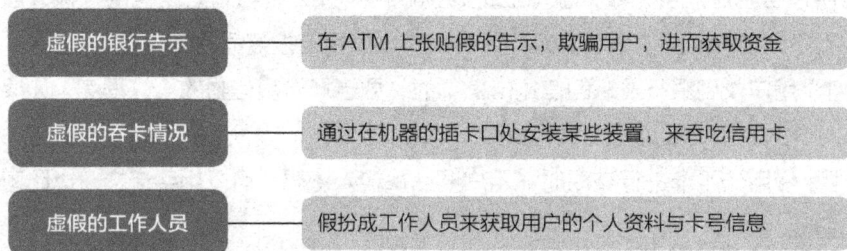

虚假的银行告示	在 ATM 上张贴假的告示，欺骗用户，进而获取资金
虚假的吞卡情况	通过在机器的插卡口处安装某些装置，来吞吃信用卡
虚假的工作人员	假扮成工作人员来获取用户的个人资料与卡号信息

图 12-3　3 种虚假诈骗的模式分析

💡 专家提醒

用户在使用 POS 机或者 ATM 时，不要轻易相信他人，尤其是不可以把信用卡交给他人进行操作。

如果用户在操作过程中出现问题，可以第一时间拨打银行的官方客服服务热线来获得帮助。

261　3 个技巧应对盗刷情况

用户安全用卡是防止盗刷的根本，所以应对盗刷情况的首个技巧就是保护个人的信息安全。无论是申请信用卡、办理信用卡、接收信用卡，还是使用信用卡消费、还款时，都要注意安全问题，及早设置交易密码，保护个人的财产不受损失。

其次用户需要熟记银行的热线号码，发现信用卡丢失后，马上拨打热线电话来办理挂失，多数银行能够在接到用户电话后让挂失效果即时生效，少数不能立即生效的银行也会尽快将用户的资料进行冻结处理。

最后是用户需要管理并保留各类信用卡的单据，比如取款单据、消费单据和信用卡账单等，这些单据能够帮助用户在发生信用卡纠纷时将其作为证据。用户可以在保留一段时间之后集中销毁。

> 🔵 **专家提醒**
>
> 　　还有一个就是持卡人在信用卡后签名的问题，国内的用户大多数没有签名的习惯，签名时也可能随意签上，这是非常不安全的。
> 　　只要出现信用卡被盗刷的情况，就会围绕信用卡的问题产生纠纷，如果用户没有签名，难免会出现一些不必要的麻烦。

262　境外消费必须安全用卡

　　用户在境外刷卡消费时，由于环境不同，在刷卡消费的细节上可能会有一定的差别，持卡人只有注意以下问题，才能够保证安全用卡。

　　首先是了解消费条款的内容，尤其是使用信用卡订酒店、旅游门票等。因为这些服务用户一经预订是不可随意取消的。所以用户在使用信用卡支付前，必须了解消费条款的具体内容，如果看不懂英文，可以求助工作人员。

　　国外的某些服务是需要用户支付小费的，用户在信用卡支付之前一定要查看消费条款，了解该服务的小费情况。

　　用户刷卡后要认真查看消费的凭条，国外是要求刷卡后必须签字才有效的。凭条内容中的银行卡号、消费金额及结算币种是用户查看的重点，尤其是要注意结算币种，要知道 100 日元与 100 欧元的价值是有着极大差距的。如果用户因为没有看清币种导致产生了不必要的消费，这类损失就太不划算了。

> 🔵 **专家提醒**
>
> 　　用户在国外使用信用卡刷卡消费时，签名是最为重要的，因为国外信用卡消费不需要输入交易密码。
> 　　用户在刷卡时一定要先在签名栏中写好持卡人的名字，这样才能在刷信用卡时通过签名进行消费。

263　信用卡保护措施不可少

　　即使用户没有开通网银，不使用网上支付等方式，甚至信用卡从不离身，还是有可能被不法分子获取到信用卡信息。

　　图 12-4 为信用卡使用电话支付的最低资料信息要求。

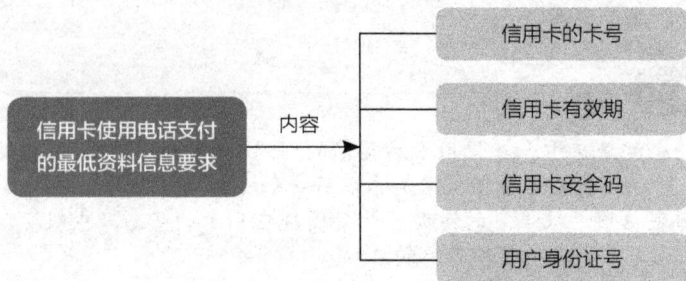

图 12-4　信用卡使用电话支付的最低资料信息要求

在所有的信用卡使用渠道中，电话支付使用信用卡的信息要求是最低的，这种支付方式不需要用户的交易密码和签名，也就是说即使用户设置了交易密码和签名，也没有直接的保护作用。

> **专家提醒**
>
> 　　由于电话支付不需要密码和签名，而信用卡卡面的信息又非常容易被人盗取，身份证复印件也非常常见，所以信用卡的保护措施必不可少。用户只有将信用卡视同现金一样妥善地保管，才有可能避免被不法分子套取信息。

264　延迟还款最重可被判刑

用户使用信用卡产生的账单需要按月还款，如果用户延迟还款，而且不接受银行的催款要求，银行就能够以信用卡诈骗罪为由将用户告上法庭，并且由法庭判处强制执行。

一旦由法院制裁，那么用户不仅要归还欠款，而且要追究刑事责任。这是依据2009年12月由最高人民法院和最高人民检察院出台的《关于办理妨害信用卡管理刑事案件具体应用法律若干问题的解释》而定的。

国家的信用制度尚处于不断完善中，有些用户就对个人信用较为漠视，导致其利用信用卡恶意透支时毫无顾忌，这类用户必然会受到法律的仲裁。

> **专家提醒**
>
> 　　根据国家的法律根据，"恶意透支"型信用卡诈骗犯罪有固定的定罪量刑标准。
> 　　持卡人透支信用卡超过1万元，并且银行在两次催收之后，持卡人超过3个月还不归还，就属于"恶意透支"型信用卡诈骗犯罪，银行可以直接通过法律手段进行刑事追诉。

265　交易的额度要多次确认

在使用信用卡的过程中，不少的消费者都有类似的经验，就是通过信用卡购物后需要输入密码，用户往往会直接输入，而不会仔细确认 POS 机上显示的交易额度。所以笔者提醒，用户通过 POS 机支付时，需要在确认密码并输入前，先查看显示屏上的消费金额。

信用卡消费凭证打印出来后，用户可以在凭证上签名，此时用户还可以再次确认交易金额，确认完毕方可签字。如果用户没有确认相关金额，那么产生账单纠纷时，附有持卡人签字的刷卡凭证会导致用户维权失败。

266　刷卡的相关凭证要留存

用户使用信用卡购物，尤其是在超市等进行信用卡消费时，往往不在意信用卡的刷卡凭证，只是简单地看一眼就将其随手丢弃。

需要注意的是，这有可能会让个人的信用卡信息被不法分子盗取，因为信用卡的消费凭证是证明持卡人使用信用卡的唯一证据。

> 💡 **专家提醒**
>
> 为了防止出现账单纠纷或其他事情，用户可以保留账单凭证一段时间，比如两个月，两个月后再进行销毁处理，不要随意丢弃。
>
> 各大银行也推出政策来减少用户被盗刷产生的损失，比如推出 48 小时失卡保障服务，但是只有用户小心使用信用卡，才是预防的根本。

267　必须避免进行多次交易

无论是在线下，还是线上用信用卡支付，用户都要尽量避免出现多次交易的情况。

比如线下刷卡支付时被工作人员告知密码不正确导致交易失败，那么持卡人先要在错误的交易凭证上确认，并且让工作人员取消该次交易，然后才能够重新进行交易，输入密码与签字确认等。

如果是在网上支付，那么要记住不要多次刷新交易的页面，尤其是密码输入界面，以避免平台重复计算用户的支付行为，导致用户购买多次。

268　及时维护个人信用记录

持有的信用卡越多，个人信用记录就越重要，也就更需要持卡人细心维护已有的良好信用。

　　在还款方面，主要有"记不住"和"来不及"两个问题，其中"记不住"的问题可以由银行的还款提醒短信解决，帮助用户记住账单日和还款日，而"来不及"的问题可以由持卡人向银行申请延迟还款或者分期还款的方式来解决。

　　只要用户有心，那么维护好个人信用记录是没有问题的。为了防止出现意外的信用污点，导致信用额度下降。用户应当及时查看个人信用报告，同时养成核对信用卡账单与交易记录的好习惯。